동국지리지 역구

동국지리지 연구

발행일 　단군기원 4357년(2024) 6월 8일 1쇄 발행
저자 　　윤한택
발행인 　사단법인 대한사랑
발행처 　도서출판 대한사랑
주소 　　대전시 중구 중앙로 79번길 15, 3층
전화 　　042-222-3070
팩스 　　042-222-3079
홈페이지 https://www.daehansarang.org
출판등록 2022년 7월 14일(제 2022-000096호)
Copyright ⓒ 윤한택
ISBN 　979-11-974945-5-0

동국지리지 연구

－반도사관의 연원, 동국독자사론－

○저자 : 율한택

도서출판
대한사랑

목 차

서문 6

『東國地理誌』 발문 20

『東國地理誌』 본문 23

전한서前漢書 조선전朝鮮傳 24

후한서後漢書 고구려전高句麗傳 30

후한서後漢西 동옥저전東沃沮傳 37

후한서後漢書 예전濊傳 41

후한서後漢書 부여국전夫餘國傳 45

후한서後漢書 읍루전挹婁傳 48

후한서後漢書 삼한전三韓傳 50

4군四郡 59

2부二府 62

2군二郡 64

삼국三國 고구려高句麗 75

봉강封疆 84

형세形勢, 관방關防 89

부附 95

백제국도百濟國都 97

봉강封疆 102

형세形勢, 관방關防 107

부附 111

신라국도 新羅國都 113

봉강 封疆 118

형승 形勝, 관방 關防 122

부附 125

고려 高麗 130

봉강 封疆, 형세 形勢, 관방 關防(並附) 136

동계 東界 140

북계 北界 156

한국 국경사에서 韓百謙 『東國地理誌』의 위치 181

Ⅰ. 연구사 182

Ⅱ. 사료 선택의 향방 188

Ⅲ. 한국 국경사에서의 위치 214

서 문

한국 상고사와 『동국지리지』의 기자와 평양

복기대[*]

1. 조선 전기의 기자 인식

조선시대 평안도는 매우 넓었다. 기록이나 지도를 봐도 지금의 평안도보다는 훨씬 넓은 지역이었다. (그림1 참조) 그 지역은 명나라와 접경 지역이었고, 명나라와 교류를 하는 과정에서는 반드시 이곳을 통과해야만 했다. 그넓은 지역의 행정 중심지 즉 평안도 관찰사가 근무하던 곳이 평양이었는데, 그곳이 지금의 북한 평양인 것이다.

그림1. 1700년대 유럽에서 그린 조선지도

인하대학교 대학원 융합고고학전공 교수

이 평양이 조선시대에 역사적으로 매우 중요한, 아니 갑자기 중요한 지역으로 떠 올랐다. 그 이유는 조선이라는 나라의 모든 이념이 기자의 가르침이었고, 조선이라는 나라 이름도 기자조선에서 유래된 것으로 인식하였는데[1] 이는 정도전의 영향이 매우 컸다.[2] 그 기자가 살던 지역이 바로 평양이었다는 것이다. 이 내용은 뒤에서 다시 설명하겠지만 기자가 조선에 왔다는 기록은 있지만 그가 평양에 살았다는 기록은 어디에도 없다. 그럼에도 불구하고 어찌하다가 기자 삶의 터전이 평양으로 인식되었고, 그렇다 보니 조선보다 먼저 이곳을 중시한 것은 명나라였다. 결과적으로 평양은 엄청나게 중요한 땅이 되었다.

고려에서 조선이라고 나라 이름을 바꾼 것은 이성계의 생각이 아니었다. 명나라의 압박으로 나라 이름을 바꾼 것이다. 여기서 기자가 중요하게 등장한다. 조선이라는 나라의 시조는 단군인데, 그때는 나라를 세우기는 하였지만 제대로 된 도덕이나 법이 없다가 기자가 조선에 오면서 비로소 예의와 도덕이 생기고 법치도 시작되었다는 것이다. 그러므로 이 말은 짐승 같던 단군시대가 비로소 사람의 시대가 되었다는 것이다. 그렇기에 조선 초기 관리들은 비록 건국은 단군이지만 교화는 기자로부터이기 때문에 기자를 더 중시한 것이다. 즉 낳은 어머니보다 기른 어머니가 더 중요하다는 논리였다. 이런 기자가 바로 평양에 왔다는 것이다. 그런데 이런 주장은 조선에서 제기한 것이 아니라 명나라에서 제기한 것이다. 명나라 사신들이 조선으

---

1 이성계는 고려 왕으로 즉위하여 나라 이름을 조선으로 바꾸었는데, 그가 이름을 바꿀 때는 기자조선을 의식하여 따라 간 것이 아니다. 이성계의 신도비문을 보면 기자보다는 단군을 더 의식한 것으로 보여진다. (참조: 복기대, 『우리는 어떻게 단군을 이어 왔는가?』, 덕주출판사, 2023년.)
2 정도전은 성리학을 공부한 사람으로 그는 당시 고려의 전체적인 역사를 잘 모르던 사람으로 보인다. 그렇지 않으면 당시 성리학을 공부하던 사람들 대부분이 그런 것처럼 고려의 역사를 무시하려던 의식을 가지고 있었던 사람으로 보인다. 조선이라는 말이 아마도 기자조선을 말하는 것으로 인식하고 있었다. (참조: 정도전, 『삼봉집』.)

로 오는 과정에서 그들은 미리 조선 역사를 공부하고 왔는데, 그 공부가 바로 조선은 기자가 세웠고, 그 장소가 바로 평양이라는 것이었다. 그래서 명나라 사신들은 조선에 오면 평양에 들러 기자의 유적이 어디에 있느냐 하고 계속 묻고 확인하였다. 그런데 조선에서는 평양에서 기자의 유적을 찾지 못했다. 이런 상황이 계속되자 명나라의 채근은 더욱 커지고, 조선은 평양에 뭔가를 해야 하는 상황이 된 것이다. 이때 일부 조선 관리들이 기자 사당을 세우고 기자에 대한 제사를 지내야 한다는 상소를 올리자[3] 매사 꼼꼼하고, 명나라에 대해 다른 생각을 갖고 있던 세종은 기자와 관련한 유적을 찾기 시작하였다.[4] 그는 꾸준하게 기자유적을 확인하였다. 그런데 뭐 특별히 나오는 것이 없었다. 유물이 확인된 것도 없었다. 세종 10년, 그는 결단을 내렸다. "평양에 기자유적은 없다. 그러나 기자 사당은 지어야 한다. 짓는 근거는 누차 의견을 냈던 명나라 사신들의 의견을 따른다."는 것이었다. 그러나 그는 명나라 사신들을 위한 흉내만 내었다. 평양에 간소한 사당을 짓고 기자에 대한 제를 지냈다.[5] 이렇게 하여 평양에 기자 사당을 짓게

---

3 『세종실록』3권, 세종 1년 2월 25일 경자 6번째 기사
판한성부사(判漢城府事) 권홍(權弘)이 상소하기를, "기자(箕子)는 현인으로 천하 만세가 다 같이 공경하고 사모하는 바이며, 우리 공부자도 은(殷)나라에 세 어진 이가 있었다고 하셨거니와, 우리 동방의 예악문물(禮樂文物)이 중국과 견줄 수 있는 것은, 기자가 이 땅에 봉(封)을 받아 8조(條)의 교훈을 베푼 때문이니, 동방에 끼친 공이 너무도 대단합니다. 태조께서 개국하시고 으뜸으로 제사를 받게 하였으니, 선성(先聖)에 대한 존숭이 지극하오나, 묘소에 비석이 없어 공덕을 현양하지 못하고 있으니, 문신에게 명하여 비문을 지어서 묘소 아래에 세워 후세에 알리도록 하시옵소서." 하니, 임금이 평양 사람이 전해 온 기자의 묘소는 세대가 멀어 믿기 어려우므로, 참찬 변계량에게 명하여 비문을 짓게 하고 비석을 사우(祠宇)에 세우게 하였다.
4 세종은 겉으로 보기에는 명나라에 성심성의껏 사대하는 것으로 보였다. 그런데 그의 본심은 그게 아니었다. 그는 명나라에 속박되지 않은 조선의 역사 체계와 천문, 그리고 조선 고유의 도덕 체계를 확립하였고, 문자를 만들었으며, 무기를 개발하였다. 뿐만 아니라 명나라의 접경지역에서 늘 전쟁을 하여 명나라를 비롯한 여진이 조선의 영토에 함부로 얼씬거리지 못하도록 하였다. 이런 전체적인 것을 볼 때 세종의 진정한 적은 명나라였던 것으로 추측된다.
5 ①『세종실록』39권, 세종 10년 1월 26일 기유 5번째 기사 1428년

된 것이다. 조선 전기의 기자에 대한 이런 인식은 기자가 이 나라 역사에서 실제로 이곳에 온 사람이 아니라 정신적으로 그 사람의 가르침이 중요했던 것이다. 즉 오늘날 미국을 건국하는 데 중요한 이론적 역할을 한 존 로크나, 많은 공산주의 국가를 건국하는 과정에서 그 이론적 배경이 된 칼 마르크스와 같은 역할이었고, 그런 인식이었던 것이다.

2. 동이의 역사적 상징 - 기자

이런 인식에서 큰 변화가 오는 것이 중종 전후로 겪는 정치적 변화이다. 중종은 그의 왕을 몰아내고 왕이 된 사람이다.[6] 그의 이런 행동을 명나라 입장에서는 이해하지 못하였다. 어찌 부모와 같은 왕을 쫓아 버리고 자기가 왕이 된다는 말인가? 명나라는 크게 화를 내며 조선에 대하여 큰 책임을 물을 듯했다. 조선에서는 곰곰이 생각해 보아도 보통 큰일이 아니었다. 이 일을 수습하기 위하여 명에 대한 사대의 태도를 바꾸게 되는데 즉 마주 앉아서 하던 사대에서 엎드려서 하는 사대로 전환을 한 것이다. 이제 명나라에서 요구하는 것은 다 들어주는 것으로 방향이 바뀌었고, 역사적으로도

성산 부원군(星山府院君) 이직(李稷)·좌의정 황희(黃喜)·이조 판서 허조(許稠)·예조 판서 신상(申商)·참판 유영(柳穎)·총제(摠制) 정초(鄭招) 등이 의논하기를, "묘(墓)에 비를 세워 행적(行迹)을 기록한 것은 옛날 일이 아닙니다. 하물며 기자묘(箕子墓)는 토인(土人)들이 서로 전할 뿐이고, 다시 상고할 만한 문적(文籍)도 없습니다. 수천 년 후에 토인들이 전하는 말에 의거하여 확적한 설(說)로 삼는다는 것은 공경하고 삼가는 도리가 아닌 듯하오니, 원컨대 영락(永樂) 17년 2월 일의 교지(敎旨)에 따라 사당(祠堂)에 비를 세우소서." 하고, 판부사(判府事) 변계량(卞季良)은 말하기를, "청컨대 일찍이 내렸던 교지에 따라 묘(墓)에 비를 세우소서. 하니, 이직 등의 의논에 따랐다. ②『성종실록』29권, 성종 4년 4월 18일 무인 3번째 기사 1473년
평안도 관찰사 이계손(李繼孫)에게 하서(下書)하기를, "듣건대 도내(道內) 평양(平壤)에 기자묘(箕子墓)라고 일컫는 것이 있어 정자각(丁字閣)을 짓고 사람을 차임(差任)하여 수호한다고 하니, 그 수호하는 사람의 수(數)와 치제(致祭)하는 여부를 자세히 상고하여 계달하라. 또 기자묘라고 일컫는 것이 어느 시대에 비롯하였으며, 전기(典記)로서 징험할 만한 어떤 것이 있는지 아울러 상고하여 계달하라." 하였다.
6 이 중종반정은 1506년에 일어났다.

주나라의 종법에 따라 조선 스스로 동이(東夷: 오랑캐)로 바뀌었다.[7] 조선 스스로 모자란 나라라고 바꾼 것이다. 조선의 이런 태도를 확실하게 증명하는 것은 기자에 대한 인식이었다.

조선 안에서 벌어진 중종반정의 정치적인 사건으로 말미암아 명나라와 껄끄러운 관계가 된 조선은 여러 가지 풀어야 할 문제가 많아졌다. 명나라는 뭔가 꼬투리를 잡아서 트집 잡고, 그 트집을 확대하여 뭔가를 얻어내려는 버릇이 있었는데 이런 명나라에게는 더더욱 좋은 계기가 된 것이다. 소설 같은 얘기지만 명나라 입장에서는, '기자라는 훌륭한 인물이 가르친 너희 나라에서 어떻게 감히 반란을 일으킨다는 말인가? 기자는 상(商)의 마지막 왕인 제신 주왕 같은 사람에게도 반란을 일으키지 않고 충성을 하였는데, 그런데 조선은 왕이 무슨 잘못을 했다고 반란을 일으켰나? 더구나 조선왕의 임면권은 우리 명나라에 있는데 너희들은 이것을 정면으로 도전을 한 것이다.'라고, 명나라의 입장에서 보면 충분히 가능한 논리이다. 이렇게 되자 조선은 이런 사태를 무마하기 위하여 그동안 명에 대해 보여주던 겉치레적인 태도보다는 실질적인 태도 변화를 보여줘야 했다. 그런 태도변화에 조선도 스스로 그 변한 태도에 익숙해지기 시작하였고, 스스로 합리화를 하였다.

이럴 즈음 명나라에 사신으로 갔던 윤두수는 명나라 관리들로부터 기자에 대한 집중적인 질문을 받게 된다. 그러나 윤두수는 기자에 대해를 공부해 본 적이 없기에 대부분 얼버무리고 돌아왔다. 그는 돌아와서 명나라에서 당한 일을 생각하며 기자에 대해 공부하는데 그 공부한 자료를 묶어 『기자

---

7 기자는 중국 상나라의 현인이라 한다. 기자가 현인이라 평가된 상나라 말기는 서주의 입장에서 볼 때는 동이의 땅이었다. 오늘날 섬서성 서안에서 볼 때 하남성 안양은 멀고 먼 동이의 땅이었던 것이다. 그래서 그랬는지 서주는 이 안양 일대의 제후에 주공을 임명하여 주공의 봉지로 만들었는데, 이곳이 훗날 공자의 고향인 노나라의 시작인 것이다.

지(箕子志)』라는 책을 편찬하였다.[8] 조선에서 처음으로 기자에 대한 책이 나온 것이다. 이 책은 기자를 생각하던 많은 사람에게 유용한 책이었다. 이 책이 나온 얼마 후 노론의 시조 이이가 윤두수의 책에 트집을 잡기 시작하였다.[9] 그는 윤두수의 책이 빈틈이 많다고 하며 이를 보완하여 『기자실기(箕子實記)』 라는 책을 지었다.[10] 이 책은 당시 서인의 우두머리 격의 중량감이 있는 이이 가 쓴 책이기에 많은 사람이 활용하였다. 뿐만 아니라 이이는 이 책으로 명나 라 사신들과 토론도 하고 그들에게 이 책을 주기도 하였다. 이런 토론과, 책 을 받은 명나라 사신들은 그들도 기자에 대한 책이 없었는데, 조선에서 만들 어 주니 더할 나위 없이 고마웠을 것이다. 한편 율곡은 어쩌면 일생의 영광이 었고, 가문의 영광이자 그 패거리들에게는 더할 나위 없는 역사적 근거가 된 것이다. 이를 계기로 조선에서 기자학(箕子學)이 일어난 것이다.

---

8 1577년에 편찬하였다고 한다.

9 필자는 율곡 관련 책을 읽어 보고 율곡은 참 샘이 많고 남을 깎아내리는 데 남다른 재주가 있 는 사람이라는 생각이 들었다. 이준경은 죽음을 얼마 남지 않은 상황에서도 왕에게 상소를 올 렸는데, "넷째, 사사로운 붕당을 깨뜨려야 합니다. 신이 보건대, 오늘날 사람들은 간혹 잘못된 행실이나 법에 어긋난 일이 없는 사람이 있더라도 말 한 마디가 자기 뜻에 맞지 않으면 배척하 여 용납하지 않으며, 행검을 유의하지 않고 독서를 힘쓰지 않더라도 고담 대언(高談大言)으로 붕당을 맺는 자에 대해서는 고상한 풍치로 여겨 마침내 허위 풍조를 빚어내고 말았습니다. 군 자는 모두 조정에서 집정(執政)하게 하여 의심하지 말고 소인은 방치하여 자기들끼리 어울리게 해야 하니, 지금은 곧 전하께서 공정하게 듣고 두루 살펴 힘써 이 폐단을 없앨 때입니다. 그렇지 않으면 끝내는 반드시 국가의 구제하기 어려운 걱정거리가 될 것입니다." 이준경은 특정인을 말하지는 않았지만 당시 붕당의 기미가 보였던 사람들을 서인을 앞으로 이 나라의 큰 환란이 될 것이라는 상소를 올렸다. 이 내용을 보면 당시 위의 내용과 같은 행동을 한 사람의 대표가 율곡이었다. 이 내용을 한 율곡은 이준경을 처벌할 것을 요구하였지만 당시 선조는 삶이 얼마 남지 않은 사람을 죄주어 뭘하겠느냐 하면서 무마하였다고 한다. 이준경이 죽고 나서 얼마 되지 않아 이준경의 말이 맞았다는 말이 나오기도 하였다. 필자의 편견이겠지만 율곡 관련 글을 읽은 생각으로는 그럴만도 했겠다는 생각이 들었다. 그리고 한 걸음 더 나아가 그는 조선에서 관리를 하는 것에 만족하지 않은 사람이라 생각하였다. 그는 그저 벼슬을 한 것 이 부모를 봉양하기 위함이라 말했다.

10 1580년에 지었다고 한다. (참조: 금장태, 『율곡평전』)

3. 한백겸- 단군조선을 능멸하다

조일전쟁이 끝나고 광해군이 즉위하면서 대외정책에 많은 변화가 일어나기 시작하였다. 그중에 조선의 서북계에서는 여진족들이 서서히 일어나면서 이제는 무시할 수 없는 세력으로 성장을 하였다. 이런 상황에서 광해군은 재조지은(再造之恩)의 의리를 강조하는 친명파들의 주장과는 달리 현실적으로 위협이 되고 있는 여진족들에 대한 방향 설정이 중요하다고 생각하였다. 광해군은 신하들과 사사건건 부딪치면서 자신의 주장을 밀고 나갔다. 이런 정치적 상황하에 냉정하게 자주노선을 가는 쪽으로 방향을 잡고자 할 때 기자에 관심이 많았던 한백겸은『동국지리지』라는 조선 선대의 역사지리서를 편찬하였다. 그는 자신의 길지 않은 역사서에 고조선부터 시작하여 고려까지의 각 나라별 중심지와 국경 관련 기록을 모아 정리를 하였다.

그는 기자에 대해 많은 연구를 한 사람이다. 그는 기전제도를 연구하였고, 기자가 왔다는 평양에 가서 기자의 흔적을 찾아 기자조선이 실재하였다고 역사책에 기록해 놓았다. 세종 때 찾지 못한 기자의 유적을 한백겸이 찾은 것이다. 그가『동국지리지』를 지은 것은 오운의『동사찬요』를 얻어 보고, 그 가운데 지리지가 그 듣고 본 것과 자못 차이가 있어서 이를 바로잡기 위해서 지었다고 한다. 그는 조선 선대 역사의 내용과 지(志)를 고증하였는데, 조선의 역사를 단군-기자-삼한으로 이어지는 조선의 통사를 만든 것이다. 당시 그가 연구하는 과정에서 활용한 자료들에는 후대에 정약용이나 한진서 같은 사람들이 보지 말라는『요사』도 들어 있었고, 그 기록을 토대로 당시의 지역을 확인하여 고증까지 하였다. 이런 그의 고증은 흔히 말하는 실증주의 역사연구를 한 셈이다. 그의 이러한 연구는 당시뿐만 아니라 후대에도 많은 영향을 끼쳤을 뿐만 아니라 현대 역사학자들에게도 많은 영향을 끼쳤다. 그는 그가 쓴 책의 시작을 차이나계 사서를 우선으로 하여 정리하였다. 『사기』, 『한서』로 시작하는 그는 그 안에는 단군이 없기 때문이었는지 단군 얘기는 딱 한 번 했다. 그리고는 모두 차이나계 사료를 근거로 조선의 상고사를 말하는 것이다. 그러면서 기자의 얘기는 매우 강하게 주장하는 것을 볼 수 있다.

『동국지리지』「후한서 삼한전」

① 내가 상고한다. 우리 동방은 지난날에 남쪽과 북쪽으로 분할되어 있었다. 그 북쪽은 본래 3조선의 지역이다. 단군이 요임금과 아울러 즉위하였고, 기자를 거쳐서, 위만에까지 미쳤으며, 분할되어 4군이 되었다가 통합되어 2부가 되었다.[11]

② 장안성(통전에서 말하였다. "고구려는 동진 이후부터 그 왕이 항상 평양성에 거처하였다." 또 말하였다. "장안성 내부에는 오직 창고에 쌓아두고 무기를 저장하였으며, 별도로 그 곁에 집을 지어, 침구하는 적이 도착하면 바야흐로 들어가서 함께 수비한다고 한다." 궁궐 옛터가 지금 외성 안에 소재하고, 기자 정전의 구획이 지금도 여전히 완연하다. 어찌하여, 고구려가 비록 궁궐을 이곳에 설치하였다고는 하나, 그 예전 구획에 기인하여 감히 훼철하고 소멸시키지 않았던 것인가. 향촌 사람들의 말에, 밭두둑을 갈 때 주춧돌이 다수 존재한다고 한다.[12])

---

11 『동국지리지』
愚按, 我東方, 在昔日, 分爲南北, 其北本三朝鮮之地, 檀君, 與堯並立, 歷箕子, 曁衛滿, 分以爲四郡, 合以爲二府, 與高朱蒙, 迭爲盛衰, 東晋以後, 高氏遂幷其地, 是爲高句麗也, 其南乃三韓之地也,
12 『동국지리지』
長安城(通典曰, 高句麗, 自東晉以後, 其王常居平壤城, 亦曰, 長安城內, 惟積倉儲器械, 別爲宅於其側, 寇賊至, 方入同守云, 宮闕故基, 今在外城中, 箕子井田畫今猶宛然, 豈高句麗雖設宮闕於此處, 因其古時區畫, 而不敢毁滅耶, 鄕人言, 耕田疇, 柱礎石多有之云.

그는 이렇게 기자를 중시하였다. 심지어는 고구려가 궁궐을 지을 때도 기자의 흔적은 살려두었다는, 참으로 해괴한 말로 오래전부터 이 나라에서는 기자를 존중하였다는 역사성을 밝히고자 하였다.

그의 이런 견해가 나오자 한국의 역사는 현재 한반도 중심으로 인식이 되기 시작한 것이다. 그동안 한국사의 계보는 서로 의견은 다르지만 단군-삼한-삼국으로 이어졌는데, 그 중심은 만주로 보는 사람들이 많았다. 그런데 조선시대 한백겸의 책에서 평양 기자 유적을 주장하면서 단군-기자-삼한 등의 역사가 모두 평양 중심으로 바뀌게 된 것이다. 즉 단군도 평양이고, 고구려의 평양도 여기고, 한사군도 평양이 된 것이다. 이런 주장은 기자라는 확고한 기둥이 서 있기에 변할 수가 없었다. 노론의 비조 이율곡의 주장이기도 한 것이어서 송시열을 중심으로 하는 노론들은 절대가치를 부여하게 된 것이다.

이로써 흔히 말하는 기자정통론과 평양이 한국 역사의 중심이라는 인식을 심어 준 것이다. 특히 노론들의 입장에서는 재조지은이라는 은혜가 다 기자 이후로 은혜가 있기 때문이라는 역사적 연원을 찾은 것이다. 한백겸의 이런 주장에 적지 않은 반론도 일어났다. 대표적으로 약천 남구만이었다.[13] 그는 조선 중기에 일어난 역사의식 혼란의 주범이 한백겸이라고 생각

---

13 필자는 북방 국경사를 공부하면서 남구만에 대한 관심을 가졌다. 흔히 말하는 소론의 영수라 들었다. 그러나 필자가 그에 대하여 점점 알아가면서 느낀 것은 그는 어느 파벌에 속하는 사람이 아니었는데, 한국 사회에서 파벌을 나누는 것에 재미 들린 사람들이 나눈 것에 불과하였다. 그는 조선을 위한 일이라면 어떤 것도 마다하지 않고, 이쪽 저쪽 사람들과 의논을 할 뿐이었다. 그가 진정으로 싫어한 사람은 모든 것을 다 바쳐 사대를 하고 자기 파벌밖에 몰랐던 송시열이었다. 그는 조선후기에 들어서면서 흐트러진 영토를 다시 정리하고 그것을 지키는 데 온 힘을 다 바쳤다. 조선시대 처음으로 함경도 지도를 만들었고, 당시 울릉도를 일본에 넘겨 주려했던 것을 막은 것도 남구만이었다. 당시 남구만이 파직되었을 때 조선은 울릉도를 일본에 넘겨주는 문서를 작성하여 일본에 보냈다. 그런데 남구만이 복직하여 이를 무효화시켰다. 그런 남구만에 대하여 당시 실록에는 남구만 때문에 하찮은 일본 사람에게 조선의 체면이 깎였다고 쓰고 있

했다. 그는 조선의 상고사를 살피면서 『삼국유사』에 실려 있는 단군 관련 내용은 『삼한고기』라는 책에서 전해진 것이라고 밝히면서, 후대의 연구자들이 그 내용을 깊이 파고 들어가 하나하나 새로운 것들을 만들어 내는 것을 탐탁치 않게 여겼다. 그러면서 한백겸이 기자를 중시하면서 기자 때 밭고랑이 평양에 전해진다는 말을 어이없어 하였다. 그는 말하기를, "나도 평양에 가서 그 밭고랑을 보았다. 그런데 몇 천년 전에 만들어진 밭이 지금도 있다는 것이 말이 되나? 그것을 가지고 기자가 이곳에 왔네 마네 하는 것이 말이 되느냐?"라고 하였다. 적어도 한백겸이 말하는 조선의 상고사는 믿을 수가 없다는 것이다. 더구나 중국 사람들이 삼황오제의 기록을 믿는다는 것이 얼마나 어리석은 것인가 하면서 명, 청의 학자들도 비판하였다. 어찌 보면 이런 남구만의 비판은 기자가 단군조선을 재조했고, 명나라가 또 조선을 재조했다는 사람들에 대한 신랄한 비판이었다. 그는 더불어 이 나라 학자들도 단군의 기록을 인정은 하더라도 거기에 이 사람 저 사람 살을 붙이지 말라는 충고도 하였다. 이런 남구만의 말을 귀담아 들을 필요가 있었다. 그의 이런 견해는 역시 당시 조선의 관리들에게 많은 영향을 준 듯하다.

이런 저런 과정이 진행되면서 조선의 지성은 크게 세 갈래로 이어져 나갔다. 첫째는 한백겸과 같은 견해이다. 이 견해는 노론의 이념이었기에 정치적 이념이 되었다. 아마도 대표적인 사람이 송시열과 임상덕, 정조, 정약용, 한진서 같은 부류일 것이다. 둘째는 남구만이 말한 전통 역사의식이다. 이 부류는 박제가, 박지원 같은 부류일 것이다. 그리고 셋째는 한백겸, 남구만의 절충설이다. 이 부류는 오운, 허목, 이종휘 같은 사람일 것이다. 그러다

다. 그는 퇴직후에도 관록이 없자 가난하게 살았는데, 당시 많은 사람들이 그를 비웃었다. 그의 그런 삶의 방식에 일본을 찬양하던 정약용조차도 그를 높이 평가하는 글을 남기기도 하였다.

가 1910년 이후는 한백겸설이 주류를 이루다 지금은 기자를 뺀 학설이 주류를 이룬다.

4. 평양이 왜 기자의 땅이 되었나?

평양이 기자의 땅이 된 이유는 다음과 같다. 원래 기자의 흔적이 확인된 곳은 지금의 중국 요녕성 서부지역과 하북성, 산동성, 하남성 일대이다. 이 지역 중 요녕성 서부지역과 하북성 동북부지역은 서한시대의 행정구역인 낙랑군을 비롯한 4군의 행정구역이 설치된 지역이다. 그런데 이 4군 중 낙랑군이 설치되기 전에는 기씨 왕조가 있었던 지역인데, 이 기씨 왕조가 한나라의 배반자였던 위만에게 무너진 것이다. 그리고 위만조선은 다시 기씨 왕조와 역사의 정통성을 갖는 서한이 점령하였고, 그곳에 낙랑군을 설치하였기에 기씨의 옛 땅을 점령하게 된 것이다. 그러므로 기씨 왕조와 낙랑군은 같은 지역에 있게 된 것이다. 그런데 이 지역의 생명의 물줄기가 바로 패수였던 것이다. 이런 일들은 기원전 1, 2세기에 있었던 얘기이다. 그런데 언젠가 이 패수라는 가람[江] 이름이 없어졌다. 이 패수라는 이름이 없어지고 다른 이름으로 불릴 때 북위의 관리였던 역도원이 북위 경내의 역사 지리지를 만들었다. 그 과정에서 옛 기록을 검토하였고, 낙랑과 패수를 보고 그 실체를 찾았으나 확인이 되지 않았다.[14] 그러던 중에 고구려 사신을 만난 자리에서 고구려 도읍지에 대한 것을 물었는데, 이 고구려 사신이 말하기를 그들의 도읍지는 **평양**인데 -이곳은 현재 중국 요녕성 요양이다-,[15] 이 **평양**은

---

14 계연숙, 「패수(浿水) 연구-『水經』, 『水經注』, 『조선사』, 쓰다 소우키치의 패수 인식에 대한 비판적 분석연구-」, 『인문과학연구』 제78집, 2023.

15 복기대, 「고구려 도읍지 천도에 대한 재검토」, 『고조선단군학』, 22, 2010.

복기대, 「고구려 후기 평양 위치 관련 기록의 검토」, 『고구려의 평양과 그 여운』, 주류성, 2017년.

남의현, 「장수왕의 평양성, 그리고 압록수와 압록강의 위치에 대한 시론적접근」, 『고구려의 평양과 그 여운』, 주류성, 2017

패수의 북쪽에 있다고 얘기하였다. (그림2 참조)

평양성 장안성(요양)

그림2. 고구려 평양성의 위치

이 말을 들은 역도원은 '패수가 고구려 평양성에 있었구나' 하면서 낙랑군의 위치를 고구려 평양으로 옮기다 보니 더불어 기자의 위치도 덜렁 옮겨져 버린 것이다. 그런데 이곳은 고구려 이전에는 마한 땅이었던 곳이다. 이 마한은 오래전에 성립되었는데, 위만에게 쫓겨난 기준이 이곳으로 망명을 왔다. 이곳에서 기준은 성을 마한의 왕족 성씨인 한(韓)씨로 바꾸고 살아가다가 죽은 것이고, 이로써 기씨는 끝이 난 것이다. 그런 기준을 그의 후예들이 제사를 지내기도 하였다고 한다. 그래서 고구려 평양성에 기씨의 흔적이 남은 것이다.

그랬던 평양은 고려의 서경이 되었는데 원나라가 고려의 서변(西邊)을 점령하게 되면서 원나라 땅이 되었다. 이때 행정구역과 행정명을 교치하는 과정에서, 고려의 서경과 관련된 지명을 교치하는 과정에서, 평양이라는 지명도 현재 북한지역으로 들어오게 된 것이다.[16] 결과적으로 평양과 관련한 모든 일들이 이 평양으로 옮겨 오게 되었다. 조선 초기만 해도 역사의 사실에 기초하여 고증되었으나 조선 중기에 들어서며 유력자의 말에 따라 모든 것이 움직였고, 그런 과정에서 한백겸의 『동국지리지』에서 도장이 찍힌 것이다. 이런 관점에서 볼 때 한백겸의 『동국지리지』가 어떤 역할을 하였나 하는 것은 다시 한번 생각해 볼 일이다.

우리는 이 대목에서 『조선왕조실록』에 실려 있는 기록 하나를 볼 필요가 있다. 『세종실록』에 보이는, 세종이 다스리던 조선 땅 안에서는 고구려의 평양성을 찾을 수 없다는 내용이다.[17] 이 기록은 한국사 연구자라면, 아니 동북아시아 역사연구자라면 그냥 지나쳐서는 안 되는 기록이다. 왜냐하면 고구려사를 연구하는 사람이라면 반드시 알아야 하는 것이 장수왕부터의 고구려 도읍지였던 평양성이기 때문이다. 한백겸도 이 사실을 알고 있었을 텐데 왜 평양의 기자를 고집하였을까?

---

16 『元史』「東寧路」
本高句驪平壤城, 亦曰長安城。漢滅朝鮮, 置樂浪, 玄菟郡, 此樂浪地也。晉義熙後, 其王高璉始居平壤城。唐征高麗, 拔平壤, 其國東徙, 在鴨綠水之東南千餘里, 非平壤之舊。至王建, 以平壤爲西京。元至元六年, 李延齡, 崔坦, 玄元烈等以府州 縣鎮六十城來歸。八年, 改西京爲東寧府。十三年, 升東寧路總管府, 設錄事司, 割靜州, 義州, 麟州, 威遠鎮隷婆娑府。本路領司一, 餘城堙廢, 不設司存, 今姑存舊名。

17 『朝鮮王朝實錄』「世宗」35卷
辛丑/視事。禮曹判書申商啓曰: "三國始祖立廟, 須於其所都。新羅則慶州, 百濟則全州, 高句麗則未知其所都也。" 上曰: "考之則不難知也。雖不立於所都, 各於其國則可也。" 吏曹判書許稠啓曰: "祭者, 報功也。我朝典章文物, 增損新羅之制, 只祀新羅始祖, 何如?" 上曰: "三國鼎峙, 不相上下, 不可捨此而取彼也。"

그림3. 『동사찬요』

　이제는 기회가 있다면 단군조선부터 기록된 오운의 『동사찬요』를 보고
자 한다.(그림3. 참조)

『東國地理誌』발문

　선대 군자께서는 무릇 문헌과 관련하여서는 옳고 그름을 가리지 않음이 없었고, 그 이목에 미친 것에 대해서는 더욱 전력을 기울였다. 무진년간에 유학자 오운의 『동사찬요』를 얻어 보고, 그 가운데 지리지가 그 듣고 본 것과 자못 차이가 있어서, 한숨 쉬며 한탄하여 말하였다. "선비가 태어난 지 누천년 후에 한 글자 한 구절을 얻어도, 오히려 옛 사람의 마음의 자취를 토론할 만하다. 우리나라는 동서가 600여 리 미만이고, 남북이 겨우 수천 리이며, 팔도를 편력한 자도 역시 한 둘이 아닌데, 경계가 상세하지 않고, 호칭이 분명하지 않은 것이 한결같이 여기에 이르게 되었으니, 애석함을 이길 수 있겠는가!" 이에 여러 서적을 열람하고 듣고 본 것을 참고하여 불초 자에게 집필하게 하였다. 익년 6월 보름 사이에 그 서적을 끝냈는데, 19일에 사소한 병을 얻어 7월 초3일에 집에서 돌아가시니, 이에 마침내 집필이 단절되었다. 감사 오숙이 영남에 절도사로 나가면서 방문하므로, 내가 꺼내어 보여주었더니 말하였다. "이 동국에 태어나서 그 나라의 사실을 모르니, 맹인의 행동과 귀머거리의 주장과 같았다. 지금 다행히 이것을 얻었으니, 광범위하게 배포하지 않을 수 없다." 이어서 소매에 넣고 돌아갔다. 나는 감동과 창망함을 이길 수 없어, 삼가 글을 써서 밝힌다. 숭정 신미년 추 7월 상순에 불초 고애자 통훈대부 행이조정랑 지제교 홍일이 두손 맞잡고 절한다.

　동국지리지란 구암 한선생의 저작이다. 내 친우 이부공이 지금 전주 대윤이 되었는데, 그 선조의 저작이 오래 전승되지 않은 것을 두려워하여, 나에게 그 연고를 기록할 것을 위촉하였다. 그런데 지지를 저작한 연유는 이부공 발문에서 당연히 이미 상세하게 하였으니, 내가 감히 중언부언할 수 없

다. 기인하여 아울러 그가 지은 발문을 책 끝에 부록으로 판각하여 후인들이 그것이 선생의 저작임을 알게 하고, 또 선생이 무릇 이치를 궁구함에 용의주도함이 이렇게 근실하였음을 알게 하려 할 따름이다. 선생의 휘는 백겸이고 자는 명길이며, 구암은 그 호이고, 청주인이다. 관직은 호조참의에 이르렀다.

숭정 기원 경진 봄에 경상도관찰사 겸순찰사 이명웅이 삼가 쓰다.

『東國地理誌』 본문[*]

이 역주가 거의 마무리되고 해제 겸 관련 논문 초안을 작성하는 시점에서,『동국지리지』역주본
이 원주시 원주사료총서 제 40권으로 춘천학 학예연구사인 김근태에 의하여 번역·발간된 것을
확인하였다. 필자는 이 성과를 높이 존중하는 한편 재검토하면서, 한백겸의 이 저작이 '실증적이
고 고증적인 관점'의 열풍을 일으킨 촉매제가 되었다는 대체적인 평가에 대해 이견을 가지고 있
는 필자의 문제의식이 제대로 반영되어 있지 않은 점을 드러내기 위하여, 중복을 무릅쓰고 다시
출판한다.

전한서前漢書[1] 조선전朝鮮傳[2]

처음 연나라 때부터[3] 일찍이 진번[4]과 조선[5]을 침략하여 복속시켰는데, 때문에 이속을 설치하고 장벽을 축조하였다[6]. 진나라가 연나라를 멸망시키고[7] 요동외부 변방 경계[8]에 소속시켰다. 한나라가 발흥하자, 원방이어서 수비가 곤란하였으므로, 다시 요동 옛 요새[9]를 수리하고, 패수[10]까지를 경계로 삼아서 연나라에 소속시켰다.

自始燕時[11], 嘗略屬眞番朝鮮, 爲置吏築障, 秦滅燕, 屬遼東外徼, 漢興, 爲遠難守, 復修遼東故塞, 至浿水爲界, 屬燕,[12]

---

1 漢書 : 後漢 明帝 때에 班固가 漢 高祖로부터 王莽의 멸망 때까지 230년간(BC 206~AD 24)의 사실을 기록한 前漢의 正史. 本紀 12, 年表 8, 志 10, 列傳 70, 總 100編 120卷.

2 朝鮮傳 : 『漢書』「朝鮮傳」은 卷95「西南夷兩粤朝鮮傳」제65에 들어 있다.

3 전국시대 연의 전성기는 昭王(BC 311~279)때(『전국책』「연」; 『史記』「연소공세가」소왕 28년조)

4 『史記』卷115「朝鮮列傳」所引『史記集解』, "요동에 番汗縣이 있다." / 『漢書』卷28下「地理志」下 遼東郡條, "그 지역에 汗水가 있었다." / 『水經注』卷14「濡水」, "한수는 濡水의 지류이다." / 유수는 난하의 옛 명칭이다.

5 『漢書』卷95「朝鮮傳」顔師古의 注. / 『漢書』卷28下「地理志」下 樂浪郡條. / 『三國志』卷30「烏丸鮮卑東夷傳」韓條 所引『魏略』/ 『晋書』卷14「地理志」上 平州 樂浪郡條. / 『魏書』卷106「地形志」上 平州 北平郡條. / 『隋書』卷30「地理志」中 北平郡 盧龍縣條. / 『鹽鐵論』卷44「誅秦」/ 『水經注』卷14「濡水」/ 尹乃鉉, 「古朝鮮의 西邊境界考」『藍史鄭在學博士古稀記念 東洋學論叢』1984.

6 『史記』卷91「黥布列傳」所引『史記索隱』/ 『漢書』卷93「佞幸傳」鄧通條.

7 BC 222년(연왕 喜 33 ; 진 시황제 25)

8 『史記』「朝鮮列傳」

9 『史記』「朝鮮列傳」/ 尹乃鉉, 「古朝鮮의 西邊境界考」『藍史鄭在學博士古稀記念, 東洋學論叢』1984.

10 『漢書』卷28「地理志」下 遼東郡條. / 『後漢書』卷23「郡國志」5 遼東郡條. / 『三國志』卷30「烏丸鮮卑東夷傳」韓條 所引『魏略』/ 『水經注』卷14「濡水」·「浿水」/ 『遼史』卷38「地理志」2 東京 遼陽府條·遼東縣條·遼陽條. / 『盛京通志』「山川」/ 『黑龍江志稿』卷7 方言條.

11 『史記』「朝鮮列傳」, "自始全燕時"

12 自始燕時, 嘗略屬眞番·朝鮮, (師古曰: 「戰國時燕國略得此地.」【補注】王念孫曰, 案始燕時, 本作始全燕時. 全燕者, 指戰國時燕國言之, 所以別於漢之燕國也. [鄒陽傳, 全趙之時. 枚乘傳, 今漢據全秦之地.]今本脫全字, 則文義不明. 後書東夷傳注, 引此, 正作全燕時. 史記·通典·通鑑

연왕 노관[13]이 모반하여 흉노에 들어가자, 연나라 사람 위만이 망명하였다. 무리 천여 인을 모아 북상투에 오랑캐 복장을 하고서[14] 동쪽으로 도망하여 요새[15]를 나와 진나라 옛 공지인 상하장[16]에 거주하였다.

점차 진번·조선의 만이 및 옛 연나라와 제나라의 망명자를 복속시켜 왕이 되었고, 왕검[17]에 도읍하였다.

燕王 盧綰反, 入匈奴, 燕人衛滿[18]亡命, 聚黨千餘人, 椎[19]結蠻夷服而東走出塞, 渡浿水, 居秦故空地上下障, 稍役[20]屬眞番·朝鮮蠻夷 及故燕·齊亡在[21]者, 王之, 都王檢.[22]

同.) 爲置吏築障. (師古曰:「障, 所以自障蔽也, 音之亮反.」) 秦滅燕, 屬遼東外徼. 漢興, 爲遠難守, 復修遼東故塞, 至浿水爲界, (師古曰:「浿水在樂浪縣, 音普蓋反.」【補注】沈欽韓, 『漢書疏證』권35 西南夷兩粵朝鮮傳曰, 方輿紀要, 大通江, 在平壤城東. 亦曰大同江. 舊名浿水.) 屬燕. / 『漢書疏證』(淸 沈欽韓<1775~1831>, 총36권 ; 『後漢書疏證』총38권), 『讀史方輿紀要』(원명 『二十一史方輿紀要』, 淸 顧祖禹撰, 총 130권)

13『史記』卷93「韓信·盧綰列傳」/ 『三國志』卷30「烏丸鮮卑東夷傳」韓條 所引『魏略』

14『史記』卷97「酈生陸賈列傳」, 金翰奎, 「衛滿朝鮮關係 中國側史料에 대한 再檢討」『釜山大論文集』9, 1980.

15 尹乃鉉, 「古朝鮮의 西邊境界考」『藍史鄭在覺博士古稀記念, 東洋學論叢』1984.

16『山海經』卷12「海內北經」·卷18「海內經」/ 『水經』卷上「大遼水」

17『三國史記』卷17「高句麗本紀」5 東川王 21年條. / 『三國遺事』卷1「紀異」1 衛滿朝鮮條. / 『三國遺事』卷1「紀異」朝鮮考. / 『史記』卷115「朝鮮列傳」所引『史記集解』『史記索隱』/ 『東國輿地勝覽』平壤條. / 『漢書』卷28「地理志」第8 下 遼東郡 險瀆縣 應劭 注.

18『史記』卷115「朝鮮列傳」所引『史記索隱』『三國志』卷30「東夷傳」韓條 所引『魏略』// 『三國遺事』卷1「紀異」魏滿朝鮮條, "魏滿"

19『史記』, "鬼+隹"

20『南本』·『殿本』『漢書』와 『史記』, "役"

21『史記』, "命"

22 燕王 盧綰反, 入匈奴, 滿亡命, 聚黨千餘人, 椎結蠻夷服而東走出塞, 度浿水, 居秦故空地上下障, 稍役屬眞番·朝鮮蠻夷 (【補注】先謙曰, 官本, 役作役.) 及故燕·齊亡在者, 王之, (師古曰:「燕·齊之人亡居此地, 及眞番·朝鮮蠻夷皆屬滿也.」【補注】先謙曰, 亡在, 史記作亡命.) 都王險. (李奇曰:「地名也.」【補注】沈欽韓, 『漢書疏證』권35 西南夷兩粵朝鮮傳曰, 隋書高麗傳, 都於平壤城, 亦曰長安城, 東西六里, 隨山屈曲, 南臨浿水<新唐書, 平壤在鴨淥水東南>, 朝鮮國志, 平安道治平壤府, 東南去王京五百餘里. 杜佑曰, 平壤, 卽王險城也.) / 『明一統志』권25, 山水, "大蟲江(在都司城東南四百里, 源出龍鳳山南, 流入鴨淥江), 鴨淥江(在都司城東五百六十里, 按唐書東夷列傳, 有馬訾水, 出靺鞨之白山, 色若鴨頭, 故名, 鴨淥, 西南流至安市, 入海, 唐太宗征髙

마침 효혜·고황후 시기에 천하가 비로소 안정되자, 요동태수는 즉시 위만을 외방 신하로 삼을 것을 약속하여, 요새 외부의 만이를 보호하고 변경을 노략질하지 못하도록 하고, 만이의 군장들이 천자를 알현하고자 하면 금지하지 못하도록 할 것을 보고하니, 주상이 허락하였다. 이런 까닭에 위만은 군사의 위세와 재물로써 그 근방의 작은 고을을 침략하여 항복시킬 수 있었고, 진번·임둔이 모두 와서 복속되니, 사방 수천 리가 되었다. 아들에게 전승되고 손자 우거에 이르러서 유인해 낸 한나라 망명자가 대단히 많아졌으며, 또 일찍이 입궐하여 알현한 적이 없고, 진번·진국이 보고서를 올리고 천자를 알현하고자 하여도 또 가로막으니 소통하지 못하였다.

會孝惠·高皇后時[23]天下初定, 遼東太守卽約滿爲外臣, 保塞外蠻夷, 毋[24]使盜邊, 蠻[25]夷君長欲入見天子, 勿得禁止. 以聞, 上許之, 以故滿得以兵威財物[26]侵降其旁小邑, 眞番·臨屯皆來服屬, 方數千里. 傳子至孫右渠, 所誘漢亡人滋多, 又未嘗入見, 眞番·辰國[27]欲上書見天子, 又雍[28]閼弗[29]通.[30]

원봉 3년[31] 황제가 누선장군 양복을 파견하여 발해를 건너가게 하고, 좌장

麗, 耀兵於鴨淥水, 卽此, 所謂白山, 卽今之長白山也)"]

23 『史記』, "高后時"

24 『史記』, "無"

25 『史記』, "諸蠻"

26 『史記』, "得兵威財物"

27 『史記』, "旁衆國"

28 『史記』, "擁"

29 『史記』, "不"

30 會孝惠·高后天下初定, (【補注】先謙曰, 后下史記有時字, 不可省.) 遼東太守卽約滿爲外臣, 保塞外蠻夷, 毋使盜邊, 蠻校勘 009夷君長欲入見天子, 勿得禁止. 以聞, 上許之, 以故滿得以校勘 010兵威財物侵降其旁小邑, 眞番·臨屯皆來服屬, 方數千里. 傳子至孫右渠, (師古曰: 「滿死傳子, 子死傳孫. 右渠者, 其孫名也.」) 所誘漢亡人滋多, (師古曰: 「滋, 益也.」) 又未嘗入見, (師古曰: 「不朝見天子也.」) 眞番·辰國欲上書見天子, 又雍閼弗通. (師古曰: 「辰謂辰韓之國也. 雍讀曰壅.」【補注】先謙曰, 史記作眞番旁衆國.)

31 BC 109년

군 순체를 요동에서 출전시켜 토벌하게 하니, 우거가 항거하였다.

元封三年, 帝遣樓船將軍楊僕, 浮勃海, 左將軍荀彘出遼東, 討之, 右渠距
之.[32]

전쟁이 오래 결판이 나지 않으니, 황제가 제남태수 공손수를 파견하여 가서
정벌하게 하고, 적당하게 사태를 조종할 수 있게 하였다. 조선의 상 노인 등
이 모의하여 우거를 살해하고 한나라에 항복하니, 마침내 조선을 평정하여
4군으로 삼았다.

兵久不決, 帝遣濟南太守公孫遂, 往征之, 得以便宜從事, 朝鮮相路人等謀
殺右渠降漢, 遂定朝鮮爲四郡.[33]

---

32 元封二年(B.C.109), 漢使涉何譙諭右渠, 終不肯奉詔. (師古曰:「譙, 責讓也, 音才笑反.」) 何
去至界, 臨浿水, 使馭刺殺送何者朝鮮裨王長, (師古曰:「長者, 裨王名也. 送何至浿水, 何因刺
殺之.」) 即渡水 馳入塞, 遂歸報天子曰「殺朝鮮將」. 上爲其名美, 弗詰, 拜何爲遼東東部都尉.
(【補注】先謙曰, 地理志, 東部都尉治遼東武次縣.) 朝鮮怨何, 發兵攻襲, 殺何. 天子募罪人擊朝
鮮. 其秋, 遣樓船將軍楊僕, 從齊浮勃海海 (【補注】先謙曰, 胡注, 僕從齊浮勃海, 蓋自青萊以北·
幽平以南皆濱於海, 其海通謂之勃海, 非指勃海郡而言也. 沈欽韓云, 于欽齊乘, 北自萊州碣石,
南至登州沙門島, 是勃海之口, 闊五百餘里. 紀要, 海在幽平間者, 皆謂之溟渤, 東西浩瀚千有餘
里. 薛季宣云, 河入海處, 舊在平州石城縣, 東望碣石. 其後, 大風逆河, 皆漸于海, 舊道堙矣. 程
大昌云, 逆河, 世之所謂渤海者也.) 兵五萬, 左將軍荀彘出遼東, 誅右渠. (【補注】先謙曰, 誅, 史
記作討) 右渠發兵距險.
33 左將軍卒多率遼東士, 如 淳曰:「遼東兵多也.」(【補注】先謙曰, 史記作卒正多. 蓋卒正其
官, 而多其名, 下文坐法斬者, 即此人. 如解非.) 兵先縱, 敗散. 多還走, 坐法斬. (師古曰:「於法
合斬.」) 樓船將齊兵七千人先至王險. (【補注】先謙曰, 武帝先敕責之, 見僕傳.) 右渠城守, 窺知
樓船軍少, 即出擊樓船, 樓船軍敗走. 將軍僕失其衆, 遁山中十餘日, 稍求收散卒, 復聚. 左將軍
擊朝鮮浿水西軍, 未能破. 天子爲兩將未有利, 乃使衛山因兵威往諭右渠. 右渠見使者, 頓首
謝:「願降, 恐將詐殺臣, 今見信節, 請服降.」遣太子入謝, 獻馬五千匹, 及饋軍糧. (師古曰:「餽
亦饋字.」【補注】先謙曰, 官本, 注末有也字.) 人衆萬餘持兵, 方度浿水, 使者及左將軍疑其爲
變, 謂太子已服降, 宜令人毋持兵. 太子亦疑使者左將軍詐之, 遂不度浿水, 復引歸. 山報, 天子
誅山. (【補注】先謙曰, 此又一衛山, 非表中義陽侯衛山也.) 左將軍破浿水上軍, 乃前至城下, 圍
其西北. 樓船亦往會, 居城南. 右渠遂堅城守, 數月未能下. 左將軍素侍中, 幸, (師古曰:「親幸於
天子.」) 將燕代卒, 悍, 乘勝, 軍多驕. 樓船將齊兵, 入海已多敗亡, 其先與右渠戰, 困辱亡卒, 卒
皆恐, 將心慙, 其圍右渠, 常持和節. 左將軍急擊之, 朝鮮大臣乃陰間使人私約降樓船, (師古曰:
「與樓船爲要約而請降.」) 往來言, 尚未肯決. 左將軍數與樓船期戰, 樓船欲就其約, 不會. 左將
軍亦使人求間隙降下朝鮮, 不肯, 心附樓船. (【補注】先謙曰, 言左將軍, 不肯與樓船共功.) 以故

兩將不相得. 左將軍心意樓船前有失軍罪, (師古曰:「意, 疑也..」) 今與朝鮮和善而又不降, (【補注】先謙曰, 史記, 和作私, 是. 此形近, 誤.) 疑其有反計, 未敢發. 天子曰:「將率不能前,(【補注】先謙曰, 官本, 前作制, 率作卒, 引宋祁曰, 卒, 越本作率.) 乃使衛山諭降右渠, (【補注】先謙曰, 史記, 乃作及.) 不能顓決, 與左將軍相誤, 卒沮約. (師古曰:「顓與專同. 卒, 終也. 沮, 壞也.」【補注】先謙曰, 史記, 與左將軍下, 有計字是, 此奪.) 今兩將圍城又乖異, 以故久不決.」使故濟南太守公孫遂往正之, (【補注】先謙曰, 正, 史記作征, 非.) 有便宜得以從事. 遂至, 左將軍曰:「朝鮮當下久矣, 不下者, 樓船數期不會.」具以素所意告遂曰:「今如此不取, 恐爲大害, 非獨樓船, 又且與朝鮮共滅吾軍.」遂亦以爲然, 而以節召樓船將軍入左將軍軍計事, 卽令左軍戲下執縛樓船將軍, (師古曰:「戲讀與麾同.」【補注】宋祁曰, 戲下字上, 當更有軍字.) 幷其軍. 以報, 天子(許)[誅]遂. (【補注】齊召南曰, 許字誤, 史記作誅遂, 是也. 然通鑑考異, 已謂漢書作許字, 則舊本已譌矣. 先謙曰, 史記贊, 荀彘爭勞, 與遂皆誅, 作誅無疑.) 左將軍已幷兩軍, 卽急擊朝鮮. 朝鮮相路人·相韓陶(【補注】先謙曰, 史記作韓陰, 通鑑從之.)·尼谿相參·將軍王唊(應劭曰:「凡五人也, 戎狄不知官紀, 故皆稱相.」師古曰:「相路人一也, 相韓陶二也, 尼谿相參三也, 將軍王唊四也. 應氏乃云五人, 誤讀爲句, 謂尼谿人名, 失之矣. 不當尋下文乎? 唊音頰..」) 相與謀曰:「始欲降樓船, 樓船今執, 獨左將軍幷將, 戰益急, 恐不能與, (如淳曰:「不能與左將軍相持也.」師古曰:「此說非也. 不能與, 猶言不如也.」【補注】王念孫曰, 史記, 恐不能與下, 有戰字. 案, 如顏, 皆未曉與字之義. 史記, 與下有戰字, 則後人妄加之也. 與猶敵也. 言左將軍幷將兩軍, 而戰益急恐不能敵. 古者, 謂相敵曰與. 匈奴傳, 單于自度戰不能與漢兵, 言不能敵兵也. [史記, 作不能如漢兵, 如亦敵也. 董仲舒傳, 乘富貴之資力, 以與民爭利於下, 民安能如之哉. 言安能敵之也. 宋策, 夫宋之不足以梁也, 寡人知之矣. 高注, 如當也. 當亦敵也. 言宋不足以敵梁也. 廣雅, 與如也. 此言不能與. 卽史記匈奴傳之不能如. 師古曰, 不能與, 猶言不如. 雖訓與爲如, 而非相敵之謂, 則非特未曉與字之義, 並未曉如字之義也.] 襄二十五年, 左傳, 閭邱嬰, 與申鮮虞, 乘而出行, 及弇中將舍, 嬰曰崔慶, 其追我. 鮮虞曰, 一與一, 誰能懼我. 懼病也. [說見經義述聞, 一與一誰能懼我干.] 言狹道之中, 一以敵一, 雖崔慶之衆, 不能病我也. 哀九年, 傳宋方吉, 不可與也. 言宋不可敵. 越語, 彼來從我, 固守勿與. 老子, 善勝敵者, 不與, 皆謂兩軍相敵也. 管子輕重戊篇, 卽以戰鬪之道, 與之矣. 與之, 敵之也. 秦策, 以此與天下, 天下不足兼而有也. 言以此敵天下也. 淮南人閒篇, 大之與小, 强之與弱也. 猶石之投卵, 虎之啗豚, 言以大敵小, 以强敵弱也. 史記燕世家, 龐煖易與耳. 白起傳, 廉頗易與. 淮陰侯傳, 吾平生, 知韓信爲人易與耳. 易與, 皆謂易敵也. 高紀, 上自東往擊陳豨, 聞豨將皆故賈人也. 上曰, 吾知所以與之. 言吾知所以敵之也. 後人, 不知與之訓爲敵, 故或曰不能與左將軍相持, 或曰不能與猶言不如, 又或如史記, 恐不能與之下, 妄加戰字. 蓋古義之失其傳也, 久矣. [杜預, 注左傳不可與曰, 不可與戰. 韋昭, 注越語固守勿與曰, 勿與戰, 王弼, 注老子善勝敵者不與曰, 不與爭, 皆誤釋與, 爲與共之與, 而以戰字爭字, 增成其義, 此不知與訓爲敵, 卽是戰爭之義也. 如淳曰, 不能與左將軍相持, 亦是增字, 以成其義, 而讀史記者, 遂於與下, 加戰字矣.) 王又不肯降.」陶·唊·路人皆亡降漢. 路人道死. 元封三年(B.C.108)夏, 尼谿相參乃使人殺朝鮮王右渠來降. 王險城未下, 故右渠之大臣成已又反, 復攻吏. (【補注】先謙曰, 官本, 攻作政引. 宋祁曰, 政當作攻. 一本作改字.) 左將軍使右渠子長(師古曰:「右渠之子名長.」)降相路人子最, (師古曰:「相路人前已降漢而死於道, 故謂之降相. 最者, 其子名..」) 告諭其民, 誅成已. 故遂定朝鮮爲眞番·臨屯·樂浪·玄菟四郡. 封參爲澅淸侯, (師古曰:

내가 상고하건대, 고구려와 옥저와 예맥은 비록 조선과 교통하고 있었지만,

그 구역은 각각 동일하지 않았다. 조선의 본래 강역은 후한서 여러 나라 전

기로써 상호 참고하면, 그 북쪽은 고구려와 남쪽은 마한과 동쪽은 예맥과

인접하였고, 서쪽은 대해에 임박해 있음을 알 수 있다.[34]

愚按, 高句麗·沃沮·濊貊, 雖通朝鮮而, 其區域, 各不同, 朝鮮本疆, 以後漢書

諸國傳, 互相參考則, 其北與高句麗, 南與馬韓, 東與濊貊, 接, 西濱大海, 可

知也.[35]

「淮音獲.」) 陶爲秋苴侯, (晉灼曰:「功臣表秋苴屬勃海.」師古曰:「苴音 千餘反.」【補注】先謙曰,
史記, 秋作荻, 同. 表作荻, 誤. 官本, 干作子.) 唊爲平州侯, 長爲幾侯. (【補注】先謙曰, 表作幾侯
張路.) 最以父死頗有功, 爲沮陽侯. (【補注】王念孫曰, 案沮陽, 史記作溫陽. 沮溫, 皆涅字之誤.
隷書, 沮字, 或作涅, 與涅相似.] 景武昭宣元成功臣表, 涅陽康侯最, 以父朝鮮相路人, 漢兵至,
首先降, 道死, 子侯. [史表略同.] 湍水注涅水, 東南逕涅陽縣故城西. [地理志, 涅陽, 屬南陽郡.]
漢武帝, 元封四年, 封路最爲侯國, 皆此證, 舊本北堂書鈔封爵部, 引此, 正作涅陽侯.[陳禹謨, 依
俗本, 改涅爲沮.]先謙曰, 官本, 沮作沮.) 左將軍徵至, 坐爭功相嫉乖計, 棄市. 樓船將軍亦坐兵
至列口當待左將軍, (蘇林曰:「列口, 縣名也. 度海先得之.」【補注】先謙曰, 胡注, 其地當洌水入
海之口. 齊召南云, 案樂浪郡, 有列口縣, 然非洌水入海之口也. 志曰, 呑列縣分黎山, 列水所出,
西至黏蟬入海, 然則列口在黏蟬縣矣. 沈欽韓云, 紀要, 列口城, 在朝鮮國王京西南.) 擅先縱, 失
亡多, 當誅, 贖爲庶人.

34 조선의 강역은 『漢書』 조선전 기록 중 '도읍인 왕험'과 '경계인 패수'라는 두 지표에 대한 후
대의 해석에서 크게 ①대륙설, ②한반도설로 나뉜다. ①대륙설은 『明一統志』의 "大蟲江이 鴨淥
江으로 유입되며, 鴨淥江은 요동도사 동쪽 560리에 소재하고 서남쪽으로 흘러 安市에 도달하
여 바다로 유입된다."는 기록이 대표적이고, ②한반도설은 沈欽韓, 『漢書疏證』에서 인용된 『조
선국지』의 "평안도 치소 평양부는 동남쪽으로 왕경까지 500여 리이다."라는 기록이 대표적이다.
한백겸은 『한서』 조선전에 대한 주석 중 전자를 버리고, 후자만을 선택하고 있다. 이것이야말로
바로 직전까지의 대표적인 지리서인 『新增東國輿地勝覽』 평양부에서 "三朝鮮 … 蓋馬大山(…
高勾麗盛時, 跨有遼河, 此山在其境內 … 姑存之, 以傳疑)" 등으로 뒤섞인 기록들을 그대로 남
겨 둔 것과 뚜렷이 구별되는 지점이다. 이른바 기존 문헌의 내용을 믿고 따르는 풍조를 비판하
면서 객관적이고 실증적인 논리로 기존의 설을 분석하여 시비를 가리고자 한 구암 의도의 실체
이다. 그것은 오히려 사실에 대한 훼손이다.

35 都王險. (李奇曰:「地名也.」【補注】沈欽韓, 『漢書疏證』 권35 西南夷兩粵朝鮮傳曰, 隋書高麗
傳, 都於平壤城, 亦曰長安城, 東西六里, 隨山屈曲, 南臨浿水<新唐書, 平壤在鴨淥水東南>, 朝
鮮國志, 平安道治平壤府, 東南去王京五百餘里. 杜佑曰, 平壤, 卽王險城也.), 至浿水爲界, (師
古曰:「浿水在樂浪縣, 音普蓋反.」【補注】沈欽韓, 『漢書疏證』 권35 西南夷兩粵朝鮮傳曰, 方輿
紀要, 大通江, 在平壤城東. 亦曰大同江. 舊名浿水.) / [『明一統志』 권25, 山水, "大蟲江(在都司

후한서後漢書 고구려전[36]高句麗傳[37]

고구려는 요동의 동쪽 천 리에 소재한다. 남쪽은 조선·예맥과, 동쪽은 옥저
와, 북쪽은 부여와 연접하였다. 지역은 사방 2천 리인데, 대다수가 큰 산과
깊은 골짜기이고, 사람들이 따라서 거처로 삼는다. 소수가 농사를 짓는데,
전력으로 경작해도 자급하기에 부족하므로 그 풍속이 음식을 절약하지만,
궁실을 다스리기를 좋아한다. 동이들이 서로 전승하여 부여의 별종이라고
간주하므로, 언어와 법칙이 다수가 동일한데, 무릎을 꿇고 절할 때에 한쪽
다리를 펴서 끌고 걸을 때는 모두 달린다.

高句驪在遼東之東千里, 南與朝鮮·濊貊, 東與沃沮, 北與夫餘接. 地方二千
里, 多大山深谷, 人隨而爲居. 少田業, 力作不足以自資, 故其俗節於飮食而,
好修宮室. 東夷相傳以爲夫餘別種,[38] 故言語法則多同而, 跪拜曳一腳, 行步
皆走.[39]

무릇 다섯 족(族)이 있는데, 소노부와 절로부와 순노부와 관노부와 계루부
이다. 본래 소노부가 주인이 되었는데, 차츰 미약해져서 뒤에 계루부가 대
신하였다. 그 설치한 관계에는 상가와 대로와 패자와 고추대대가와 주부와
우태와 사자와 조의와 선인이 있다.

城東南四百里, 源出龍鳳山南, 流入鴨渌江), 鴨渌江(在都司城東五百六十里, 按唐書東夷列傳,
有馬訾水, 出靺鞨之白山, 色若鴨頭, 故名, 鴨渌, 西南流至安市, 入海, 唐太宗征高麗, 耀兵於鴨
渌水, 即此, 所謂白山, 即今之長白山也)"]

36 총 1,060자로 구성되어 있다. 『三國志』 권30 「동이전」 고구려조를 대본으로 정리한 부분과
후한과 고구려 간의 교섭에 관한 연대기적 사실을 보충한 부분으로 이루어져 있다.

37 『後漢書』 「東夷列傳」 高句麗

38 『三國志』 「東夷傳」 高句麗條, "東夷舊語以爲夫餘別種言語諸事 多與夫餘同 其性氣衣服有
異" ; 『三國史記』 卷13 「高句麗本紀」1.

39 高句驪, 在遼東之東千里, 南與朝鮮·濊貊, 東與沃沮, 北與夫餘接. 地方二千里, 多大山深谷,
人隨而爲居. 少田業, 力作不足以自資, 故其俗節於飮食, 而好修宮室. 東夷相傳以爲夫餘別種,
故言語法則多同, 而跪拜曳一腳, 行步皆走.

凡有五族, 有消奴部, 絶奴部, 順奴部, 灌奴部, 桂婁部. 本消奴部爲主, 稍微弱, 後桂婁部代之. 其置官, 有相加·對盧·沛者·古鄒大大加[40]·主簿·優台·使者·帛衣·先人.[41]

그 풍속은 음란하고, 모두 정결함을 스스로 기뻐한다. 한밤에 갑자기 남녀가 떼 지어 노래를 부른다. 귀신과 사직과 영성에 제사지내기를 좋아한다. 10월 중 하늘에 제사지내는 큰 모임의 명칭을 동맹이라고 한다. 그 나라의 동쪽에 큰 굴이 있는데, 호칭을 수신이라고 한다. 지금 검증하건대, 아마도 바로 영원[42]의 석룡굴[43]이 이것인 듯하다. 또한 10월에 영접하여 제사지낸

---

40 『翰苑』 高麗條 所引 『高麗記』, "又有拔古鄒加 掌賓客 比鴻臚卿 以大夫使爲之"

41 凡有五族, 有消奴部, 絶奴部, 順奴部, 灌奴部, 桂婁部. (案, 今高驪五部, 一曰內部, 一名黃部, 卽桂婁部也. 二曰北部, 一名後部, 卽絶奴部也. 三曰東部, 一名左部, 卽順奴部也. 四曰南部, 一名前部, 卽灌奴部也. 五曰西部, 一名右部, 卽消奴部也. 【集解】惠棟曰, 消, 魏志作涓.) 本消奴部爲王, 稍微弱, 後桂婁部代之. 其置官, 有相加·對盧·沛者·古鄒大加· (古鄒大加, 高驪掌 (賀)[賓]客之官, 如鴻臚也.)主簿·優台·使者·帛衣先人([集解]沈欽韓曰, 唐志, 帛衣, 頭大兄, 所謂帛衣者, 此字衍先人也. 通典, 作皂衣. 秉國政, 三歲一易.) 武帝滅朝鮮, 以高句驪爲縣(前書, 元封中, 定朝鮮爲眞番·臨屯·樂浪·玄菟四(部)[郡] 使屬玄菟, 賜鼓吹伎人.

42 『신증동국여지승람』 제55권 평안도 영원군 ; 규장각, <광여도>, "寧遠郡은 高麗時代 寧遠鎭인데, 1396년(태조 5)에 永淸에 합하여 永寧이라 칭했고, 1466년(세조 12)에 古寧遠 땅에 별도로 군을 두었다. 영원군은 해방 전 행정구역상으로 평안남도 영원군과 대략 일치하였다. 현 행정구역상으로는 평안남도 영원군과 대흥군을 합친 것과 일치하였다. 읍치는 영원군 문곡리 일대에 있었다. 영원군의 전체적인 지세를 보면 높은 산들이 연이었으며 동·남·북의 세 방면이 높은 산으로 둘러싸인 고원을 이루고 있다. 읍치 동쪽에 위치한 廣城山(지도에는 廣城嶺)의 산중에 석굴이 있는데 굴 안에는 좌우 양쪽에 작은 못이 있다. 또 두 개의 石龍이 있는데 꿈틀꿈틀하고 위로 오르는 형상 같으므로 이름하여 石龍窟이라 한다. 읍치 위쪽에 위치한 釜直과 長毛老는 기암괴석으로 되어 있어 경치가 아름답다. 寧城鎭(지도의 우측상단)은 1641년(인조 19) 처음으로 別將을 두었다가 1666(숙종 7) 兵馬僉節制使로 승격시켰다. 1686년(숙종 27)獨鎭僉使로 삼았으나 1828년(순조 28)에 폐하였다.

43 『신증동국여지승람』 제55권 평안도 영원군 비고 산천 광성산 ; 『牛溪集』권6 잡저 잡기, "泓靖禪師言平安道寧遠郡西北行三日程. 過黑潭長飛脫. 九十九渡水至古寧遠. 有本香山. 又名掛山. 乃香山之祖宗山. 故名曰本香山. 有寺曰石龍窟. 山之旁有村落. 處處山谷. 山民居之. 種黍粟蕎麥菽. 亦有五穀. 牛之耕者大倍常牛. 外人入此地. 其民皆歡迎. 做飯具蔬菜. 淳厖如太古. 郡之胥吏絶遠不到. 耕田採薪. 自事而已. 禾穀甚賤. 一匹木綿. 可得數石. 不知人間事. 花開葉落知春秋. 地拆天崩非所恤云云. 村落甚多. 或有一二舍. 或有三四舍. 積穀於山

다. 그 공공 모임에서 의복은 모두 수를 놓은 비단이고, 금과 은을 사용하여 장식하였다. 대가와 주부는 모두 책(幘)을 착용하는데, 관책(冠幘)[44]과 같지만 뒤로 늘어뜨리는 부분이 없다. 그 소가는 절풍을 착용하는데, 형태가 고깔 같다. 감옥이 없고, 범죄자가 있으면 여러 가(加)가 품평하고 논의하여 즉시 사형시키고, 처자는 몰수하여 노비로 삼는다. 그 혼인은 모두 신부의 집으로 나아가 자식을 낳아 장성한 뒤에야 거느리고 귀환한다. 편리한 때에 차츰차츰 장례 도구를 꾸려 나가며, 금과 은 및 재물과 화폐를 모두 써서 두텁게 장례지내고, 돌을 쌓아 봉분을 만들며, 또한 소나무와 잣나무를 심는다. 그 성질은 흉악하고 급하며, 기력이 있고, 전투에 익숙하고 노략질하기를 좋아하여, 옥저와 예맥이 모두 복속되었다. 한나라 무제가 조선을 멸망시키고, 고구려를 현으로 삼아 현토를 소속시키도록 하였다.

其俗淫, 皆潔淨自喜, 暮夜輒男女羣聚爲倡樂. 好祠鬼神·社稷·零星, 以十月祭天大會, 名曰「東盟」. 其國東有大穴, 號禭神, 以今驗之, 疑卽寧遠石龍窟是也. 亦以十月迎而祭之. 其公會衣服皆錦繡, 金銀以自飾. 大加·主簿皆着幘, 如冠幘而無後, 其小加著折風, 形如弁. 無牢獄, 有罪, 諸加評議便殺之, 沒入妻子爲奴婢. 其婚姻皆就婦家, 生子長大, 然後將還, 便稍營送終之具. 金銀財幣盡於厚葬, 積石爲封, 亦種松柏. 其性凶急, 有氣力, 習戰鬪, 好寇鈔, 沃沮·濊貊皆屬焉. 漢武帝滅朝鮮, 以高句麗爲縣, 使屬玄菟.[45]

田. 經多至春而不收. 外人不至. 山逕不開. 草樹蓁合. 至村落之前. 方有小路. 相往來者唯石龍窟之路. 古人以兩石相對立于谷中以誌之. 數十步必有一對. 名其石曰童子石. 泓靖禪師登掛山絶頂. 香山在腋下如蟻垤云. 自註. 南望三角山. 長白山在旁. 東北望白頭山. ○甲午"([출처] 고을의 서리(胥吏)들은 하도 멀어서 오지 못하니 | 작성자 몽촌)

44 維基百科, "巾幘, 巾是汉族士大夫在古代戴在头上的帽, 亦传至汉字文化圈地区, 幘, 原是秦国武将围在额部的头巾, 形状像长帕, 汉朝起初常为卑位执事所用.《独断》, 东汉蔡邕撰, "幘者, 古之卑贱执事不冠者之所服也.") 汉元帝额头有壮发, 所以戴幘遮挡, 群臣效仿皇帝, 幘于是成为男子的主要首服《汉官仪》, 东汉应劭撰, "孝武时, 天子以下未有幘. 元帝颊上有壮发, 不欲使人见, 乃始进幘, 群僚随焉.")"

45 其俗淫, 皆絜淨自憙, 暮夜輒男女羣聚爲倡樂. 好祠鬼神·社稷·零星, (前書音義:「龍星左角曰天田, 則農祥也. 辰日祠以牛, 號曰零星」, 風俗通曰,「辰之神爲 靈星」, 故以辰日 祠於東南

구려에 별도 종족이 있는데 다른 명칭은 맥이다. 소수에 의거하여 거주하니, 또한 명칭을 소수맥이라고 한다. 좋은 활이 산출되는데, 이른바 맥궁이 이것이다.

句驪有別種, 一名貊耳. 依小水爲居, 亦名曰小水貊. 出好弓, 所謂「貊弓」是也.[46]

왕망 초기에 구려 군사를 징발하여 흉노를 정벌하려고 하였으나, 그 사람들이 가려고 하지 않으므로 파견하도록 강박하자 모두 도망하여 국경을 나갔다. 기인하여 요서를 침략하고 태수 전담을 살해하였다. (왕)망이 분노하고, 그 장수 엄우를 파견하여 공격해서 참수하게 하였으며, 고구려왕이란 명칭을 변경하여 하구려후라고 하였다.

王莽初, 發句驪兵以伐匈奴, 其人不欲行, 迫遣之, 皆亡出塞, 因侵遼西, 殺大守田譚. 莽怒遣其將嚴尤擊斬之, 更名高句驪王下句驪侯.[47]

건무 8년[48] 고구려가 사신을 파견하여 조공하니, 광무제가 그 왕의 호칭을 복구하였다. 왕 궁(宮)[49]은 탄생하면서 눈을 뜨고 살필 수 있었으니, 나라 사

也.) 以十月祭天大會, 名曰「東盟」. 其國東有大穴, 號禭神, 亦以十月迎而祭之. 其公會衣服皆錦繡, 金銀以自飾. 大加·主簿皆著幘, 如冠幘而無後, 其小加著折風, 形如弁. 無牢獄, 有罪, 諸加評議便殺之, 沒入妻子爲奴婢. 其昏姻皆就婦家, 生子長大, 然後將還, 便稍營送終之具. 金銀財幣盡於厚葬, 積石爲封, 亦種松柏. 其人性凶急, 有氣力, 習戰鬪, 好寇鈔, 沃沮·東濊皆屬焉.

46 句驪一名貊(耳), 有別種, (【集解】沈欽韓曰, 案文, 當云句驪有別種, 一名貊耳.) 依小水爲居, 因名曰小水貊. 出好弓, 所謂「貊弓」是也. (魏氏春秋曰:「遼東郡 西安平縣北, 有小水南流入海, 句驪別種因名之小水貊.」【集解】沈欽韓曰, 小水, 古小遼水, 今渾河, 大遼水, 今太子河, 會爲遼水.)

47 王莽初, 發句驪兵以伐匈奴, 其人不欲行, 彊迫遣之, 皆亡出塞爲寇盜. 遼西大尹田譚追擊, 戰死. 莽令其將嚴尤擊之, 誘句驪侯 騊入塞, 斬之, 傳首長安. (【集解】惠棟曰, 魏志, 騊作騶. 前書, 作騶.) 莽大說, 更名高句驪王爲下句驪侯, 於是貊人寇邊愈甚.

48 AD 32년. 고구려 대무신왕 15년

49 고구려 6대 태조대왕. 『三國史記』 「高句麗本紀」, "大祖大王或云國祖王 諱宮 小名於漱 琉璃王子古鄒加再思之子也 母大后夫餘人也"

람들이 따랐다. 장성함에 용감하고 건장하여 자주 변경을 침범하였다.

建武八年, 高句驪遣使朝貢, 光武復其王號. 王宮生而開目能視, 國人懷之, 及長勇壯, 數犯邊境.[50]

(중략)[51]

(중략)[52]

(중략)[53]

궁이 사망하고 아들 수성이 즉위하였다. 현토대수 요광이 보고서를 올려, 그 초상에 기인하여 군대를 출동시켜 공격하려고 하였다. 상서 진충이 말하였다. "궁이 생전에 걸출하고 영리하여 (요)광이 토벌할 수 없었는데, 사망하고서 공격하는 것은 의리가 아닙니다. 마땅히 파견하여 조문하고 그 미래

---

50 建武八年(32), 高句驪遣使朝貢, 光武復其王號. 二十三年冬, 句驪 蠶支落大加戴升等萬餘口詣樂浪內屬. 二十五年春, 句驪寇右北平·漁陽·上谷·太原, 而遼東太守祭肜以恩信招之, 皆復款塞. 後句驪王宮生而開目能視, 國人懷之, (【集解】官本考證曰懷, 魏志作惡.) 及長勇壯, 數犯邊境.

51 和帝 元興元年(105)春, 復入遼東, 寇略六縣, 太守耿夔擊破之, 斬其渠帥. 安帝 永初五年, 宮遣使貢獻, 求屬玄菟. 元初五年, 復與濊貊寇玄菟, 攻華麗城. (華麗, 縣, 屬樂浪郡.【集解】洪亮吉曰, 注, 華麗縣屬樂浪郡. 案, 後漢無華麗縣, 此蓋其舊城, 注則因前志而誤耳. [下遼隊縣, 亦然.] 惠棟曰, 案, 後漢, 省華麗縣, 以其縣中渠帥, 爲縣侯. 見魏志.)

52 夏, 復與遼東 鮮卑八千餘人攻遼隊(縣名, 屬遼東郡也.【集解】沈欽韓曰, 今奉天府海城縣西.) 殺略吏人. 蔡諷等追擊於新昌, (【集解】沈欽韓曰, 今新昌縣東.) 戰歿, 攻曹耿耗·兵曹掾龍端【集解】惠棟曰, 孫愐云, 龍姓, 舜, 納言之後.)·兵馬掾公孫酺以身扞諷, 俱沒於陳, 死者百餘人. 秋, 宮遂率馬韓·濊貊數千騎圍玄菟. (【集解】惠棟曰, 本紀云, 冬十二月.) 夫餘王遣子尉仇台(【集解】惠棟曰, 台, 一作治.) 將二萬餘人, 與州郡幷力討破之, 斬首五百餘級.

53 建光元年春(121), 幽州刺史馮煥(【集解】何焯曰, 本紀, 作馮煥. 先謙曰, 官本, 作煥.)·玄菟太守姚光·遼東太守蔡諷等(【集解】惠棟曰, 魏志·北史, 作風.) 將兵出塞擊之, 捕斬濊貊渠帥, 獲兵馬財物. 宮乃遣嗣子遂成將二千餘人逆光等, 遣使詐降, 光等信之, 遂成因據險阨以遮大軍, 而潛遣三千人攻玄菟·遼東, 焚城郭, 殺傷千餘人. (【集解】惠棟曰, 魏志云, 焚燒候城, 入遼隧. 候城, 屬元菟郡. 先謙曰, 官本, 作二千餘人, 是.) 於是發廣陽·漁陽·右北平·涿郡屬國三千餘騎同救之, 而貊人已去.

의 차선책을 선택하십시오." 안제가 이것을 따랐다. 조서로 말하였다. "앞으로는 지방 관리와 전투하지 아니하고 스스로 직접 귀순하여 포로를 송환하는 자에게는, 모두 속전을 지불하되, 한 사람 당 비단 40필로 하고 어린이는 절반으로 한다."

宮死, 子遂成立. 玄菟太守姚光上言欲因其喪發兵擊之, 尙書陳忠曰:「宮前桀黠, 光不能討, 死而擊之, 非義也. 宜遣弔問, 取其後善.」安帝從之. 詔曰: 自今已後, 不與縣官戰鬪而自以親附送生口者, 皆與贖直, 縑人四十匹, 小口半之.」[54]

순제 양희 원년[55] 현토군에 둔전 6부를 설치하였다고 한다. (위씨춘추에서 말하였다. "요동군은 서안평현의 북쪽이다. 소수가 남쪽으로 흘러 바다에 유입되는데, 구려 별종 거주지이며, 기인하여 명명하기를 소수맥이라고 하였다.")

順帝 陽嘉元年, 置玄菟郡屯田六部云[56] (魏氏春秋曰:「遼東郡 西安平縣北, 有小水南流入海, 句驪別種所居, 因名之小水貊.」)[57]

---

54 是歲宮死, 子遂成立. 姚光上言欲因其喪擊之, (【集解】沈宇曰, 案安帝紀, 姚光, 於建光元年, 四月, 被殺. 據此傳, 則宮之死, 當在秋冬之間, 其時不得復有光也.) 議者皆以爲可許. 尙書陳忠曰:「宮前桀黠, 光不能討, 死而擊之, 非義也. 宜遣弔問, 因責讓前罪, 赦不加誅, 取其後善.」安帝從之. 明年, 遂成還漢生口, 詣玄菟降. 詔曰:「遂成等桀逆無狀, 當斬斷菹醢, 以示百姓, 幸會赦令, 乞罪請降. 鮮卑·濊貊連年寇鈔, 驅略小民, 動以千數, 而裁送數十百人, 非向化之心也. 自今已後, 不與縣官戰鬪而自以親附送生口者, 皆與贖直, 縑人四十匹, 小口半之.」遂成死, 子伯固立. 其後濊貊率服, 東垂少事.
55 AD 132년, 고구려 태조왕 80년
56 順帝 陽嘉元年(132), 置玄菟郡屯田六部. 質·桓之間, 復犯遼東 西安平, 殺帶方令, (郡國志, 西安平·帶方, 縣, 並屬遼東郡.【集解】洪亮吉曰, 案郡國志, 西安平屬遼東, 帶方則屬樂浪, 注誤. 惠棟曰, 蔡邕集云, 孝桓之季年, 鮮卑入塞, 鈔盜起, 匈奴左部梁州叛羌逼迫, 兵誅淫衍, 東夷高句驪嗣子百固, 逆謀並發, 三垂騷然.) 掠得樂浪太守妻子. 建寧二年, 玄菟太守耿臨討之, 斬首數百級, 伯固降服, 乞屬玄菟云.
57 句驪一名貊(耳), 有別種, 【集解】沈欽韓曰, 案文, 當云句驪有別種, 一名貊耳. 依小水爲居, 因名曰小水貊. 出好弓, 所謂「貊弓」是也. (魏氏春秋曰:「遼東郡 西安平縣北, 有小水南流入海, 句驪別種因名之小水貊.」【集解】沈欽韓曰, 小水, 古小遼水, 今渾河, 大遼水, 今太子河, 會爲遼水.)

내가 상고한다. 고구려와 소수맥은 동일하게 고구려라고 호칭하지만 그 실
제는 두 종류이다. 고구려는 지금 관서 변방 일대이고, 소수맥의 경우, 의주
압강 서쪽 언덕, 요동 외부 변방 경계가 바로 그 지역이다. 궁 및 수성 등의
사건으로 관찰하건대, 소수맥은 바로 주몽이 일어난 지역이 된다.

愚按, 高句麗與小水貊, 同稱高句麗而, 其實爲二種, 高句麗, 今關西邊一帶,
小水貊則, 義州鴨江西岸, 遼東外徼, 卽其地也, 以宮及遂成等事, 觀之, 小
水貊, 是爲朱蒙所起之地也.

후한서後漢西 동옥저전⁵⁸東沃沮傳⁵⁹

동옥저는 고구려 개마대산⁶⁰의 동쪽에 소재한다. 동쪽은 큰 바닷가에 있고, 북쪽은 읍루·부여와, 남쪽은 예맥과 인접해 있다. 그 지형이 동서는 좁고, 남북은 길며, 대략 사방 천 리 가량 된다. 토질은 비옥하며, 산을 등지고 바다로 향해 있어 오곡이 잘 자라고 밭농사가 잘 된다. 읍과 촌락에는 장수가 있다. 사람들의 성격은 질박하고 강직하며 굳세고 용감하다. 창을 잘 다루며 보전을 잘 한다. 언어와 음식과 거처와 의복은 구려와 유사하다.

東沃沮在高句驪 蓋馬大山之東, 東濱大海, 北與挹婁·夫餘, 南與濊貊接. 其地東西夾, 南北長. 可折方千里. 土肥美, 背山向海, 宜五穀, 善田種, 有邑落長帥. 人性質直彊勇, 便持矛步戰. 言語·食飲·居處·衣服有似句驪.⁶¹

무제가 조선을 멸망시키고 옥저 지역을 현으로 삼아 낙랑에 소속시키고, 동부도위로 삼았다. 광무제 때에 이르러 도위를 혁파하고, 그 거수를 책봉하여 옥저후로 삼았다. 그 강토가 궁색하고 작으며, 큰 나라의 사이에 끼어 있

---

58 『後漢書』「東夷列傳」東沃沮
59 총 370자로 구성되어 있다. 『三國志』卷30「東夷傳」東沃沮條를 저본으로 하고 있다.
60 『新增東國輿地勝覽』권51, 평양부, "古跡 … 蓋馬大山(大明一統志, 在平壤城西, 其東, 卽古東沃沮國地, 資治通鑑, 隋 煬帝伐高麗, 左十二軍出蓋馬等道, 會于鴨綠水西, 註, 蓋馬屬玄菟郡, 有蓋馬大山, 漢書, 玄菟郡西, 蓋馬縣, 有馬訾水, 唐書, 以馬訾水, 爲鴨綠江, 高麗 林彦 九城記, 東至于海, 南至于長定二州, 西北介于蓋馬山, 九城, 今屬咸鏡道, 其西北係女眞地面, 非平壤之境矣, 又隋師出蓋馬道, 會鴨綠水西, 則此山, 疑在鴨綠江外 西北之界矣, 高勾麗, 盛時, 跨有遼河, 此山在其境內, 故一統志, 以平壤, 爲高麗舊都, 因以載之耳, 然未詳的在何處, 姑存之, 以傳疑.)"
61 東沃沮在高句驪 蓋馬大山之東, (蓋馬, 縣名, 屬玄菟郡. 其山在今平壤城西. 平壤卽王險城也.【集解】沈欽韓曰, 明志, 海州偉本沃沮國地, 今奉天海城縣, 又奉天蓋平縣, 高麗國蓋牟城, 亦其地.) 東濱大海, 北與挹婁·夫餘, 南與濊貊接. 其地東西夾, 南北長, (夾音狹.【集解】惠棟曰, 魏志云, 地形, 東北狹, 西南長.) 可折方千里. 土肥美, 背山向海, 宜五穀, 善田種, 有邑落長帥. 人性質直彊勇, 便持矛步戰. 言語·食飲·居處·衣服有似句驪. 其葬, 作大木槨, 長十餘丈, 開一頭爲戶, 新死者先假埋之, 令皮肉盡, 乃取骨置槨中. 家人皆共一槨, 刻木如(主)[生], 隨死者爲數焉.

어, 마침내 구려에 신하로 복속하였다.

武帝滅朝鮮, 以沃沮地爲縣, 屬樂浪, 爲東部都尉. 至光武罷都尉, 封其渠帥, 爲沃沮侯. 其土迫小, 介於大國之間, 遂臣屬句驪.[62]

○또 북옥저가 있는데, 다른 명칭이 치구루이며, 남옥저에서 800여 리 떨어져 있다. 그 풍속은 모두 남쪽 경계와 동일하다. 남쪽은 읍루와 인접하고 있는데, 사람들이 배를 타고 노략질하기를 좋아하므로, 북옥저가 두려워하였다. 매년 여름 번번이 바위 굴 속에 숨어살다가, 겨울이 되어 뱃길이 교통되지 않으면, 마침내 내려와 읍락에 거처한다.

○又有北沃沮, 一名置溝婁, 去南沃沮八百餘里. 其俗皆與南界同. 南接挹婁. 人喜乘舡寇抄, 北沃沮畏之, 每夏輒藏於巖穴, 至冬舡道不通, 乃下居邑落.[63]

내가 상고한다. 옥저는 지금의 함경도 전체를 남쪽과 북쪽으로 나누었다. 읍루는 본래 옥저의 북쪽에 소재하였지만, 지금은 남쪽에 인접해 있는 것이다. 읍루가 배를 타고 노략질한 통로가 남쪽 경계에 소재하며, 읍루가 옥저의 남쪽에 소재한 것이 아니니, 그 한계가 어느 곳에 소재하는지 알 수 없다. 만약 옥저의 읍과 촌락이 강변에 소재하였다면, 그 노략질을 두려워하

---

62 武帝滅朝鮮, 以沃沮地爲玄菟郡. 後爲夷貊所侵, 徙郡於高句驪西北, (【集解】惠棟曰, 魏志云, 今所謂元菟故府, 是也.) 更以沃沮爲縣, 屬樂浪東部都尉. (【集解】惠棟曰, 前志云, 東部都尉治, 不而縣, 魏志作不耐城.) 至光武罷都尉官, 後皆以封其渠帥, 爲沃沮侯 (【集解】沈欽韓曰, 沃沮, 自魏後, 不復著. 蓋百濟立國於其境, 而沃沮亡矣.) 其土迫小, 介於大國之間, 遂臣屬句驪. 句驪復置其中大人(遂)爲使者, 以相監領, (【集解】何焯曰, 以魏志參校, 衍遂字. 先謙曰, 官本, 兼作監.) (貴)[責]其租稅, 貂布魚鹽, 海中食物, 發美女爲婢妾焉.

63 ○又有北沃沮, 一名置溝婁, 去南沃沮八百餘里. 其俗皆與南同. 界南接挹婁. 挹婁人憙乘船寇抄, 北沃沮畏之, 每夏輒藏於巖穴, 至冬船道不通, 乃下居邑落. 其耆老言, 嘗於海中得一布衣, 其形如中人衣, 而兩袖長三丈. 又於岸際見一人乘破船, 頂中復有面, 與語不通, 不食而死. 又說海中有女國, 無男人. 或傳其國有神井, 闚之輒生子云. (魏志曰, 毌丘儉遣王頎追句驪王宮, 窮沃沮東界, 問其耆老所傳云.)

고 경계함이 더욱더 얼음이 언 뒤에 있어야 할 터인데, 지금 뱃길이 교통되지 않고 나서 마침내 내려가 읍에 거처하였다고 한다. 그렇다면, 아마도 단지 산 안쪽의 바닷가에 소재하였고, 두만강까지는 미치지 못하였을 것이다.[64] ○두씨통전에서 말하였다. 관구검이 현토태수 왕기를 파견하여 궁을 토벌해서 동쪽 경계 끝까지 도모하였다. 노인의 말에, 나라 하나가 있는데 전부 여자뿐이고 남자는 없으며, 사람들이 간혹 전승하기를, 그 나라에 신성한 우물이 있는데, 엿보기만 하면 매번 아들을 낳는다고 하였다. 또 난파한 배 하나를 취득하였는데, 파도를 따라 나와서 해안에 소재하고 있었다. 주변에 사람이 하나 있었는데, 이마 가운데 또 얼굴이 있었다. 산 채로 데리고 와서 대화하였지만 서로 소통되지 않았으며, 밥을 먹지 않고 죽어버렸다. 그 지역은 모두 옥저 동쪽 큰 바다 가운데 소재하였다 등등. ○내가 상고한다. 한나라로부터 지금까지 사람들의 문명이 점차 번성해지니, 하늘이 감추고 땅이 숨긴 것이 노출되지 않은 것이 없다. 옥저의 동쪽에 예전에 여자 나라가 있었다면, 양쪽으로 나라와 대면하고 있었을 터인데, 어찌 모를 까닭이 있었겠는가? 아마도 오랑캐 풍속이 부박하고 과장되었을 것이다. 정확한 역사로서 전승한 것은 잘못이다.

愚按, 沃沮, 以今咸鏡一道, 分南北, 挹婁, 本在沃沮之北而, 今南接者, 挹婁乘舡寇鈔之路在南界, 非挹婁在沃沮之南也, 其界限不知在何處, 若沃沮邑落在江邊則, 其畏寇戒嚴, 尤在合氷之後而, 今云船道不通乃下居邑, 則恐只在山內濱海之地, 不及於豆滿江也 ○杜氏通典云, 毌丘儉遣玄菟太守王

---

64 『新增東國輿地勝覽』권51, 평양부, "古跡 … 蓋馬大山(大明一統志, 在平壤城西, 其東, 卽古東沃沮國地, 資治通鑑, 隋 煬帝伐高麗, 左十二軍出蓋馬等道, 會于鴨綠水西, 註, 蓋馬屬玄菟郡, 有蓋馬大山, 漢書, 玄菟郡西, 蓋馬縣, 有馬訾水, 唐書, 以馬訾水, 爲鴨綠江, 高麗 林彥 九城記, 東至于海, 南至于長定二州, 西北介于蓋馬山, 九城, 今屬咸鏡道, 其西北係女眞地面, 非平壤之境矣, 又隋師出蓋馬道, 會鴨綠水西, 則此山, 疑在鴨綠江外 西北之界矣, 高勾麗, 盛時, 跨有遼河, 此山在其境內, 故一統志, 以平壤, 爲高麗舊都, 因以載之耳, 然未詳的在何處, 姑存之, 以傳疑.)"

頎, 討宮, 盡基東界, 耆舊言, 有一國, 純女無男, 人或傳, 其國有神井, 窺之
輒生子, 又得一破舡, 髓波出在海岸, 邊有一人, 頂中復有面, 生得之, 與語
不相通, 不食而死, 其地皆在沃沮東大海中云云 ○愚按, 自漢至今, 人文漸
繁, 天慳地秘無不露出, 沃沮之東, 舊有女國, 與兩面國, 豈有不知之理, 恐
夷俗浮誇, 傳之信史者過也

후한서後漢書 예전濊傳[65]

예는 북쪽으로 고구려·옥저와, 남쪽으로 진한과 연접하였고, 동쪽으로 큰 바다에서 끝나며, 서쪽으로 낙랑에 도달한다. 예 및 옥저·구려는 본래 모두 조선의 지역이다. 예전에 무왕이 기자를 조선에 책봉하였는데, 기자는 예의와 음악과 농사짓는 법과 양잠하는 법을 교육하였고, 또 여덟 조항의 교리를 제정하였다. 그 사람들이 끝내 서로 도둑질하지 않아 문을 닫지 않았으며, 부인들은 정숙하고 신의가 있었으며, 음식을 먹는데 예절이 있었다. 그 뒤 40여 세대를 지나 조선후 준에 도달하여 스스로 왕을 호칭하였다. 한나라 초기 대혼란기에 연·제·조나라 사람으로서 피난 간 사람이 수만 명이었다. 연나라 사람 위만이 준을 격파하고 스스로 조선의 왕이 되었다. 나라를 전승하여 손자 우거에게까지 도달하였다.

濊, 北與高句驪·沃沮, 南與辰韓接, 東窮大海, 西至樂浪. 濊及沃沮·句驪, 本皆朝鮮之地也. 昔武王封箕子於朝鮮, 箕子敎以禮樂田蚕, 又制八條之敎. 其人終不相盜, 無門戶之閉. 婦人貞信. 飮食以籩豆. 其後四十餘世, 至朝鮮侯 準, 自稱王. 漢初大亂, 燕·齊·趙人往避地者數萬口, 燕人衛滿擊破準而自王朝鮮. 傳國至孫右渠.[66]

---

65 『後漢書』 「東夷列傳」 濊

66 濊, (【集解】沈欽韓, 後漢書疏證11, 동이전, 예曰, (欽定大淸)一統志(421), 朝鮮國江原道治江陵府, 在國城東面, 本濊貊地. 漢爲臨屯縣.) 北與高句驪·沃沮, 南與辰韓接, 東窮大海, 西至樂浪. 濊及沃沮·句驪, 本皆朝鮮之地也. 昔武王封箕子於朝鮮, 箕子敎以禮義田疆, 又制八條之敎. (前書曰, 箕子敎以八條者, 相殺者以當時償殺, 相傷者以穀償, 相盜者男沒入爲其家奴, 女子爲婢, 欲自贖者人五十萬. 音義曰: 「八條不具見也.」) 其人終不相盜, 無門戶之閉. 婦人貞信. 飮食以籩豆. 其後四十餘世, 至朝鮮侯 準, 自稱王. (【集解】惠棟曰, 魏略云準, 朝鮮王否之子.) 漢初大亂, (【集解】惠棟曰, 魏略云, 準立二十餘年, 而陳·項起, 天下亂.) 燕·齊·趙人往避地者數萬口, 而燕人衛滿擊破準而自王朝鮮, (【集解】惠棟曰, 衛滿見前注, 魏略云, 滿詣準降, 拜爲博士, 賜以圭, 封之百里令守西邊. 滿誘亡黨, 衆稍多, 遂還攻準也.) 傳國至孫右渠. (【集解】惠棟曰, 顔籀云, 滿死傳子, 子死傳孫. 右渠者, 其孫名也.)

원삭 원년[67] 예군 남려 등이 우거를 배반하였으며, 28만 호구를 인솔하고 요동에 와서 귀속하였다. 무제가 그 지역을 창해군으로 삼았다가 몇 년 만에 혁파하였다. 원봉 3년[68]에 이르러 조선을 멸망시키고, 낙랑·임둔·현토·진번의 4군을 분할하여 설치하였다. 소제 시원 5년[69]에 임둔·진번을 혁파하고, 낙랑·현토를 병합하였다. 뒤에 구려로 이전하여 거처하였다. 단대령에서부터 동쪽으로 옥저·예맥이 모조리 낙랑에 소속되었다. 뒤에 경계와 영토가 광활하고 원대하므로 다시 (단대)령 동쪽 7현을 분할하여 낙랑 동부도위를 설치하였다. 귀속되고 나서부터 이후로 풍속이 차츰 천박해지고 법률도 역시 차츰 잡다해져서 60여 조목에 이르렀다. 건무 6년[70] (동부)도위의 관청을 폐지하고 마침내 (단대)령 동쪽 지역을 포기하였다. 그 지방의 우두머리는 모조리 현후로 책봉하니, 모두가 매년 정월에 조회하였다.

元朔元年[67] 濊君南閭等畔右渠, 率二千八萬口詣遼東內屬, 武帝以其地爲蒼海郡, 數年乃罷. 至元封三年, 滅朝鮮, 分置樂浪·臨芚·玄菟·眞番四(部)[郡]. 至昭帝 始元五年, 罷臨屯·眞番, 以幷樂浪·玄菟. 後徙居句驪. 自單大領已東, 沃沮·濊貊悉屬樂浪. 後以境土廣遠, 復分領東七縣, 置樂浪東部都尉. 自內屬已後, 風俗稍薄, 法禁亦浸多, 至有六十餘條. 建武六年, 省都尉官, 遂棄領東地, 悉封其渠帥爲縣侯, 皆歲時朝賀.[71]

---

67 BC 128년

68 BC 108년

69 BC 82년

70 AD 30년, 고구려 대무신왕 13년

71 元朔元年(B.C.128), (武帝年也.) 濊君南閭等 (【集解】惠棟曰, 顔籀云, 南閭者, 濊君之名.) 畔右渠, 率二十八萬口詣遼東內屬, 武帝以其地爲蒼海郡, 數年乃罷. 至元封三年, 滅朝鮮, 分置樂浪·臨屯·玄菟·眞番四(部)[郡]. (番音潘.【集解】先謙曰, 四部, 應作四郡. 官本不誤.) 至昭帝 始元五年, 罷臨屯·眞番, 以幷樂浪·玄菟. 玄菟復徙居句驪. 自單單大領已東, (【集解】先謙曰, 官本作單單大領, 與魏志合.) 沃沮·濊貊悉屬樂浪. 後以境土廣遠, 復分領東七縣, 置樂浪東部都尉. 自內屬已後, 風俗稍薄, 法禁亦浸多, 至有六十餘條. 建武六年, 省都尉官, 遂棄領東地, (【集解】惠棟曰, 不而·華麗·沃沮諸縣也.) 悉封其渠帥爲縣侯, 皆歲時朝賀.)

대군장이 없고, 그 관직에는 후·읍군·삼로가 있다. 노인들은 스스로 구려와 동일 종족이라고 말하는데, 언어와 법률과 풍속이 대개 서로 유사하다. 그 사람들의 성품은 우직하고 건실하며, 욕심이 적고 동냥을 바라지 않는다. 남녀는 모두 곡령을 입는다. 그 풍속은 산천을 중시하고, 각각 부락에 경계가 있어서, 망령되게 서로 간섭할 수 없다. 동일 성씨는 혼인하지 아니하고, 금기와 꺼리는 것이 많다. 질병으로 사망하면, 곧바로 옛 집을 포기하고 다시 새 거처를 축조한다. 삼을 파종하는 법과 양잠하는 법을 알고 면포를 제작한다. 새벽에 별자리를 관찰하여, 그 해의 풍흉을 미리 안다. 해마다 10월이면 하늘에 제사를 지내는데, 밤낮으로 술 마시고 노래하며 춤추니, 명명하기를 무천이라고 한다. 또 호랑이 사당을 세워 신령으로 삼는다. 마을에서 서로 침범하는 자가 있으면, 곧바로 상호 처벌하는데, 생산 호구와 소·말로써 부과하며, 명명하기를 책화라고 한다. 살인자는 사형으로 보상하게 하며, 침구하고 도둑질하는 것이 적다. 보병 전투에 능숙하며, 세 길 길이의 창을 제작하는데, 간혹 여러 사람이 함께 지지한다.

無大君長, 其官有侯·邑君·三老. 耆舊自謂與句驪同種, 言語法俗大槩相類. 其人性愚慤, 少嗜欲, 不請匄. 男女皆衣曲領. 其俗重山川, 各有部界, 不得妄相干涉. 同姓不婚. 多所忌諱, 疾病死亡, 輒捐棄舊宅, 更造新居. 知種麻, 養蚕, 作綿布. 曉候星宿, 豫知年歲豐約. 常用十月祭天, 晝夜飲酒歌舞, 名之爲「舞天」. 又祠虎以爲神. 邑落有相侵犯者, 輒相罰, 責生口牛馬, 名之爲「責禍」. 殺人者償死. 少寇盜. 能步戰, 作矛長三丈, 或數人共持之.[72]

---

72 無大君長, 其官有侯·邑君·三老. 耆舊自謂與句驪同種, 言語法俗大抵相類. 其人性愚慤, 少嗜欲, 不請匄. 男女皆衣曲領. 其俗重山川, 山川各有部界, 不得妄相干涉 同姓不昏. 多所忌諱, 疾病死亡, 輒捐棄舊宅, 更造新居. 知種麻, 養蠶, 作緜布. (【集解】惠棟曰, 魏志, 無布字.) 曉候星宿, 豫知年歲豐約. 常用十月祭天, 晝夜飲酒歌舞, 名之爲「舞天」. 又祠虎以爲神. 邑落有相侵犯者, 輒相罰, 責生口牛馬, 名之爲「責禍」. 殺人者償死. 少寇盜. 能步戰, 作矛長三丈, 或數人共持之. 樂浪檀弓出其地. 又多文豹, (【集解】惠棟曰, 博物志云, 海出斑魚皮, 陸出文豹. 管子揆度篇云, 發朝鮮之文皮. 又輕重甲篇云, 發朝鮮不朝, 請文皮毤服, 而以爲幣乎. 一豹之皮容金, 而金也然後, 八千里之發, 朝鮮可得而朝也. 爾雅太府云, 東北之美者, 有斥山之文皮焉. 郭璞云, 虎

내가 상고한다. 예와 맥은 비록 예라고 통칭하지만, 그 실제는 서로 다른 종족을 이룬다. 춘천부터 북쪽으로 해서와 관서의 산골 지역은 맥이 되고, 그 동쪽은 예가 된다. 그러므로 간혹 동예라고 부른다.

愚按, 濊與貊雖通稱濊, 而其實爲二種, 春川以北, 通海西關西山郡之地爲貊, 以東爲濊, 故或謂之東濊.

豹之屬, 皮有縟綵者, 是文皮, 卽文豹之皮也.) 有果下馬, (高三尺, 乘之可於果樹下行.【集解】惠棟曰, 劉逵魏都賦注云, 漢廐舊有樂浪所獻果下馬, 高三尺, 以駕輦車.) 海出班魚, 使來皆獻之.

후한서後漢書 부여국전夫餘國傳[73]

부여국은 현토 북쪽 1,000리에 소재한다. 남쪽으로 고구려와, 동쪽으로 읍루와, 서쪽으로 선비와 연접하였고, 북쪽으로 약수가 있다. 지적은 사방 2,000리이고, 본래 예의 지역이다.

夫餘國, 在玄菟北千里. 南與高句驪, 東與挹婁, 西與鮮卑接, 北有弱水. 地方二千里, 本濊地也.[74]

처음에 북쪽 오랑캐의 색리국왕이 행차하였는데, 그 시녀가 후방에서 임신하였다. 왕이 돌아와서 살해하려고 하였다. 시녀가 말하였다. "이전에 보니까, 하늘 위에 기운이 있는데, 크기가 달걀만 하였습니다. 나에게 와서 내려 앉고, 기인하여 임신하게 되었습니다." 왕이 감옥에 가두었는데, 뒤에 마침내 사내아이를 낳았다. 왕이 돼지우리에 두도록 명령하였는데, 돼지가 입김으로 불어주어 죽지 않았다. 다시 마굿간으로 옮겼지만, 말이 또한 그렇게 하였다. 왕이 신기하게 여기고, 마침내 어미가 거두어 기르도록 허락하였다. 이름을 동명이라고 하였는데, 성장하여 활을 잘 쏘았다. 왕이 그 용맹함을 시기하여 다시 살해하려고 하였다. 동명이 달아났고, 남쪽에서 엄사수를 만났는데, 활로써 물을 치니 물고기와 자라가 모두 물 위에 모여 떠서, 동명이 타고서 건널 수 있었다. 이어서 부여에 도착하여 왕이 되었다.

初, 北夷 索離國王出行, 其侍兒於後姙身. 王還, 欲殺之. 侍兒曰: 「前見天

上有氣, 大如雞子, 來降我, 因以有身.」王囚之, 後遂生男. 王令置於豕牢, 豕以口氣嘘之, 不死. 復徙於馬蘭, 馬亦如之. 王以爲神, 乃聽母收養, 名曰東明. 長而善射, 王忌其猛, 復欲殺之. 東明奔走, 南至淹㴲 水, 以弓擊水, 魚鼈皆聚浮水上, 東明乘之得渡. 仍至夫餘而王之焉.[75]

동쪽 오랑캐의 지역에서 가장 평탄하고 탁 트인 곳이었다.

於東夷之域, 最爲平敞.[76]

(하략)[77]

---

[75] 初, 北夷 索離國王出行, (「索」或作「槀」, 音度洛反.【集解】沈欽韓曰, 論衡古驗篇, 作槀離. 案晋書, 有裨離國, 在肅愼西北, 馬行可二百日, 疑此是也. 隋書以爲高麗, 非.) 其侍兒於後姙身, (姙音女鴆反.) 王還, 欲殺之. 侍兒曰:「前見天上有氣, 大如雞子, 來降我, 因以有身.」王囚之, 後遂生男. 王令置於豕牢, (牢, 圈也.) 豕以口氣嘘之, 不死. 復徙於馬蘭, (蘭卽欄也.) 馬亦如之. 王以爲神, 乃聽母收養, 名曰東明. 東明長而善射, 王忌其猛, 復欲殺之. 東明奔走, 南至掩㴲水, (今高麗中有蓋斯水, 疑此水是也.【集解】惠棟曰, 北史作掩淲水. 沈欽韓曰, 魏志注作施掩水. 隋, 百濟傳作掩水. 李注以蓋斯水, 此乃前志西蓋馬之馬訾水, 今鴨淥江也.) 以弓擊水, 魚鼈皆聚浮水上, 東明乘之得度, (【集解】惠棟曰, 魏略云, 魚敝鼈浮爲橋, 東明得度, 魚鼈乃解散, 追兵不得度.) 因至夫餘而王之焉.

[76] 於東夷之域, 最爲平敞, 土宜五穀. 出名馬·赤玉·貂豽, (豽似豹無前足, 音奴八反.【集解】洪頤煊曰, 釋獸, 貀無前足, 釋文字, 本作豽. 字林云, 獸無前足, 似虎而黑, 此貂豽連稱, 當言其皮可爲裘者, 非豽獸也. 說文, 狄, 鼠屬, 善旋, 從豸穴聲. 篆文, 作豽, 與豽字相類, 而譌注誤證.) 大珠如酸棗. (【集解】沈欽韓曰, 東夷考略, 長白山在開原城東南四百里, 其巓有潭, 流水下成湖陂, 湖中出東珠, 貴者且千金.) 以員柵爲城, 有宮室·倉庫·牢獄. 其人麤大彊勇而謹厚, 不爲寇鈔. 以弓矢刀矛爲兵. 以六畜名官, 有馬加·牛加·狗加, 其邑落皆主屬諸加. 食飮用俎豆, 會同拜爵洗爵, 揖讓升降. 以臘月祭天, 大會連日, 飮食歌舞, 名曰「迎鼓」.(【集解】沈欽韓曰, 天中記, 謝承書云, 東夷三韓俗, 以臘日家家祭祀, 俗云臘鼓, 鳴春草生也. 荊楚歲時記, 十二月八日爲臘日.) 是時斷刑獄, 解囚徒. 有軍事亦祭天, 殺牛, 以蹄占其吉凶. (魏志曰:「牛蹄解者爲凶, 合者爲吉.」) 行人無晝夜, 好歌吟, 音聲不絶.

[77] 其俗用刑嚴急, 被誅者皆沒其家人爲奴婢. 盜一責十二. 男女淫皆殺之, 尤治惡妒婦, 旣殺, 復尸於山上. (【集解】沈欽韓曰, 北史, 豆莫婁國在勿吉北千里, 舊北夫餘也. 俗尤惡妒者, 殺之尸於國南山上, 至腐, 女家輪牛馬乃與之.) 兄死妻嫂. 死則有椁無棺. 殺人殉葬, 多者以百數. 其王葬用玉匣, 漢朝常豫以玉匣付玄菟郡, (【集解】先謙曰, 魏志, 公孫淵伏誅, 玄菟庫猶有玉匣一具.) 王死則迎取以葬焉.

(하략)[78]

(하략)[79]

내가 상고한다. 부여의 종족은 통칭하여 말갈이라고 한다. 제[80]·양[81] 이후 고구려에 편입되었고, 당나라에서 발해국이 되었으며, 오계[82] 때에는 요나라의 동단국[83]이 되었고, 송나라 때에는 숙여진이 되었다. 원나라 때는 동진국[84]이 되었고, 지금은 노호[85]의 지역이 되었다.

愚按, 夫餘之種, 通稱爲靺鞨, 齊·梁以後, 入于高勾麗, 唐爲渤海國, 在五季爲遼之東丹國, 在宋爲熟女眞, 在元爲東眞國, 今爲老胡[86]之地.

---

78 建武(25~55)中, 東夷諸國皆來獻見. 二十五年, 夫餘王遣使奉貢, 光武厚荅報之, 於是使命歲通. 至安帝 永初五年, 夫餘王始將步騎七八千人寇鈔樂浪, 殺傷吏民, 後復歸附. 永寧元年, 乃遣嗣子尉仇台(印)[詣]闕貢獻, 天子賜尉仇台印綬金綵. 順帝 永和元年, 其王來朝京師, 帝作黃門鼓吹·角抵戲以遣之.

79 桓帝 延熹四年(161), 遣使朝賀貢獻. 永康元年, 王夫台將二萬餘人寇玄菟, 玄菟太守公孫域擊破之, 斬首千餘級. (【集解】惠棟曰, 東觀記魏志公孫度傳, 皆作域.) 至靈帝 熹平三年, 復奉章貢獻. 夫餘本屬玄菟, 獻帝時, 其王求屬遼東云.

80 남조 제나라(479~502년). 劉宋을 무너뜨린 무장 蕭道成이 세운 나라. 북조의 북제와 비교하여 남제, 도제, 소제라고 한다. 『남제서』가 있다.

81 남조 양나라(502~557). 제나라의 방계 황족 소연(양무제)이 세운 나라.

82 당나라가 멸망한 907년부터 송나라가 일어난 960년 사이에 흥망한 다섯 왕조, 후당·후량·후주·후진·후한이다.

83 동단국(926~982년). 발해를 멸망시킨 야율아보기가 큰 아들 倍를 황제로 세워 전권을 위임한 나라.

84 동진국(~1233년). 금나라 함평로선무사 포선만노가 거란 반란군인 야율유가에게 패배하여 금나라 동경을 근거로 대진국을 세웠다가 다시 몽골과 야율유가를 피해 東夏를 건국하였다. 곧 몽골군에게 항복하였는데, 1219년 1월 강동성에서 고려군과 연합하여 거란족을 토벌하였다. 1233년 몽골에게 멸망당하였다.

85 奴胡는 老酋로, 청나라 태조 누르하치이다.

86 奴胡의 착오인 듯하다.

후한서後漢書 읍루전挹婁傳[87]

읍루는 옛 숙신의 나라이다. 부여 동북쪽 천여 리에 소재하는데, 동쪽은 큰 바다에 인접해 있고, 남쪽은 북옥저와 연접해 있으며, 그 북쪽 극한은 알 수 없다. 토지의 다수에 산악이 험준하다. 사람들의 외형은 부여와 흡사하나, 언어는 각기 다르다.

挹婁, 古肅愼之國也. 在夫餘東北千餘里, 東濱大海, 南與北沃沮接, 不知其 北所極. 地多山險. 人形似夫餘, 而言語各異.[88]

향토의 기후가 지극히 한랭하여 항상 굴속에서 거처하는데, 깊은 것을 귀중 하게 여기며, 대가는 아홉 사다리를 접속하여 도달한다. 돼지 기르기를 좋 아하고, 그 고기를 먹으며 그 가죽으로 옷을 만든다. 겨울에 돼지기름을 몸 에 바르는데, 두께가 몇 푼이 되게 하여 바람과 한기를 방어한다.

土氣極寒, 常爲穴居. 以深爲貴, 大家至接九梯. 好養豕, 食其肉, 衣其皮. 冬 以豕膏塗身, 厚數分, 以禦風寒.[89]

---

87 『後漢書』권30 「東夷傳」 挹婁條, 총 230자

88 挹婁, 古肅愼之國也. (【集解】沈欽韓曰, 元史地理志, 瀋陽路, 本挹婁故地. 又開元路, 古肅愼 之地. 通典, 其國在不咸山北. [晋曰肅愼. 魏曰勿吉. 隋曰靺鞨.] 一統志, 長白山, 在吉林烏喇城 東南, 古名不咸山. 今奉天府鐵嶺縣承德縣及寧古塔·黑龍江, 並挹婁國地. 挹婁故城, 在今鐵嶺 南六十里.) 在夫餘東北千餘里, 東濱大海, 南與北沃沮接, 不知其北所極. (【集解】沈欽韓曰, 魏 書勿吉國, 自和龍北三百餘里, 有善玉山, 山北行十三日, 至祁黎山. 又北行七日, 至如洛瓖水, 水廣里餘. [案卽弱水.] 又北行十五日, 至太魯水. 又東北十八日, 到其國. 國有大水, 闊三里餘, 名速末水. [遼史, 聖宗, 太平四年, 詔改鴨子河曰混同江. 一統志, 源出長白山, 卽古栗末水. 東 夷考略云, 混同江, 北過灰扒夷地, 名灰扒江, 過兀喇夷地, 名兀喇江, 又北至海西, 屈而東入於 海, 通名烏龍江.] 唐書北狄傳, 黑水靺鞨, 居肅愼地. [明統志, 黑龍江, 在開原城北二千五百里, 源出北山, 黑水靺鞨, 舊居此.] 東瀕海, 西屬突厥, 南高麗, 北室韋. 其部酋著者, 曰粟末部, 居最 南, 抵太白山, [卽長白山.] 依粟末水以居. 東北曰汨咄部, 又次曰安居骨部. 益東曰拂涅部, 西北 曰黑水部, 粟末之東曰白山部, 黑水居最北. 渤海, 本粟末靺鞨, 姓大氏. 高麗滅後, 率眾保挹婁 之東牟山. 唐睿宗先天中, 以祚榮爲渤海郡王. 自題, 始去靺鞨, 專稱渤海. [後爲遼滅.]) 土地多 山險. 人形似夫餘, 而言語各異. 有五穀·麻布, 出赤玉·好貂.

89 無君長, 其邑落各有大人. 處於山林之間, 土氣極寒, 常爲穴居, (【集解】沈欽韓曰, 北史, 深未

한나라가 발흥한 이후부터 부여에 신하로 복속되었다. 활을 잘 쏘며, 발사하면 사람들의 눈을 꿰뚫을 수 있다. 동이와 부여에서 음식 따위에는 모두 조두(俎豆)를 사용하지만, 오직 읍루에만 없으며, 법도와 풍속에 가장 기강이 없다.

自漢興已後, 臣屬夫餘. 善射, 發能入人目. 東夷 夫餘飲食類, 皆有俎豆, 唯挹婁獨無, 法俗最無綱紀者也.[90]

내가 상고한다. 읍루의 종족은 다수가 바닷가에 거처하며 어로를 사업으로 삼는다. 또 배 타기를 좋아하고 인근 지경을 약탈한다. 그 풍속이 지금까지 여전히 존재한다. 통칭해서 말갈이라고 하며, 송나라 때 여진이 되었고, 지금은 번방 오랑캐 여러 부락이 되었다.

愚按, 挹婁之種, 多居海濱, 漁採爲業, 且喜乘船, 寇鈔隣境, 其風俗, 至今猶在, 通稱爲靺鞨, 在宋爲女眞, 今爲藩胡諸部落.

怛室韋, 冬月穴居, 以避太陰之氣.) 以深爲貴, 大家至接九梯. 好養豕, 食其肉, 衣其皮. 冬以豕膏塗身, 厚數分, 以禦風寒. 夏則裸袒, 以尺布蔽其前後. 其人臭穢不絜, 作廁於中, 圜之而居.

90 自漢興已後, 臣屬夫餘. 種衆雖少, 而多勇力, 處山險, 又善射, 發能入人目. 弓長四尺, 力如弩. 矢用楛, 長一尺八寸, 靑石爲鏃, 鏃皆施毒, 中人卽死. 【集解】惠棟曰, 肅愼國記云, 石山在國東北, 取之, 必先祈神, 石利入鐵.) 便乘船, 好寇盜, 鄰國畏患, 而卒不能服. 東夷 夫餘飲食類(此), 皆有俎豆, (【集解】劉攽曰, 東夷夫餘, 飲食類此, 皆有俎豆, 案文多一此字. 沈欽韓曰, 夫餘, 晋時尙有其國. 晋書, 太康六年, 爲慕容廆所襲破, 其王依慮自殺, 子弟走保沃沮. 明年, 夫餘後王依羅, 遣詣東夷校尉何龕, 求率見人, 還復舊國. 至晋末, 始有百濟. 魏書云, 百濟, 其先出自夫餘. 南·北史, 並言馬韓之一種, 然北史云, 東明至夫餘而王, 至仇台篤, 始立國於帶方. 遼東, 公孫度以女妻之, 遂爲東夷强國. [魏志, 乃夫餘事.] 初以百家濟, 因號百濟. 隋書云, 百濟, 出自高麗. 然二史所叙, 先系悉夫餘國也. 魏志, 尉仇台死, 傳簡位·居麻余·依慮三世. 依慮, 國破自殺, 皆無百濟之號. 沈約, 姚察書則云, 東晋世, 高麗略有遼東, 百濟亦據有遼西. 推考百濟立國之由, 當在依慮自殺, 子弟走保沃沮. 此時, 以百家濟海, 故號百濟耳. 自晋以下, 有百濟, 無沃沮, 可見漢·魏之沃沮, 卽六朝之百濟, 而夫餘, 後亦自復舊土, 兩國並立. [唐書, 百濟王扶餘璋, 仍以扶餘爲姓, 明本系同也.] 魏書云, 世宗, 引見使臣, 芮弗悉曰, 夫餘爲勿吉所逐, 涉羅爲百濟所併. 則二國並立, 且二百年. 隋史等, 以後漢末號百濟, 謬矣. 諸史, 於東夷傳, 兩國源流未悉. 蓋扶餘, 適與中國不通, 乃湮沒耳. 魏收宋祁云, 百濟爲夫餘別種, 蓋差得之.) 唯挹婁獨無, 法俗最無綱紀者也.

후한서後漢書 삼한전三韓傳[91]

한에는 세 종족이 있으니, 하나는 마한이고, 둘은 진한이며, 셋은 변진이다.
韓有三種, 一曰馬韓, 二曰辰韓, 三曰弁辰.[92]

마한은 서쪽에 소재하는데, 54국이 있으며, 그 북쪽은 낙랑과, 남쪽은 왜와
연접하고 있다. 진한은 동쪽에 소재하는데, 12국이 있으며, 그 북쪽은 예맥
과 연접하고 있다. 변진은 진한의 남쪽에 소재하는데, 역시 12국이 있으며,
그 남쪽도 역시 왜와 연접하고 있다. 무릇 78국인데, 백제는 그중의 1국이
다. 큰 것은 만여 호이고, 작은 것은 수천 가이다. 각각은 산과 바다 사이에
소재하고, 지역은 도합 사방 4천여 리이며, 동쪽과 서쪽이 바다를 한계로 삼
았다. 모두가 예전의 진국이다. 마한이 가장 강대하니, 그 종족을 공동으로
옹립하여 진왕으로 삼았다. 목지국에 도읍하여 모든 삼한 지역의 왕으로
군림하였다. 그 여러 국의 왕의 선대는 모두 바로 마한 종족 사람이다.
馬韓在西, 有五十四國, 其北與樂浪, 南與倭接. 辰韓在東, 十有二國, 其北
與濊貊接. 弁辰在辰韓之南, 亦十有二國, 其南亦與倭接. 凡七十八國, 百濟
是其一國焉. 大者萬餘戶, 小者數千家, 各在山海間, 地合方四千餘里, 東西
以海爲限, 皆古之辰國也. 馬韓最大, 共立其種爲辰王, 都目支國, 盡王三韓
之地. 其諸國王先皆是馬韓種人焉.[93]

　　마한 사람들은 농사와 양잠을 할 줄 알고, 면포를 제작한다. 큰 밤이 산출

---

91 後漢書 東夷列傳 韓, 총 680자
92 韓有三種, 一曰馬韓, 二曰辰韓, 三曰弁辰. (【集解】王會汾曰, 案晉梁二書, 皆作弁韓, 當從
改. 下云, 弁辰在辰韓之南, 弁辰亦弁韓之訛. 惠棟曰, 魏志作弁韓.)
93 馬韓在西, 有五十四國, 其北與樂浪, 南與倭接. 辰韓在東, 十有二國, 其北與濊貊接. 弁辰在
辰韓之南, 亦十有二國, 其南亦與倭接. 凡七十八國, 伯濟是其一國焉. 大者萬餘戶, 小者數千
家, 各在山海間, 地合方四千餘里, 東西以海爲限, 皆古之辰國也. 馬韓最大, 共立其種爲辰王,
都目支國, 盡王三韓之地. 其諸國王先皆是馬韓種人焉.

되는데, 배만큼 크다. 긴 꼬리 닭이 있는데, 꼬리 길이가 5척이다. 읍락에서 섞여 거처하는데, 역시 성곽이 없다. 땅을 파서 움집을 만드는데, 형태가 무덤과 같고, 출입문은 윗부분에 있다. 무릎 꿇고 절하는 법을 모르며, 장유와 남녀의 구별이 없다. 금과 보화와 비단과 모직물을 귀하게 여기지 않으며, 소와 말 타는 법을 모른다. 오직 구슬만을 귀중하게 여겨, 옷에 꿰매어 장식하기도 하고 목에 걸거나 귀에 늘어뜨린다. 대체로 모두가 머리를 틀어 묶어 상투를 노출시키고, 도포를 입고 짚신을 신는다. 그 사람들은 씩씩하고 용감하다. 젊은이들이 집을 축조하기 위해 노력하는 자는 매번 밧줄로 등가죽을 꿰어 큰 나무를 매어달고 소리를 지르니, 건장한 것으로 여긴다. 해마다 5월 농사일의 지경에 귀신에게 제사를 지내는데, 밤낮으로 술자리를 베풀고 떼 지어 노래 부르고 춤춘다. 춤출 때는 매번 수십 명이 서로 줄을 서서 땅을 밟으며 장단을 맞춘다. 10월에 추수를 끝내고 역시 다시 이렇게 한다. 여러 국의 읍은 각각 한 사람이 천신 제사를 주관하게 하는데, 호칭을 천군이라고 한다. 또 소도를 수립하는데, 큰 나무를 건설하여 방울과 북을 매달아 놓고 귀신을 섬긴다. 그 남쪽 경계는 왜와 근접하였고, 역시 문신한 자도 있다.

馬韓人知田蠶, 作緜布. 出大栗如梨. 有長尾雞, 尾長五尺. 邑落雜居, 亦無城郭. 作土室, 形如冢, 開戶在上. 不知跪拜. 無長幼男女之別. 不貴金寶錦罽, 不知騎乘牛馬, 唯重瓔珠, 以綴衣爲飾, 及縣頸垂耳. 大率皆魁頭露紒, 布袍草履. 其人壯勇, 少年有築室作力者, 輒以繩貫脊皮, 縋以大木, 讙呼爲健. 常以五月田竟祭鬼神, 晝夜酒會, 羣聚歌舞, 舞輒數十人相隨踏地爲節. 十月農功畢, 亦復如之. 諸國邑各以一人主祭天神, 號爲「天君」. 又立蘇塗, 建大木以縣鈴鼓, 事鬼神. 其南界近倭, 亦有文身者.[94]

---

94 馬韓人知田蠶, 作緜布. 出大栗如梨. 有長尾雞, 尾長五尺. 邑落雜居, 亦無城郭. 作土室, 形如冢, 開戶在上. 不知跪拜. 無長幼男女之別. 不貴金寶錦罽, 不知騎乘牛馬, 唯重瓔珠, 以綴衣爲飾, 及縣頸垂耳. 大率皆魁頭露紒, (魁頭猶科頭也, 謂以髮縈繞成科結也. 紒音計.) 布袍草履.

진한은 노인들이 스스로 진나라에서 망명한 사람이며, 고통스런 사역을 피하여 한국으로 오자, 마한이 이에 동쪽 경계 지역을 할양하였다고 한다. 그들은 국을 명명하여 방이라고 하고, 궁을 호라고 하며, 적을 구라고 하고, 행주를 행상이라고 하며, 서로 호칭하기를 도라고 한다. 진나라 언어와 유사하므로, 간혹 명명하여 진한(秦韓)이라고 한다. 성곽과 울타리가 있고, 가옥과 방이 있다. 여러 작은 별도의 읍에는 각각 우두머리가 있다. 강대한 자를 신지라고 하고, 다음은 검측이 있으며, 그 다음은 번지, 그 다음은 살해, 그 다음은 읍차가 있다. 토지는 기름져 5곡이 잘 자라고, 양잠과 뽕나무 기를 줄을 알아 겸포를 제작한다. 소와 말을 타고, 혼인은 예의에 맞게 하며, 행인들은 길을 양보한다. 국에서 철이 산출되는데, 예와 왜와 마한이 아울러 따라서 매매한다. 무릇 여러 화물의 교역은 모두 철을 화폐로 삼는다. 풍속은 가무와 음주와 비파 연주를 좋아한다. 아이가 탄생하면 그 머리가 납작하게 되도록 하려고, 모두가 돌로써 눌러 놓는다.

辰韓, 耆老自言秦之亡人, 避苦役, 適韓國, 馬韓乃割東界地與之. 其名國爲邦, 弓爲弧, 賊爲寇, 行酒爲行觴, 相呼爲徒. 有似秦語, 故或名之爲秦韓. 有城柵屋室. 諸小別邑, 各有渠帥, 大者名臣智, 次有儉側, 次有樊秖, 次有殺奚, 次有邑借. 土地肥美, 宜五穀. 知蠶桑, 作縑布. 乘駕牛馬. 嫁娶以禮. 行者讓路. 國出鐵, 濊·倭·馬韓並從市之. 凡諸貨易, 皆以鐵爲貨. 俗憙歌舞飮酒鼓瑟. 兒生欲令其頭扁, 皆押之以石.[95]

(【集解】惠棟曰, 魏志云, 足履草蹻蹻.) 其人壯勇, 少年有築室作力者, 輒以繩貫脊皮, 縋以大木, 嚾呼爲健. 常以五月田竟祭鬼神, 晝夜酒會, 羣聚歌舞, 舞輒數十人相隨蹋地爲節. (【集解】惠棟曰, 魏志云, 踏地, 低昂手足, 相應節奏, 有似鐸舞.) 十月農功畢, 亦復如之. 諸國邑各以一人主祭天神, 號爲「天君」. 又立蘇塗, (魏志曰:「諸國各有別邑, 爲蘇塗, 諸亡逃至其中, 皆不還之. 蘇塗之義, 有似浮屠.」) 建大木以縣鈴鼓, 事鬼神. 其南界近倭, 亦有文身者.

95 辰韓, 耆老自言秦之亡人, 避苦役, 適韓國, 馬韓割東界地與之. 其名國爲邦, 弓爲弧, 賊爲寇, 行酒爲行觴, 相呼爲徒, (【集解】先謙曰, 魏志, 爲上有皆字.) 有似秦語, 故或名之爲秦韓. 有城柵屋室. 諸小別邑, 各有渠帥, 大者名臣智, 次有儉側, 次有樊秖, (【集解】惠棟曰, 魏志, 作樊穢.) 次有殺奚, 次有邑借. (皆其官名.) 土地肥美, 宜五穀. 知蠶桑, 作縑布. 乘駕牛馬. 嫁娶以禮. 行者

변진은 진한과 섞여 거처하는데, 성곽과 의복은 모두 동일하고, 언어와 풍속은 상이하다. 그 사람들의 외형은 모두 장대하고, 머리카락이 아름다우며, 의복은 청결하고, 형법은 엄격하다. 그 국이 왜와 근접하였으므로, 자못 문신한 자가 있다. 처음에 조선왕 준이 위만에게 격파당하자, 이에 그 남은 무리 수천 명을 거느리고 도망하여 바다로 들어와 마한을 공격해서 격파하고, 스스로 즉위하여 한왕이 되었다. 준의 후손이 절멸하자, 마한 사람이 다시 스스로 즉위하여 진왕이 되었다.

弁辰與辰韓雜居, 城郭衣服皆同, 言語風俗有異. 其人形皆長大, 美髮, 衣服潔清. 而刑法嚴峻. 其國近倭, 故頗有文身者. 初, 朝鮮王 準爲衛滿所破, 乃將其餘衆數千人走入海, 攻馬韓, 破之, 自立爲韓王. 準後滅絶, 馬韓人復自立爲辰王.[96]

건무 20년[97] 한(韓) 염사 사람인 소마시 등이 낙랑에 와서 공물을 헌납하였다. 광무가 소마시를 한(漢)나라 염사읍 군으로 삼아, 낙랑군에 소속되게 하니, 사시사철 조회하고 알현하였다. 영제 말년에 한과 예가 아울러 번성하니, 군현이 제어할 수 없게 되었다. 백성들이 고통스럽고 혼란스러워지자, 유망하여 한으로 들어오는 자가 다수였다.

建武二十年, 韓人廉斯人蘇馬諟等詣樂浪貢獻. 光武封蘇馬諟爲漢 廉斯邑君, 使屬樂浪郡, 四時朝謁. 靈帝末, 韓·濊並盛, 郡縣不能制. 百姓苦亂, 多流亡入韓者.[98]

讓路. 國出鐵, 濊·倭·馬韓並從市之. 凡諸(貨)[貿]易, (【集解】先謙曰, 官本, 質作貿.) 皆以鐵爲貨. 俗憙歌舞飲酒鼓瑟. 兒生欲令其頭扁, 皆押之以石. (扁音補典反.)

96 弁辰與辰韓雜居, 城郭衣服皆同, 言語風俗有異. 其人形皆長大, 美髮, 衣服潔清. 而刑法嚴峻. 其國近倭, 故頗有文身者. 初, 朝鮮王 準爲衛滿所破, 乃將其餘衆數千人走入海, 攻馬韓, 破之, 自立爲韓王. (【集解】惠棟曰, 魏志云, 其子及親, 留在國者, 因冒姓韓氏. 準王海中, 不與朝鮮相往來.) 準後滅絶, 馬韓人復自立爲辰王.

97 기원 후 44년, 백제 다루왕 17년

98 建武二十年(44), 韓人廉斯人蘇馬諟等詣樂浪貢獻. (廉斯, 邑名也. 諟音是.) 光武封蘇馬諟爲

마한의 서쪽 바다 섬 위에 주호국이 있다. 그 사람들은 왜소하고 삭발하였으며, 가죽 옷을 입는데, 상의만 있고 하의는 없다. 소와 돼지를 잘 사육하며, 배를 타고 왕래하며 한의 시장 안에서 화물을 매매한다.

馬韓之西, 海島上有州胡國. 其人短小, 髡頭, 衣韋衣, 有上無下. 好養牛豕. 乘船往來貨市韓中.[99]

내가 상고한다. 우리 동방은 지난날에 남쪽과 북쪽으로 분할되어 있었다. 그 북쪽은 본래 3조선의 지역이다. 단군이 요임금과 아울러 즉위하였고, 기자를 거쳐서, 위만에까지 미쳤으며, 분할되어 4군이 되었다가 통합되어 2부가 되었다. 고주몽과 더불어 교대로 융성하고 쇠퇴하였다가, 동진 이후에 고씨가 마침내 그 지역을 병합하니, 이것이 고구려가 된다. 그 남쪽은 이전에 삼한 지역이다. 한나라 초기에 기준이 위만에게 축출되어, 바다에 떠서 남하하였고, 한 지역의 금마군에 도착하여 도읍하였으며, 호칭이 한왕으로 되니, 이것이 마한이 되었다. 진나라의 망명인이 사역을 피하여 한 지역으로 유입되자, 한이 동쪽 경계를 분할하여 주니, 이것이 진한이 된다. 또 그 남쪽에 변한이 있어, 진한에 소속되었고, 각각 거수가 있었다. 한서에서 말하기를, "변한은 남쪽에 있고, 진한은 동쪽에 있으며, 마한는 서쪽에 있다."고 하였으니, 그 삼한 지방을 지칭함이 역시 일찍이 상세하였다. 신망 원년[100] 온조가 마한을 멸망시키고 백제가 발흥하였다. 선제 오봉 원년[101] 박혁거세가 진한 6부의 인민에게 추대되니 신라가 시작되었다. 변한은 이전 역사에서 그

漢 廉斯邑君, 使屬樂浪郡, 四時朝謁. 靈帝末, 韓·濊並盛, 郡縣不能制. (【集解】先謙曰, 官本, 州作県.) 百姓苦亂, 多流亡入韓者.

99 馬韓之西, 海島上有州胡國. 其人短小, (【集解】沈欽韓曰, 魏志, 人下有差字.) 髡頭, 衣韋衣, 有上無下. 好養牛豕. 乘船往來貨市韓中.

100 기원 후 9년

101 기원 전 57년

전승을 언급하지 않았지만, 신라 유리왕 18년[102] 수로왕이 가락에서 나라를 시작하고, 진한의 남쪽 경계에 근거하여 존재하였다가, 그 뒤에 신라에 편입되었는데, 아마도 이것이 바로 변한의 지역이었던 듯하다. 그렇다면, 남쪽은 남쪽대로, 북쪽은 북쪽대로, 본래 서로 침입하지 않았으니, 비록 그 경계가 정확하게 어느 곳에 소재하였는지는 모르지만, 아마도 한강 일대에서 벗어나지 않았을 것이다. 최치원이 처음으로 이르기를, "마한이 고구려이고, 변한이 백제이다."라고 한 이것이 첫 번째 오류이다. 권근은 비록 마한이 백제라는 것을 알았지만, 역시 고구려가 변한이 아니라는 것을 모르고 혼동하여 설명하였으니, 이것이 두 번째 오류이다. 이후 역사를 작성하는 학자가 오류를 계승·답습하였고, 다시 그 지역에 나아가 그 사실을 규명하지 않았다. 마침내 한 구역의 삼한 지역을 들어, 좌우로 견인하여, 분분하게 착종시키고 복잡하게 되었으며, 지금까지 수천 년간 아직도 확정된 논설이 없으니, 애석함을 이길 수 있겠는가! 어떻게 하여 그 자연스러움을 분명하게 할수 있겠는가? 삼한의 시기를 당하여, 본국에 비록 문자가 없었지만, 두 한서에 모두 열전이 있다. 연대의 상하와 토지 경계의 원근을 시도하여 추구하면, 오래 세월이 비록 요원하다고 하더라도 역역하게 눈앞에 있는 것 같으니, 대개 판별하는 데 무슨 어려움이 있겠는가! 한나라 무제 원봉 3년[103]에 조선왕 우거를 토벌하여 마침내 그 지역을 평정하였다. 조선현을 낙랑으로 삼고, 동이현을 임둔으로 삼았으며, 삽현군을 진번으로 삼고, 옥저성을 현토로 삼았으며, 그리고 고구려는 현토의 속현으로 삼았으니, 이것이 4군이 되었다. 조선현은 지금의 평양이고, 동이현은 지금의 강릉이며, 옥저성은 지금의 함경도이고, 고구려는 지금의 평안도 강변 일대이다. 이들의 경우, 모두 근거할 만한 서적이 있어 속일 수 없다. 삽현군은 비록 상세하지 않지만, 그 소재는, 소제가 4군을 통합하여 2부로 삼은 때를 당하여, 낙랑과 임

---

102 기원 후 42년
103 기원전 108년

둔을 통합하여 동부도독부로 삼고, 현토와 평나를 통합하여 평주도독부로 삼았으며, 낙랑과 임둔 사이에 황해와 강원과 경기좌도의 지역 경계가 확실히 이미 서로 연접해 있었다. 평나는 바로 진번의 별칭이고(평나산이 진번 경내에 소재하므로 이른다), 현토는 이미 낙랑과 임둔 천 리 지역을 타고 넘을 수 없다. 그리고 아래 3도와 종합해 보면, 이른바 삽현은 반드시 서북쪽에 소재하여야 하며, 현토와 붙은 인근 지역임을 알 수 있다. 그렇다면, 4군과 2부의 경계가 여기에서 그치는 것도 또한 명백하다. 또 어느 시기에 변한이 되고, 혹은 마한이 되겠는가. 한서에서 이르기를, "변진은 진한의 남쪽에 소재하고, 역시 왜와 인접하고 있다."고 하였고, 또 이르기를, "변진은 진한과 섞여 거처하며, 의복과 거처는 그 호칭을 동일하게 한다."라고 하였다. 변한을 반드시 변진이라고 말하니, 변한이 진한에게 반드시 부용으로 되어 있고, 서로 현격하게 멀지 않음을 알 수 있다. 또 이르기를, "마한은 54국을 통제하고, 진변한은 각각 12국을 통제한다."고 하였다. 이른바 국은 바로 지금의 군현인데, 진한과 변한 둘을 합쳐야 겨우 24국이 될 수 있고, 마한의 절반에도 상당할 수 없다. 이로써 보건대, 호서와 호남이 합쳐서 마한이 되고, 영남도 하나가 자체로 분할하여 진한과 변한 둘이 되는 것에 또 무슨 의문이 있겠는가. 마한은 4군과 2부를 거쳐 신망 때에 이르러 백제가 되었고, 진한 역시 4군과 2부를 거쳐 선제 때에 이르러 신라가 되었다. 변한은 진한과 더불어 처음에 부용이 되었다가 끝내 통합되고 종속되었다. 위에서 이른 바와 같다면, 삼한이 또 언제 중국에 편입되어 4군과 2부가 되었겠는가! 나는 이로써 4군과 2부가 자체로 4군과 2부가 되었고, 3한이 자체로 3한이 되었으며, 서로 간섭하지 않았음을 안다. 생각건대, 삼한은 편벽되게 동남 한 귀퉁이 지역에 소재하고, 중국에서 거리가 가장 멀다. 비록 요임금과 순임금이 지위를 선양하여도 명성과 교화가 미치지 못하였고, 초나라와 한나라가 서로 다투어도 전쟁이 경지와 우물을 요동시키지 않았으며, 편안하게 오래 자손을 양육하여, 별도의 천지 사이에서 오랜 강역의 하나가 되었다. 그러므로 서북쪽 피란민들이 다수 귀부하였다. 이어서 촌락을 이루고, 각각 그 본래 관할로써 그 거처를 명명하였다. 경주가 낙랑이란 칭호를 획득한 것은, 역시 진한(辰韓)을 간혹 진한(秦韓)이라고 명명한 것과 같은 것이다. 후대 사람들이 이 두 낙랑을 모르고, 기인하여 평양을 변한으로 간주하였으니, 그 오류가 어떠하겠는가!

愚按, 我東方, 在昔日, 分爲南北, 其北本三朝鮮之地, 檀君, 與堯並立, 歷箕子, 曁衛滿, 分以爲四郡, 合以爲二府, 與高朱蒙, 迭爲盛衰, 東晉以後, 高氏遂幷其地, 是爲高句麗也, 其南乃三韓之地也, 漢初, 箕準爲衛滿所逐, 浮海而南, 至韓地金馬郡都焉, 稱爲韓王, 是爲馬韓, 秦之亡人, 避役入韓地, 韓割東界, 以與之, 是爲辰韓, 又其南有弁韓, 屬於辰韓, 各有渠帥, 漢書云, 弁韓在南, 辰韓在東, 馬韓在西, 其指三韓地方, 亦已詳矣, 新莽元年, 溫祚滅馬韓, 而百濟興焉, 宣帝五鳳元年, 朴赫居世爲辰韓六部民所推戴, 而新羅始焉, 弁韓, 前史雖不言其所傳, 而新羅儒理王十八年, 首露王肇國於駕洛, 據有辰韓之南界, 其後, 入於新羅, 疑此卽爲弁韓之地也, 然則, 南自南, 北自北, 本不相攙入, 雖其界限, 不知的在何處, 而恐不出於漢江一帶也, 崔致遠始謂, 馬韓麗也, 弁韓濟也,[104] 此一誤也, 權近雖知馬韓之爲百濟, 而亦不知高句麗之非弁韓,[105] 混而說之, 此再誤也, 自是以後, 作史之家, 承誤襲謬, 不復就其地, 而覈其實, 遂將一區三韓之地, 左牽右引, 紛紜錯雜, 至今數千年間, 未有定說, 可勝惜哉, 何以明其然也, 當三韓時, 本國雖無文字, 兩漢書皆有列傳, 試以年代上下, 地界遠近, 求之則, 百代雖遠, 歷歷如在眼

---

104 『三國遺事』 卷 第一 紀異第一 馬韓, "崔致遠云, 馬韓麗也辰韓羅也 (據本紀, 則 '羅先起甲子麗後起甲申, 而此云者以王準言之耳. 以此知東明之起已幷馬韓而因之矣. 故稱麗爲馬韓.' 今人或認金馬山以馬韓爲百濟者盖誤濫也. 麗地自有邑山故名馬韓也.)" / 『三國史記』 34 잡지 3, 지리1 신라, "新羅崔致遠曰, "馬韓則高麗, 卞韓則百濟, 辰韓則新羅." 此諸說可謂近似焉."
105 『東國史略』 권1 三韓, "馬韓(今全羅地) … 辰韓(今慶州) … 弁韓(弁一作卞, 今平壤) … (權近曰, 後漢書以爲, 卞韓在南, 辰韓在東, 馬韓在西, 其謂卞韓在南者, 蓋自漢界遼東之地而云耳, 非謂卞韓在辰馬二韓之南也, 崔致遠因謂, 馬韓麗也, 卞韓百濟也, 誤矣)"

前, 夫何難辨之有哉, 漢武帝元封三年, 討朝鮮王右渠, 遂定其地, 以朝鮮縣
爲樂浪, 東曉縣爲臨屯, 霅縣郡爲眞番, 沃沮城爲玄菟, 而高句麗爲玄菟屬
縣, 是爲四郡, 朝鮮縣, 今之平壤, 東曉縣, 今之江陵, 沃沮城, 今之咸鏡道,
高句麗, 今之平安道江邊一帶, 此則, 皆有可據之書, 不可誣也, 霅縣郡雖不
詳, 其所在, 當昭帝合四郡爲二府也, 以樂浪臨屯, 合爲東府都督府, 以玄菟
平那, 合爲平州都督府, 樂浪臨屯之間, 黃海江原京畿左道, 地界固已相接
矣, 平那卽眞番之別稱(平那山在眞番境內故云), 玄菟旣不可跨越樂浪臨屯
千里之地, 而與下三道合則, 所謂霅縣, 其必在於西北, 與玄菟附近之地, 可
知, 然則, 四郡二府之界限, 其止於此, 亦明矣, 又何時爲弁韓, 或馬韓耶, 漢
書云, 弁辰在辰韓之南, 亦與倭接, 又云, 弁辰, 與辰韓雜居, 衣服居處同其
稱, 弁韓必曰弁辰則, 弁韓之於辰韓, 必爲附庸, 而不相懸遠, 可知, 又云, 馬
韓統五十四國, 辰弁韓各統十二國, 所謂國卽今之郡縣, 合辰弁二韓, 僅得
二十四國, 不能當馬韓之半, 以此見之, 湖西湖南, 合爲馬韓, 而嶺南一道,
自分爲辰弁二韓, 又何疑乎, 馬韓歷四郡二府, 至新莽時, 爲百濟, 辰韓亦歷
四郡二府, 至宣帝時, 爲新羅, 弁韓之與辰韓, 始爲附庸, 終爲合屬, 如上所
云則, 三韓又何時入中國, 爲四郡二府哉, 吾, 以是, 知四郡二府之自爲四郡
二府, 三韓之自爲三韓, 而不相涉也, 蓋三韓僻在東南一隅之地, 去中國最
遠, 雖堯舜揖遜, 而聲化不曁, 楚漢交爭, 而干戈不擾耕鑿, 晏如長育子孫,
別爲天地間一壽域, 故西北避亂之民, 多歸之, 仍成村落, 各以其本管, 名其
居, 慶州之得號樂浪, 亦如辰韓之或名秦韓也, 後人不知此二樂浪, 因以平
壤爲弁韓, 何其誤哉.

4군四郡

한나라 무제 원봉 3년[106] 우거를 토벌하고, 마침내 조선 지역을 획정하여, 낙
랑·임둔·현토·진번으로 삼았다.

漢武帝元封三年, 討右渠, 遂定朝鮮地, 爲樂浪臨屯玄菟眞番[107]

낙랑군(조선 본래 지역을 취득하여, 조선현을 읍치로 삼았는데, 지금의 평양부
이다.)

樂浪郡(得朝鮮本地, 以朝鮮縣, 爲邑治, 今平壤府[108])

현토군(동옥저 지역을 취득하였고, 혹자는 읍치가 함흥부에 소재한다고 한
다.)

玄菟郡(得東沃沮地, 或云邑治, 在咸興府[109])

---

106 B.C.108

107 『後漢書』「東夷列傳」濊, "濊, (【集解】沈欽韓曰, 一統志, 朝鮮江原道治江陵府, 在國城東面,
本濊貊地. 漢爲臨屯境.) … 濊及沃沮·句驪, 本皆朝鮮之地也.… 至元封三年, 滅朝鮮, 分置樂浪·
臨屯·玄菟·眞番四(部)[郡]. (番音潘.【集解】先謙曰, 四部, 應作四郡. 官本不誤.)" / 『後漢書』「東夷
列傳」東沃沮, "東沃沮在高句驪 蓋馬大山之東, (蓋馬, 縣名, 屬玄菟郡. 其山在今平壤城西. 平
壤卽王險城也.【集解】沈欽韓曰, 明志, 海州偉本沃沮國地, 今奉天海城縣, 又奉天蓋平縣, 高麗
國蓋牟城, 亦其地.)" / 『漢書』「朝鮮傳」, "都王險. (李奇曰:「地名也.」【補注】沈欽韓曰, 隋書高
麗傳, 都於平壤城, 亦曰長安城, 東北六里, 隨山屈曲, 南臨浿水. <新唐書, 平壤在鴨淥水東南.>
朝鮮國志, 平安道治平壤府, 東南去王京五百餘里. 杜佑云, 平壤, 卽王險城也.)" / 錢溥(1408—
1488年)의 朝鮮國志-吳任臣(1628-1689년)의 山海經廣注 권18

108 『漢書』「朝鮮傳」, "都王險. (李奇曰:「地名也.」【補注】沈欽韓曰, 隋書高麗傳, 都於平壤城,
亦曰長安城, 東北六里, 隨山屈曲, 南臨浿水. <新唐書, 平壤在鴨淥水東南.> 朝鮮國志(錢溥
(1408—1488年)의 朝鮮國志-吳任臣(1628-1689년)의 山海經廣注 권18), 平安道治平壤府, 東南
去王京五百餘里. 杜佑云, 平壤, 卽王險城也.)"

109 『後漢書』「東夷列傳」東沃沮, "東沃沮在高句驪 蓋馬大山之東, (蓋馬, 縣名, 屬玄菟郡. 其
山在今平壤城西. 平壤卽王險城也.【集解】沈欽韓曰, 明志, 海州偉本沃沮國地, 今奉天海城縣,
又奉天蓋平縣, 高麗國蓋牟城, 亦其地.)" / 『大東地志』19, 함경도 함흥, "沿革, 本沃沮地. 漢置
玄菟郡, (後徙郡, 今所謂玄菟故府是。)"

속현 고구려

屬縣高句麗[110]

진번(읍치는 삽현군이다. ○내가 상고한다. 삽현군은 비록 그 소재지를 알 수 없지만, 조선전에서 말하기를, "위만이 동쪽으로 달아나 요새를 나와서 패수에 도착하였고, 차츰 조선·진번에 종속되었다."고 하였고, 또 말하기를, "(위)만이 왕검섬에 도읍하고, 군사력과 재력으로 그 부근 작은 고을을 침략·항복시키니, 진번·임둔이 모두 와서 복속되었다."고 하였으며, 또 말하기를, "진번·진국이 문서를 올려 천자를 알현하려고 하였지만, 가로 막아서 소통하지 못하였다 등등." 이라고 하였다. 이로써 보건대, 진국은 실제 조선·임둔·진국의 사이에 소재하고 있으니, 맥국의 옛 지역을 취득하였음을 알 수 있다.)

眞番(邑治, 霅縣郡. ○愚按, 霅縣郡雖不知其所在, 而朝鮮傳曰, 衛滿東走出塞, 到浿水, 稍役屬朝鮮·眞番. 又云, 滿都王儉城. 以兵威財力, 侵降其旁小邑, 眞番·臨芚皆來服屬, 又云, 眞番·辰國欲上書見天子, 雍閼不通云云.[111] 以此見之, 眞番實在朝鮮·臨芚·辰國之間, 其得貊國舊地, 可知也.)

임둔(예국 지역을 취득하여, 동이현을 읍치로 삼았는데, 지금의 강릉부이다. ○내가 상고한다. 신찬이 말하기를, '진번의 읍치는 삽현이고 속현이 15개이며, 임둔의 읍치는 동이이고, 속현이 15개이다'라고 하였으니, 예맥 지역을 절반은 진번에 소속시키고, 절반은 임둔에 소속시켰음을 알 수 있다.)

110『後漢書』「東夷列傳」東沃沮, "東沃沮在高句驪 蓋馬大山之東, (蓋馬, 縣名, 屬玄菟郡. 其山在今平壤城西. 平壤卽王險城也.【集解】沈欽韓曰, 明志, 海州偉本沃沮國地, 今奉天海城縣, 又奉天蓋平縣, 高麗國蓋牟城, 亦其地.)"

111 會孝惠·高后天下初定,【補注】先謙曰, 后下史記有時字, 不可省. 遼東太守卽約滿爲外臣, 保塞外蠻夷, 毋使盜邊, 蠻夷君長欲入見天子, 勿得禁止. 以聞, 上許之, 以故滿得以兵威財物侵降其旁小邑, 眞番·臨屯皆來服屬, 方數千里. 傳子至孫右渠, 師古曰:「滿死傳子, 子死傳孫. 右渠者, 其孫名也.」所誘漢亡人滋多, 師古曰:「滋, 益也.」又未嘗入見, 師古曰:「不朝見天子也.」眞番·辰國欲上書見天子, 又雍閼弗通. 師古曰:「辰謂辰韓之國也. 雍讀曰壅.」【補注】先謙曰, 史記作眞番旁衆國.

臨芚(得濊國地, 以東暆縣, 爲邑治, 今江陵府.[112] ○愚按, 臣瓚曰, 眞番邑治 霅
縣 屬縣十五, 臨芚邑治 東暆 屬縣十五,[113] 則其以濊貊之地, 半屬眞番, 半屬臨
芚, 可知也.)

112 『後漢書』「東夷列傳」濊, "濊, (【集解】沈欽韓曰, 一統志, 朝鮮江原道治江陵府, 在國城東
面, 本濊貊地. 漢爲臨屯境.) ⋯ 濊及沃沮·句驪, 本皆朝鮮之地也.⋯ 至元封三年, 滅朝鮮, 分置
樂浪·臨屯·玄菟·眞番四(部)[郡]. (番音潘.【集解】先謙曰, 四部, 應作四郡. 官本不誤.)"
113 『漢書』권6 무제기 원봉 3년 춘, "以其地, 爲樂浪臨屯玄菟眞番郡(臣瓚曰, 茂陵書, 臨屯郡
治東暆縣, 去長安六千一百三十八里, 十五縣. 真番郡治霅縣, 去長安七千六百四十里, 十五縣.
師古曰, 樂, 音洛. 浪, 音郎. 番, 音普安反. 暆, 音弋支反. 霅, 音丈甲反.)"

2부二府

한나라 소제 시원 5년[114] 평나·현토 등 군을 평주도독부로 삼고, 임둔·낙랑 등 군을 동부도독부로 삼았다.

漢昭帝 始元五年, 以平那玄菟等郡, 爲平州都督府, 臨屯樂浪等郡, 爲東府 都督府,[115]

평주도독부. 속현 현토(그대로 동옥저에 소재한다.), 평나(승람에서 말하기를, '우봉 성거산은 일명 평나이다'라고 하였으니, 이 산이 바로 진번 경내에 소재하며, 진번을 평나라고 하였음을 알 수 있다. 승람에서는 이것에 기인하여, 또한 아마도 지금의 평산부를 평주도독부로 삼았던 것이 아닌가 한다고 하였는데, 이곳은 산의 형태와 지세가 매우 평평하니, 아마도 꼭 그렇지는 않은 것 같지만, 역시 아마도 이곳에서 그리 멀지 않은 듯하다.)

平州都督府, 屬郡, 玄菟(仍在東沃沮), 平那(勝覽云, 牛峯 聖居山, 一名平 那,[116] 此山正在眞番境內, 其以眞番, 爲平那, 可知, 勝覽, 因此, 亦疑今平山府爲 平州都督府,[117] 此形勢太偏, 似未必然, 亦恐不遠於此也.)

동부도독부. 속현 낙랑(그대로 조선현에 소재한다.), 임둔(그대로 동이현에 소재한다.) ○내가 상고한다. 낙랑이 지금 임둔과 통합하였으니, 지역 경계가 반드시 임둔 지역에 연접하였을 것이며, 영동 7현에 그치지 않았을 것임을

---

114 B.C.82
115 『後漢書』「東夷列傳」濊, "至昭帝 始元五年, 罷臨屯·眞番, 以幷樂浪·玄菟. 玄菟復徙居句 驪. 自單單大領已東, (【集解】先謙曰, 官本作單單大領, 與魏志合.) 沃沮·濊貊悉屬樂浪. 後以境 土廣遠, 復分領東七縣, 置樂浪東部都尉."
116 『신증동국여지승람』권42 우봉현, "山川, 聖居山(在縣南六十里, 一名九龍山, 又名平那山)"
117 『신증동국여지승람』권41 平山都護府, "建置沿革, 本高句麗 大谷郡(一云, 多知忽 ○按, 漢 昭帝 始元五年, 置二外府, 以朝鮮舊地 平那及玄菟郡, 爲平州都督府, 今府東 牛峯縣 聖居山, 卽古之平那山, 以郡得名, 疑府卽漢時都督府.)

알 수 있다.

東府都督府, 屬縣, 樂浪(仍在朝鮮縣), 臨屯(仍在東暆縣) ○愚按, 樂浪, 今與
臨屯合, 則地界必相 連接臨屯之地, 不止爲嶺東七縣,[118] 可知耶

2군二郡

한나라 소제 원봉 6년[119] 현토성을 개축하였다. (낙양 동북쪽 4천 리인데, 도독부를 혁파하고 2군으로 삼았다.)

漢昭帝元鳳六年, 改築玄菟城[120] (洛陽東北四千里, 罷都督府, 爲二郡)

현토(본전에서 말하기를, '현토가 동이 맥의 침략을 받아 군치를 구려 서북쪽 단대령 이동으로 옮기고, 옥저·예·맥이 모조리 낙랑에 소속되었다.)

玄菟(本傳云, 玄菟爲夷貊所侵, 徙郡治於句麗西北單大嶺以東, 沃沮·濊貊悉屬樂浪[121])

속현 고구려(본전과 주석에서, 요수는 요산에서 출현하는 것이고, 응소가 말하기를 '옛 구려호이다'라고 하였다고 하였다. ○내가 상고한다. 이것은 바로 소위 소수맥인데, 생각건대 스스로 별종이라고 하였던 것이다. 또 토지가 넓고 멀었으므로, 서개마와 더불어 분할하여 둘로 만들었다. 지금 요동외부 변방 경계에 소재한다.)

屬縣高句麗(本註, 遼水, 遼山所出, 應邵曰, 故句麗胡[122] ○愚按, 此卽所謂小水貊, 盖自謂別種,[123] 且土地廣遠, 故與西蓋馬,[125] 分而二之也, 今在遼東外徼.)

---

119 B.C.75

120 『漢書』「昭帝紀」, "元鳳六年春正月, 募郡國徒築遼東玄菟城"

121 『後漢書』「東夷列傳」濊, "至昭帝 始元五年, 罷臨屯·眞番, 以幷樂浪·玄菟. 玄菟復徙居句驪. 自單單大領已東, (【集解】先謙曰, 官本作單單大領, 與魏志合.) 沃沮·濊·貊悉屬樂浪. 後以境土廣遠, 復分領東七縣, 置樂浪東部都尉

122 『漢書』「地理志」, 幽州 玄菟郡, "髙句驪, 遼山, 遼水所出, 西南至遼隊, 入大遼水. 又有南蘇水, 西北經塞外(應劭曰故句驪胡.)"

123 『後漢書』「東夷列傳」高句麗, "句驪一名貊(耳), 有別種, [【集解】沈欽韓曰, 案文, 當云句驪有別種, 一名貊耳. 依小水爲居, 因名曰小水貊. 出好弓, 所謂「貊弓」是也. (魏氏春秋曰:「遼東郡西安平縣北, 有小水南流入海, 句驪別種因名之小水貊.」【集解】沈欽韓曰, 小水, 古小遼水, 今渾河, 大遼水, 今太子河, 會爲遼水.)]"

서개마(본전과 주석에서, '마자수는 서북쪽으로 염난수에 유입되고, 서남쪽으로 서안평에 도착하여 바다로 유입된다'고 하였다. ○내가 상고한다. 서개마는 동개마에 상대하여 언급한 것이다. 지금의 묘향산인 듯하다. 마자수는 서북쪽으로 흐르니, 강계 독로강인 듯하고, 염난수는 사군강인 듯한데, 합류하여 압록강이 된다. 그 형세가 관서지역 서쪽 변경 일대 고구려 지역과 아주 유사하다. 혹시 소수맥을 피하여 이미 고구려가 되었으므로, 성 안의 유명한 산으로써 국호로 삼아서 구별하였던 것일까.)

西蓋馬(本註, 馬訾水, 西北入鹽難水, 西南至西安平, 入海.[125] ○愚按, 西蓋馬, 對東蓋馬而言, 似今妙香山, 馬訾水,[126] 西北流, 似江界禿魯江, 鹽難水, 似四郡江, 合爲鴨綠江, 其形勢, 正類關西西邊一帶高句麗地, 或者, 避小水貊, 旣爲高句麗, 故以城中名山, 爲號, 而別之也歟.)

---

124 『後漢書』「東夷列傳」夫餘, "初, 北夷 索離國王出行, (「索」或作「橐」, 音度洛反. 【集解】沈欽韓曰, 論衡古驗篇, 作橐離. 案晋書, 有神離國, 在肅愼西北, 馬行可二百日, 疑此是也. 隋書以爲高麗, 非.) 其侍兒於後姙身, (姙音人鴆反.) 王還, 欲殺之. 侍兒曰:「前見天上有氣, 大如雞子, 來降我, 因以有身.」王囚之, 後遂生男. 王令置於豕牢, (牢, 圈也.) 豕以口氣噓之, 不死. 復徙於馬蘭, (蘭卽欄也.) 馬亦如之. 王以爲神, 乃聽母收養, 名曰東明. 東明長而善射, 王忌其猛, 復欲殺之. 東明奔走, 南至掩㴲水, (今高麗中有蓋斯水, 疑此水是也. 【集解】惠棟曰, 北史作掩滯水. 沈欽韓曰, 魏志注作施掩水. 隋, 百濟傳作掩水. 李注以蓋斯水, 此乃前志西蓋馬之馬訾水, 今鴨淥江也.) 以弓擊水, 魚鼈皆聚浮水上, 東明乘之得度, (【集解】惠棟曰, 魏略云, 魚敝鼈浮爲橋, 東明得度, 魚鼈乃解散, 追兵不得度.) 因至夫餘而王之焉."
125 『漢書』「地理志」, 幽州 玄菟郡, "西蓋馬, 馬訾水西北入鹽難水, 西南至西安平, 入海, 過郡二, 行一千一百里. 莽曰玄菟亭."
126 『後漢書』「東夷列傳」夫餘, "初, 北夷 索離國王出行, (「索」或作「橐」, 音度洛反. 【集解】沈欽韓曰, 論衡古驗篇, 作橐離. 案晋書, 有神離國, 在肅愼西北, 馬行可二百日, 疑此是也. 隋書以爲高麗, 非.) 其侍兒於後姙身, (姙音人鴆反.) 王還, 欲殺之. 侍兒曰:「前見天上有氣, 大如雞子, 來降我, 因以有身.」王囚之, 後遂生男. 王令置於豕牢, (牢, 圈也.) 豕以口氣噓之, 不死. 復徙於馬蘭, (蘭卽欄也.) 馬亦如之. 王以爲神, 乃聽母收養, 名曰東明. 東明長而善射, 王忌其猛, 復欲殺之. 東明奔走, 南至掩㴲水, (今高麗中有蓋斯水, 疑此水是也. 【集解】惠棟曰, 北史作掩滯水. 沈欽韓曰, 魏志注作施掩水. 隋, 百濟傳作掩水. 李注以蓋斯水, 此乃前志西蓋馬之馬訾水, 今鴨淥江也.) 以弓擊水, 魚鼈皆聚浮水上, 東明乘之得度, (【集解】惠棟曰, 魏略云, 魚敝鼈浮爲橋, 東明得度, 魚鼈乃解散, 追兵不得度.) 因至夫餘而王之焉."

상은태(내가 상고한다. 본전에서 말하기를, '고구려는 남쪽으로 조선 진번과 인접하였다'고 하였으니, 진번이 조선과 더불어 아울러 거처하였음을 알 수 있다. 성천·은산 등 고을은 실제 진번의 북쪽 경계였고, 은산의 '은'이란 글자도 역시 반드시 답습함이 있었을 것이다. 아마도 이 일대 지역이 상은태였을 것이다. ○단대령은, 형세로 보건대, 아마도 지금의 자비령인 듯한데, 생각건대 현토가 이미 구려 서북쪽 단대령 이동으로 옮겼고, 예맥 지역이 아주 멀어 호령이 통행하기 어려웠으므로 낙랑으로 이속시켰을 것이다. 그렇다면, 현토 지역은 고개 안쪽에 그쳤을 것임을 알 수 있고, 은산이 상은태로 된 것도 역시 명확하다.)

上殷台(愚按, 本傳曰, 高句麗, 南接朝鮮眞番,[127] 則眞番之與朝鮮並居, 可知, 成川殷山等邑, 實爲眞番之北境, 而殷山之殷字, 亦必有沿襲, 恐此一帶之地, 爲上殷台也. ○單大嶺, 以形勢見之, 似今慈悲嶺, 蓋玄菟旣徙句麗西北單大嶺以東, 濊貊之地絶遠, 號令難通, 故移屬樂浪, 然則, 玄菟之地, 其止於嶺內, 可知, 而殷山之爲上殷台, 亦明矣.)

고현은 예전 요동에 소속되었고, 후성은 예전 요동에 소속되었으며, 요양은 예전 요동에 소속되었다. (본전과 주석에서, 동관서에서 말하기를, '안제 즉위년[128] 3현을 분할하여 와서 소속되었다'고 하였다고 하였다. ○내가 상고한다. 본전과 동국 역사에서 모두 말하기를, "한나라 원흥[129]과 영초[130] 사이에 고구려 태조대왕 궁[131]이 누차 예맥과 더불어 현토를 침구하고 성곽과 고을을 공격하여 함락시켰으며, 전쟁이 연속되고 참화가 쌓여 여러 해까지 그치지 않았다."고 하

127 『後漢書』「東夷列傳」高句麗, "高句驪, 在遼東之東千里, 南與朝鮮·濊貊, 東與沃沮, 北與夫餘接."
128 106년
129 후한 和帝 두 번째 연호(105년 4월~12월)
130 후한 安帝 첫 번째 연호(107년~114년 1월)
131 고구려 태조대왕 궁(47~165). 재위 53~146년.

였다. 아마도 이때 한나라 조정의 위세와 교화가 개마·은태 사이에 미치지 못하였고, 현토가 고립되고 위태로웠으므로, 요동 3현을 분할하여 와서 소속시켰던 것일까.)

高顯, 故屬遼東. 侯城, 故屬遼東. 遼陽, 故屬遼東[132](本註, 東觀書[133]曰, 安帝卽位之年, 分三縣, 來屬.[134] ○愚按, 本傳[135]及東史[136]皆云, 漢元興永初之間, 高句麗太祖王宮, 累與濊貊, 寇玄菟, 攻陷城邑, 兵連禍結, 迄數歲未已, 恐此時, 漢朝威化, 不及於蓋馬殷台之間, 玄菟孤危, 故割遼東三縣來屬也歟.)

---

132 『後漢書』志 23, 郡國 5, "玄菟郡武帝置. 雒陽東北四千里. 六城, 戶一千五百九十四, 口四萬三千一百六十三. 高句驪遼山, 遼水出. (山海經曰:「遼水出白平東.」郭璞曰:「出塞外(衛)[衛]白平山. 遼山, 小遼水所出.」)西蓋(鳥)[馬]上殷台, 高顯故屬遼東. 候城故屬遼東. 遼陽故屬遼東. (東觀書, 安帝卽位之年, 分三縣來屬.)" / 『漢書』「地理志」, 幽州, 遼東郡, "遼東郡, (秦置. 屬幽州.) 戶五萬五千九百七十二. 口二十七萬二千五百三十九. 縣十八. 襄平, (有牧師官. 莽曰昌平.) 新昌, 無慮, (西部都尉治. 應劭曰慮音閭, 師古曰即所謂醫巫閭), 望平, (大遼水出塞外, 南至安市, 入海, 行千二百五十里. 莽曰長說. 師古曰説讀曰悦.) 房, 候城, (中部都尉治.) 遼隊, (莽曰順睦. 師古曰隊音遂) 遼陽, (大梁水西南至遼陽, 入遼. 莽曰遼陰.) 險瀆(應劭曰, 朝鮮王滿都也, 依水險, 故曰險瀆. 臣瓚曰, 王險城在樂浪郡浿水之東, 此自是險瀆也. 師古曰, 瓚説是也. 浿音普大反.), 居就, (室偽山, 室偽水所出, 北至襄平, 入梁也.) 高顯, 安市, 武次, (東部都尉治. 莽曰桓次.) 平郭, (有鐵官鹽官.) 西安平, (莽曰北安平.) 文, (莽曰文亭.) 沓汗, (沛水出塞外, 西南入海. 應劭曰汗水出塞外西南入海, 番音盤, 師古曰沛音普盖反汗音寒.) 沓氏(應劭曰沓水也音長答反, 師古曰凡言氏者皆謂因之而立名)"

133 『東觀漢記』: 동한 사학자들이 계승하여 찬술. 『사기』, 『한서』와 함께 '3사'라고 함.

134 『後漢書』권23, 郡國志 5, "玄菟郡武帝置. 雒陽東北四千里. 六城, 戶一千五百九十四, 口四萬三千一百六十三. 高句驪遼山, 遼水出. (山海經曰:「遼水出白平東.」郭璞曰:「出塞外(衛)[衛]白平山. 遼山, 小遼水所出.」)西蓋(鳥)[馬]上殷台高顯故屬遼東. 候城故屬遼東. 遼陽故屬遼東. (東觀書, 安帝卽位之年, 分三縣來屬.)"

135 『後漢書』「東夷列傳」高句麗, "建武八年(32), 高句驪遣使朝貢, 光武復其王號. 二十三年冬, 句驪 蠶支落大加戴升等萬餘口詣樂浪內屬. 二十五年春, 句驪寇右北平·漁陽·上谷·太原, 而遼東太守祭肜以恩信招之, 皆復款塞. 後句驪王宮生而開目能視, 國人懷之, (【集解】官本考證曰懷, 魏志作惡.) 及長勇壯, 數犯邊境."

136 『三國史記』권15 고구려본기 3, "大祖大王 或云国祖王., 諱宮. 小名於漱, 琉璃王子古鄒加再思之子也, 母大后扶餘人也. 慕本王薨, 太子不肖, 不足以主社稷, 國人迎宮繼立. 王生而開目能視, 幼而歧嶷. 以年七歳, 大后垂簾聽政. … 四年, 秋七月, 伐東沃沮, 取其地爲城邑. 拓境東至滄海, 南至薩水"

속현 조선(응소가 말하기를, "무왕이 기자를 조선에 책봉하였다."고 하였다.)

屬縣朝鮮(應邵曰, 武王封箕子於朝鮮)[137]

남감(남은 음이 남이고, 감은 음이 감이다.)

誹邯(誹音男, 邯音甘)[138]

패수(본전과 주석에서, '패수는 서쪽으로 증지에 도착하여 바다로 유입된다.'고 하였다. ○내가 상고한다. 진나라와 한나라가 모두 패수를 조선 북쪽 경계로 삼았으니, 그것이 대동강이 아님이 명백하다. 또 마자수는 서개마에서 출현하여 서안평으로 유입된다고 하였으니, 이것이 당연히 압록강이 되며, 청천강이 압록과 대동 사이에 소재하니, 아마도 이것이 패수가 될 듯하다. 당서에서 말하는 '평양 남쪽 벼랑 패수'라고 한 것은 옳지 않은 것이다. 생각건대, 수나라와 당나라를 지나는 동안에 조선 군현이 폐지된 지 이미 오래 되었고, 고을 칭호와 지역 명칭이 모두 현격한 소문과 착종된 전승으로 다수 진실을 상실했을 것이다. 지금 당연히 한서를 정사로 삼는다.)

浿水(本註, 浿水, 西至增地入海.[139] ○愚按, 秦漢, 皆以浿水, 爲朝鮮北界,[140] 其

---

137 『漢書』「地理志」, 幽州 樂浪郡, "樂浪郡, (武帝元封三年開. 莽曰樂鮮. 屬幽州. 應劭曰故朝鮮國也, 師古曰樂音洛浪音狼) 戶六萬二千八百一十二, 口四十萬六千七百四十八. 有雲鄣. 縣二十五. 朝鮮(應劭曰武王封箕子於朝鮮)"

138 『漢書』「地理志」, 幽州 樂浪郡, "樂浪郡, (武帝元封三年開. 莽曰樂鮮. 屬幽州. 應劭曰故朝鮮國也, 師古曰樂音洛浪音狼) 戶六萬二千八百一十二, 口四十萬六千七百四十八. 有雲鄣. 縣二十五. 朝鮮(應劭曰武王封箕子於朝鮮), 誹邯(孟康曰誹音男, 師古曰誹音乃甘反邯音酣.)"

139 『漢書』「地理志」, 幽州 樂浪郡, "樂浪郡, (武帝元封三年開. 莽曰樂鮮. 屬幽州. 應劭曰故朝鮮國也, 師古曰樂音洛浪音狼) 戶六萬二千八百一十二, 口四十萬六千七百四十八. 有雲鄣. 縣二十五. 朝鮮(應劭曰武王封箕子於朝鮮), 誹邯(孟康曰誹音男, 師古曰誹音乃甘反邯音酣.), 浿水(水西至增地, 入海. 莽曰樂鮮亭. 師古曰浿音普大反), "

140 『漢書』「朝鮮傳」, "都王險. (李奇曰:「地名也.」【補注】沈欽韓曰, 隋書高麗傳, 都於平壤城, 亦曰長安城, 東北六里, 隨山屈曲, 南臨浿水. <新唐書, 平壤在鴨淥水東南.> 朝鮮國志(錢溥 <1408—1488年>의 朝鮮國志-吳任臣<1628-1689년>의 山海經廣注 권18), 平安道治平壤府, 東南去王京五百餘里. 杜佑云, 平壤, 卽王險城也.)"

非大同江, 明矣, 又馬訾水, 出西蓋馬, 入西安平,[141] 則此當爲鴨綠江, 而淸川江
在鴨綠大同之間, 恐此爲浿水, 唐書以爲, 平壤南崖浿水者,[142] 非是, 盖隋唐之
間, 朝鮮郡縣, 廢之已久, 邑號地名, 皆懸聞錯傳, 多失眞, 今當以漢書, 爲正.)

함자(대수, 서쪽으로 대방에 도착하여 바다로 유입된다.) 점제(제의 음은 제이
다. ○내가 상고한다. 세상의 전승에, 황해도 연안·배천 바닷가 고을이 옛 점제
였다고 한다. 지금 열수가 바다로 유입되는 것을 보니 아주 옳다.) 수성(통전에
서 말하기를, "갈석산은 한나라 낙랑군 수성현에 소재하며, 장성이 이 산에서
일어난다. 지금 고증하니, 장성이 동쪽으로 요수를 절단하고 고려로 진입되며,
남은 터가 여전히 소재한다 등등."이라고 하였다. ○내가 상고한다. 통전의 설
명은 당연히 두 구절로 작성되었다. 머리 부분의 '이 산에서 일어난다'부터 위쪽
은, 아마도 바로 예전 언어에서 나온 것을 두씨가 인용한 듯하며, '지금 고증'부
터 아래쪽은 두씨가 관찰하고 경험한 것으로써, 장성이 고구려로부터 왔음을
명백하게 한 것이다. 그렇다면, 지금 수안은 아마도 옛 수안현이었던 듯하며, 자
비령이 갈석산으로 되어 간혹 단대령이라고 호칭하였던 것일까. 혹자는 또 의
심하기를, 수성이 이미 낙랑군에 소속되었으니, 당연히 단대령 이동에 소재해야
하는데, 지금 수안이 고개 서쪽에 소재하니 옳지 않다고 한다. 이것은 그렇지 않
다. 산의 형태와 지세 및 고을 호칭으로 볼 때, 아마도 이 부근 지역에 소재하였
다고 말할 수 있을 듯하다. 예전의 소위 현이란 매우 커서, 오로지 수안군 하나
만을 지칭해서 말한 것이 아니다. 하물며 예전과 지금의 읍치에 변천이 있었으

---

141 『漢書』「地理志」, 幽州 玄菟郡, "西蓋馬, 馬訾水西北入鹽難水, 西南至西安平, 入海, 過郡
二, 行一千一百里. 莽曰玄菟亭."
142 『新唐書』권220 열전 145 (東夷 高麗), "高麗, 本扶餘別種也. 地東跨海距新羅, 南亦跨海距
百濟, 西北度遼水與營州接, 北靺鞨. 其君居平壤城, 亦謂長安城, 漢 樂浪郡也, 去京師五千里
而贏, 隨山屈繚爲郛, 南涯浿水, 王築宮其左. 又有國內城·漢城, 號別都. 水有大遼·少遼: 大遼
出靺鞨西南山, 南歷安市城, 少遼出遼山西, 亦南流, 有梁水出塞外, 西行與之合. 有馬訾水出靺
鞨之白山, 色若鴨頭, 號鴨淥水, 歷國內城西, 與鹽難水合, 又西南至安市, 入于海. 而平壤在鴨
淥東南, 以巨艫濟人, 因恃以爲塹."

니, 어찌 이것으로 구애될 수 있겠는가.)

含資(帶水, 西至帶方, 入海)[143] 黏蟬(蟬音提[144] ○愚按, 世傳, 黃海道延安白川
濱海之邑, 爲古占蟬, 今以列水入海, 見之良是.) 遂城(通典曰, 碣石山在漢樂浪
郡遂城縣, 長成起於此山, 今驗, 長成東截遼水, 入高麗, 遺址猶在云云[145] ○愚
按, 通典之說, 當作兩節, 首起於此山以上, 似是出於古語, 而杜氏引之, 今驗以
下, 杜氏所見, 而驗之, 以明長成之來自高句麗矣, 然則, 今遂安, 似爲古遂安縣,
而慈悲嶺爲碣石山, 或稱單大嶺嫩, 或者又疑, 遂城旣屬樂浪郡, 則當在單大嶺
以東, 而今遂安在嶺西, 爲非是, 此則不然, 以形勢及邑號, 見之, 似在此近地云
爾, 古之所謂縣甚大, 非專指遂安一郡而言也, 況古今邑治有遷易, 豈可以此爲
拘.)

증지(내가 상고한다. 청천강은 영유와 증산 사이에 도착하여 바다로 유입된다.
증(甑)과 증(增)은 서로 유사하며, 당연히 패수와 더불어 증지로 유입되니, 상호
참조·증명된다.)

增地[146](愚按, 淸川江至永柔甑山之間, 入海, 甑增相類似, 當與浿水入增地, 互

---

143 『漢書』「地理志」, 幽州 樂浪郡, "樂浪郡, (武帝元封三年開. 莽曰樂鮮. 屬幽州. 應劭曰故朝
鮮國也, 師古曰樂音洛浪音狼) 戶六萬二千八百一十二, 口四十萬六千七百四十八. 有雲鄣. 縣
二十五. 朝鮮(應劭曰武王封箕子於朝鮮), 誹邯(孟康曰誹音男, 師古曰誹音乃甘反邯音酣.), 浿
水(水西至增地, 入海. 莽曰樂鮮亭. 師古曰浿音普大反), 含資, 帶水西至帶方, 入海"

144 『漢書』「地理志」, 幽州 樂浪郡, "樂浪郡, (武帝元封三年開. 莽曰樂鮮. 屬幽州. 應劭曰故朝
鮮國也, 師古曰樂音洛浪音狼) 戶六萬二千八百一十二, 口四十萬六千七百四十八. 有雲鄣. 縣
二十五. 朝鮮(應劭曰武王封箕子於朝鮮), 誹邯(孟康曰誹音男, 師古曰誹音乃甘反邯音酣.), 浿
水, (水西至增地, 入海. 莽曰樂鮮亭. 師古曰浿音普大反), 含資, 帶水西至帶方, 入海, 黏蟬(服虔
曰蟬音提)"

145 『通典』 권186 변방2 동이하 고구려, "碣石山在漢樂浪郡遂成縣, 長城起於此山。今驗長城
東截遼水而入高麗, 遺址猶存。按尙書云：「夾右碣石入於河。」右碣石即河赴海處, 在今北平郡
南二十餘里, 則高麗中爲左碣石"

146 『漢書』「地理志」, 幽州 樂浪郡, "樂浪郡(武帝元封三年開. 莽曰樂鮮. 屬幽州. 應劭曰故朝
鮮國也, 師古曰樂音洛浪音狼), 戶六萬二千八百一十二, 口四十萬六千七百四十八. 有雲鄣. 縣
二十五. 朝鮮(應劭曰武王封箕子於朝鮮), 誹邯(孟康曰誹音男, 師古曰誹音乃甘反邯音酣.), 浿
水(水西至增地, 入海. 莽曰樂鮮. 師古曰浿音普大反), 含資, 帶水西至帶方, 入海, 黏蟬(服虔

相桼驗)

대방(내가 상고한다. 세상 전승에, 평안도 용강현이 예전 대방이라고 한다. 대동강이 용강에 도착하여 바다로 유입되니, 아마도 대동강이 내수로 될 듯하다.)
帶方¹⁴⁷(愚按, 世傳, 平安道龍岡縣, 爲古帶方, 大同江到龍岡, 入海, 則恐大同江爲帶水也.)

사망, 해명, 열구, 장잠, 둔유, 소명(본전 주석에 남부도위 치소라고 하였다.) ○내가 상고한다. 도위 치소는 당연히 유명한 도시에 소재한다. 춘천부는 예전 맥국이고, 또 소양강이 있으니, 아마도 이곳이 예전 소명이 될 듯하다. 여기로부터 한수 상류까지가 임둔 옛 강역이며, 모두 관할 내부에 소재한다.
馹望 海冥 列口 長岑 屯有 昭明(本註, 南部都尉治)¹⁴⁸ ○愚按, 都尉治當在名都, 春川府, 古貊國,¹⁴⁹ 且有昭陽江, 恐此爲古昭明也, 自此至漢水上游, 臨芚舊疆, 皆在管內.

누방, 제혜, 혼미, 탄열(본전 주석에, 분려산은 열수에서 출현하는 것인데, 서쪽

日蟬音提), 增地, 莽曰增土"

147『漢書』「地理志」, 幽州 樂浪郡, "樂浪郡(武帝元封三年開. 莽曰樂鮮. 屬幽州. 應劭曰故朝鮮國也, 師古曰樂音洛浪音狼), 戶六萬二千八百一十二, 口四十萬六千七百四十八. 有雲鄣. 縣二十五. 朝鮮(應劭曰武王封箕子於朝鮮), 邯邯(孟康曰邯音男, 師古曰邯音乃甘反邯音酣.), 浿水(水西至增地, 入海. 莽曰樂鮮亭. 師古曰浿音普大反), 含資, 帶水西至帶方, 入海, 黏蟬(服虔曰蟬音提), 增地, 莽曰增土, 帶方"

148『漢書』「地理志」, 幽州 樂浪郡, "樂浪郡(武帝元封三年開. 莽曰樂鮮. 屬幽州. 應劭曰故朝鮮國也, 師古曰樂音洛浪音狼), 戶六萬二千八百一十二, 口四十萬六千七百四十八. 有雲鄣. 縣二十五. 朝鮮(應劭曰武王封箕子於朝鮮), 邯邯(孟康曰邯音男, 師古曰邯音乃甘反邯音酣.), 浿水(水西至增地, 入海. 莽曰樂鮮亭. 師古曰浿音普大反), 含資, 帶水西至帶方, 入海, 黏蟬(服虔曰蟬音提), 增地, 莽曰增土, 帶方, 馹望, 海冥, 莽曰海桓. 列口, 長岑, 屯有, 昭明(南部都尉治.)"

149『後漢書』「東夷列傳」濊, "濊(【集解】沈欽韓曰, 一統志, 朝鮮江原道治江陵府, 在國城東面, 本濊貊地. 漢爲臨屯境.)"

으로 점제에 도착하여 바다로 유입되며, 운행 거리가 820리이다. 곽박이 말하였다. 산해경에서 말하기를, "열수 명칭이 요동에 소재한다."고 하였다. ○내가 상고한다. 대수의 남쪽에서 오직 한강만이 크며, 한강의 밖에 또 800리 큰 강이 없다. 점재 바다로 유입되는 것은, 아마도 한강이며, 열수가 될 듯하니, 낙랑의 경계가 여기서 끝날 것이다. 한강의 수원 중 하나는 태백산에서 출현하고, 하나는 오대산에서 출현하여, 영월에 도착하여 합류하며, 서남쪽으로 양근·양주 사이에 도착하여, 용진과 합류하여 한강이 된다. 소위 탄열이란 아마도 역시 이들 지역에서 벗어나지 않을 것이고, 열구 역시 아마도 한강 인후 지역에 소재한 것이로구나 하고 여긴다. 임진·소양 역시 발원지가 멀고 함께 점재 바다로 유입되며, 두 강물 하류는 겨우 배를 댈 수 있을 뿐이어서, 한강의 크기가 천하에 알려진 것에 비교가 안 된다. 또 두 강물의 외부와 한강의 내부가 역시 예맥의 지역이 되었으며, 한나라 조정이 바야흐로 경영하여 통치하였으니, 경계 위의 한강을 제쳐두고 이 작은 강물을 기록하였다니, 아마도 이럴 까닭이 없을 것이다. 한강이 옳다.)

鏤方 提奚 渾彌 呑列(本註, 分黎山, 列水所出, 西至占蟬, 入海, 行八百二十里,[150] 郭璞云, 山海經曰, 列水名在遼東.[151] ○愚按, 帶水之南, 惟漢江爲大, 而漢江之外, 又無八百里大水, 入占蟬海者, 恐漢江爲列水, 而樂浪之界, 盡於此矣, 漢江之源, 一出於太白山, 一出於五臺山, 至寧越, 合流, 西南, 至楊根楊州之間,

---

150 『漢書』「地理志」, 幽州 樂浪郡, "樂浪郡(武帝元封三年開. 莽曰樂鮮. 屬幽州. 應劭曰故朝鮮國也, 師古曰樂音洛浪音狼), 戶六萬二千八百一十二, 口四十萬六千七百四十八. 有雲鄣. 縣二十五. 朝鮮(應劭曰武王封箕子於朝鮮), 詯邯(孟康曰詯音男, 師古曰詯音乃甘反邯音酣.), 浿水(水西至增地, 入海. 莽曰樂鮮亭. 師古曰浿音普大反), 含資, 帶水西至帶方, 入海, 黏蟬(服虔曰蟬音提), 增地, 莽曰增土, 帶方, 駟望, 海冥, 莽曰海桓. 列口, 長岑, 屯有, 昭明(南部都尉治.), 鏤方, 提奚, 渾彌(師古曰渾音下昆反), 呑列(分黎山, 列水所出, 西至黏蟬, 入海, 行八百二十里)"

151 『後漢書』 권33 지23 군국5, "樂浪郡武帝置. 雒陽東北五千里. 十八城, 戶六萬一千四百九十二, 口二十五萬七千五十. 朝鮮詯邯浿水含資占蟬遂城增地帶方駟望海冥列口(郭璞注山海經曰 : 「列, 水名. 列水在遼東.」)長岑屯有昭明鏤方提奚渾彌樂都"

與龍津合, 爲漢江, 所謂呑列, 恐亦不出此等地, 而列口亦疑在漢江咽喉之地也哉云, 臨津昭陽亦發源遠, 而俱入占蟬海也, 二水下流, 僅得貯舟, 不比漢江之大, 聞於天下, 且二水之外, 漢江之內, 亦爲濊貊之地, 漢朝方爲經理, 則捨境上漢江, 而錄此小水, 恐無此理, 漢江爲是也.)

동이(현토를 이동하여 설치한 뒤에 단대령 이동이 모조리 낙랑에 소속되자 경계 토지가 넓고 멀어져 영동 7현을 분할하여 낙랑동부도위를 설치하였다. 건무 6년[152] 도위의 관청을 혁파하니, 마침내 영동 지역을 포기하고, 그 거수를 모조리 책봉하여 현후로 삼았다. 이하 7현이 이것이다. 옥저도 역시 이때 도위를 혁파하고, 거수를 책봉하여 옥저후로 삼았다.)

東暆[153](玄菟移設後, 單大嶺以東, 悉屬樂浪, 境土廣遠, 分嶺東七縣. 置樂浪東部都尉, 建武六年, 省都尉官,[154] 遂棄嶺東地, 悉封其渠帥, 爲縣侯, 以下七縣, 是也, 沃沮, 亦於此時, 罷都尉, 封渠帥, 爲沃沮侯)

불이(동부도위 치소), 잠태, 화려, 사두매, 전막, 부조.

---

152 30년
153 『漢書』「地理志」, 幽州 樂浪郡, "樂浪郡(武帝元封三年開. 莽曰樂鮮. 屬幽州. 應劭曰故朝鮮國也, 師古曰樂音洛浪音狼), 戶六萬二千八百一十二, 口四十萬六千七百四十八. 有雲鄣. 縣二十五. 朝鮮(應劭曰武王封箕子於朝鮮), 䛁邯(孟康曰䛁音男, 師古曰䛁音乃甘反邯音酣.), 浿水(水西至增地, 入海. 莽曰樂鮮亭. 師古曰浿音普大反), 含資, 帶水西至帶方, 入海, 黏蟬(服虔曰蟬音提), 增地, 莽曰增土, 帶方, 駟望, 海冥, 莽曰海桓. 列口, 長岑, 屯有, 昭明(南部都尉治), 鏤方, 提奚, 渾彌(師古曰渾音下昆反), 呑列(分黎山, 列水所出, 西至黏蟬, 入海, 行八百二十里), 東暆(應劭曰音移)"
154 『삼국지』위서 30 동이전 동옥저, "漢(光)[建]武六年(30)(光武, 應從范書, 作建武.), 省邊郡, 都尉由此罷. (范書云, 建武六年, 省都尉官, 遂棄領東地.) 其後皆以其縣中渠帥爲縣侯(范書東夷傳云, 至光武, 罷都尉官. 後, 皆以封其渠帥, 爲沃沮侯. 沈欽韓曰, 沃沮, 自魏後不復著蓋百濟, 立國於其境, 而沃沮亡矣.), 不耐·華麗·沃沮諸縣皆爲侯國(漢書地理志, 樂浪郡華麗. 王先謙曰, 續志, 後漢省. 東夷傳, 元初五年, 句麗王宮, 寇玄菟, 攻華麗城則縣故在也. 洪亮吉云, 此蓋其舊城.). 夷狄更相攻伐, 唯不耐濊侯至今猶置功曹·主簿諸曹, 皆濊民作之. 沃沮諸邑落渠帥, 皆自稱三老, 則故縣國之制也."

不而(東部都尉治) 蠶台 華麗 邪頭昧 前莫 夫租.[155]

155 『漢書』「地理志」, 幽州 樂浪郡, "樂浪郡(武帝元封三年開. 莽曰樂鮮. 屬幽州. 應劭曰故朝鮮國也, 師古曰樂音洛浪音狼), 戶六萬二千八百一十二, 口四十萬六千七百四十八. 有雲鄣. 縣二十五. 朝鮮(應劭曰武王封箕子於朝鮮), 訛邯(孟康曰訛音男, 師古曰訛音乃甘反邯音酣.), 浿水(水西至增地, 入海. 莽曰樂鮮亭. 師古曰浿音普大反), 含資, 帶水西至帶方, 入海, 黏蟬(服虔曰蟬音提), 增地, 莽曰增土, 帶方, 駟望, 海冥, 莽曰海桓. 列口, 長岑, 屯有, 昭明(南部都尉治), 鏤方, 提奚, 渾彌(師古曰渾音下昆反), 吞列(分黎山, 列水所出, 西至黏蟬, 入海, 行八百二十里), 東暆(應劭曰音移), 不而(東部都尉治). 蠶台(師古曰台音胎), 華麗, 邪頭昧(孟康曰昧音妹), 前莫, 夫租."

삼국三國 고구려高句麗

졸본부여(이보다 먼저, 부여왕 금와가 태백산 남쪽 우발수(혹자는 지금의 영변부에 소재한다고 한다.)에서 여자를 만나서 물었다. 말하기를, "나는 바로 하백의 딸 유화입니다. 여러 동생과 외출하여 유람하는데, 해모수가 웅심산 아래로 유인해 들어갔고, 압록 방 안에서 사통하고 바로 가서 돌아오지 않았습니다. 부모님은 내가 중매도 없이 타인을 추종하였다고 책망하고, 마침내 이곳에 귀양을 왔습니다."라고 하였다. (금)와가 기이하게 여기고, 방 안에 유폐시키니, 해 그림자의 비춤을 받아 이로 인해 잉태하였고 알 하나를 낳았다. (금)와가 방기하였더니, 개와 돼지가 먹지 않고, 소와 말이 피하였으며, 새가 덮어 보호하였다. 쪼개려고 하였으나 불가능하여, 그 어미(유화는 뒤에 동부여에서 사망하였는데, 금와가 예의로써 장례지내고 신령의 사당을 세웠다.)에 반환시켰다. 싸서 따뜻한 곳에 두었더니, 남자 아이가 껍질을 깨고 나왔다. 골수 지표가 뛰어나고 기이하였다. 겨우 일곱 살 때 스스로 활과 화살을 만들어 쏘았는데, 발사하여 적중하지 않음이 없었다. 부여의 풍속에서 명사수를 주몽이라고 하였으므로 그렇게 명명하였다. (금)와에서 일곱 아들이 있었는데, 시기하여 살해하려고 하였다. 주몽이 마침내 조이·마리·협보 등 세 사람과 더불어 달아나서 엄표수에 도착하였는데, 건너려고 하였지만 다리가 없었다. 주문으로 말하기를, "나는 바로 천제의 아들이고, 하백의 외손이다. 오늘 도망하여 곤란을 당하였는데, 추격자가 곧 들이닥칠 것이니, 어찌해야 하겠는가."라고 하였다. 이에 물고기와 자라가 다리를 이루어 건널 수 있었고, 다리가 해체되어 추격한 기마병이 미치지 못하였다. 모둔곡에 도착하여, 삼베옷과 기운 옷과 수초로 엮은 옷을 입은 세 사람을 만났다. 함께 졸본부여에 도착하였고, 비류수 위에 도읍하였다. 국호를 고구려라고 하였고, 이로 인하여 고를 성으로 삼았다. ○내가 상고한다. 동명의 탄생은 그 신령하고 기이함이 동국 역사와 한서가 대략 동일하다. 단지 한서는 동명을 부여의 시조라고 하였고, 동국 역사는 동명을 고구려의 시조라고 하였으니, 이것이 바로 크게 다른 것이다. 고구려는 이때 문자가 없었고, 그 유통되고 전승된 설명이 모두 세속의 언어에서 나왔으므로 기인하여 다수가 와전되었다. 그렇지만, 그 출생 내력을 어찌 모를 까닭이 있겠는가? 혹시 고구려가 본래 부여에서 출현하였으므로, 신령한 사건을 무리하게 끌어들여 어리석은 백성을 속이고 꾀려고 한 것인가? 감히 억지로 해석할 수 없다. 또 상고한다. 구려는 본래 서안평에서 일어났다. 그렇다면, 동국 역사에서 졸본부여를 평안도 성천[156]이라고 한 것은 잘못이다. 서안평[157]은 지금 요동외부 변방 경계에 소속되어 있고, 마자수가 바다로 유입되는 곳이며, 비류수도 역시 그 지역에 소재하니, 아마도 지금의 적강이 이것인 듯하다.)

卒本夫餘(先是, 夫餘王金蛙, 得女於大白山南優渤水(或云, 今在寧邊府). 問之, 曰, 我是河伯之女, 柳花. 與諸弟出遊, 解慕漱, 誘入熊心山下, 鴨綠, 室中私之, 即往不返. 父母責我無媒而從人, 遂謫于此. 蛙異之, 幽於室中, 爲日影所照, 仍有孕, 生一卵, 蛙棄之, 犬豕不食. 牛馬避之. 鳥覆翼之. 欲剖之, 不能, 還其母(柳花, 後卒於東夫餘, 金蛙, 以禮葬之, 立神廟). 裹置暖處, 有男子, 破殼而出, 骨標

---

156 『신증동국여지승람』 54 평안도 성천도호부, "郡名, 沸流, 多勿, 卒本夫餘, 剛德鎭, 松讓, 成州" / 『고려사』지 권12 지리3 북계 안북대호부 영주, "成州本沸流王松讓之故都, 太祖十四年, 置剛德鎭. 顯宗九年, 改今名, 爲防禦使, 後爲知郡事. 別號松讓【成廟所定】. 有溫泉." / 『高麗史』 58, 지12, 지리3, 안북대도호부 영주 成州, "本沸流王松讓之故都 太祖十四年 置剛德鎭, 顯宗九年 改今名爲防禦使 後爲知郡事 別號松讓[成廟所定] 有溫泉" / 剛德鎭(成州)

연도	『高麗史』	『遼史』	비고
본	비류왕 松讓 고도		
고려 태조8(925)	成州 축성		국경
고려 태조14(931)	剛德鎭 축성		
거란 聖宗(982~1031)		成州 설치(995?)	성종 녀 진국장공주. 宜州 북 160리, 上京 남 740리
고려 현종9(1018)	成州防禦使 개칭		평안도 成川 후방방어기지

157 『後漢書』「東夷列傳」高句麗, "句驪一名貊(耳), 有別種, 【集解】沈欽韓曰, 案文, 當云句驪有別種, 一名貊耳. 依小水爲居, 因名曰小水貊. 出好弓, 所謂「貊弓」是也. (魏氏春秋曰:「遼東郡西安平縣北, 有小水南流入海, 句驪別種因名之小水貊.」【集解】沈欽韓曰, 小水, 古小遼水, 今渾河, 大遼水, 今太子河, 會爲遼水.)"

英奇. 甫七歲, 自作弓矢射之, 發無不中. 扶餘俗謂, 善射爲朱蒙, 故名之. 蛙有七子, 忌欲殺之. 朱蒙乃與烏伊·摩離·陜父等三人, 行至淹㴲水, 欲渡無梁. 祝曰, 我是天帝子, 河伯外孫. 今日逃難, 追者垂及奈何. 於是, 魚鼈成橋, 得渡. 橋解, 追騎不及. 至毛屯谷, 遇麻衣衲衣水藻衣三人, 俱至卒本夫餘, 沸流水上都焉. 國號高句麗, 仍以高爲姓.[158] ○愚按, 東明之生, 其神異, 東史與漢書, 大畧同, 但漢書, 以東明, 爲夫餘之始祖, 東史, 以東明, 爲高句麗之始祖, 此其大不同也, 高句麗,

---

[158]『三國史記』卷第十三 高句麗本紀 第一 東明聖王, "始祖東明聖王, 姓高氏, 諱朱蒙 (一云鄒牟, 一云衆解.) 先是, 扶餘王解夫婁, 老無子, 祭山川求嗣. 其所御馬至鯤淵, 見大石, 相對流淚. 王怪之, 使人轉其石, 有小兒, 金色蛙形 (蛙一作蝸). 王喜曰, 此乃天賚我令胤乎. 乃收而養之, 名曰金蛙. 及其長, 立爲太子. 後其相阿蘭弗曰, 日者天降我曰, 將使吾子孫, 立國於此. 汝其避之. 東海之濱有地, 號曰迦葉原, 土壤膏腴宜五穀, 可都也. 阿蘭弗遂勸王, 移都於彼, 國號東扶餘. 其舊都有人, 不知所從來, 自稱天帝子解慕漱, 來都焉. 及解夫婁薨, 金蛙嗣位. 於是時, 得女子於大白山南優渤水. 問之, 曰, 我是河伯之女, 名柳花. 與諸弟出遊, 時有一男子, 自言天帝子解慕漱, 誘我於熊心山下, 鴨淥邊室中私之, 卽往不返. 父母責我無媒而從人, 遂謫居優渤水. 金蛙異之, 幽閉於室中, 爲日所炤, 引身避之, 日影又逐而炤之. 因而有孕, 生一卵, 大如五升許. 王棄之與犬豕, 皆不食. 又棄之路中, 牛馬避之. 後棄之野, 鳥覆翼之. 王欲剖之, 不能破, 遂還其母. 其母以物裹之, 置於暖處, 有一男兒破殼而出, 骨表英奇. 年甫七歲, 嶷然異常, 自作弓矢射之, 百發百中. 扶餘俗語, 善射爲朱蒙, 故以名云. 金蛙有七子, 常與朱蒙遊戲, 其伎能皆不及朱蒙. 其長子帶素言於王曰, 朱蒙非人所生, 其爲人也勇. 若不早圖, 恐有後患, 請除之. 王不聽, 使之養馬. 朱蒙知其駿者, 而減食令瘦, 駑者善養令肥. 王以肥者自乘, 瘦者給朱蒙. 後獵于野, 以朱蒙善射, 與其矢少, 而朱蒙殪獸甚多. 王子及諸臣又謀殺之. 朱蒙母陰知之, 告曰, 國人將害汝. 以汝才略何徃而不可. 與其遲留而受辱, 不若遠適以有爲. 朱蒙乃與烏伊·摩離·陜父等三人爲友, 行至淹㴲水 (一名盖斯水, 在今鴨綠東北), 欲渡無梁. 恐爲追兵所迫, 告水曰, 我是天帝子, 何伯外孫. 今日逃走, 追者垂及如何. 於是, 魚鼈浮出成橋, 朱蒙得渡. 魚鼈乃解, 追騎不得渡. 朱蒙行至毛屯谷(魏書云, 至普述水), 遇三人. 其一人着麻衣, 一人着衲衣, 一人着水藻衣. 朱蒙問曰, 子等何許人也, 何姓何名乎. 麻衣者曰, 名再思. 衲衣者曰, 名武骨. 水藻衣者曰, 名默居. 而不言姓. 朱蒙賜再思姓克氏, 武骨仲室氏, 默居少室氏, 乃告於衆曰, 我方承景命, 欲啓元基, 而適遇此三賢, 豈非天賜乎. 遂揆其能, 各任以事, 與之俱至卒本川 (魏書云, 至紇升骨城.). 觀其土壤肥美, 山河險固, 遂欲都焉, 而未遑作宮室, 但結廬於沸流水上居之. 國號高句麗, 因以高爲氏 (一云, 朱蒙至卒本扶餘, 王無子, 見朱蒙知非常人, 以其女妻之. 王薨, 朱蒙嗣位.). 時朱蒙年二十二歲, 是漢孝元帝建昭二年, 新羅始祖赫居世二十一年, 甲申歲也. 四方聞之, 來附者衆. 其地連靺鞨部落, 恐侵盜爲害, 遂攘斥之, 靺鞨畏服, 不敢犯焉. 王見沸流水中有菜葉逐流下, 知有人在上流者, 因以獵徃尋, 至沸流國. 其國王松讓出見曰, 寡人僻在海隅, 未嘗得見君子, 今日邂逅相遇, 不亦幸乎. 然不識吾子自何而來. 荅曰, 我是天帝子, 來都於某所. 松讓曰, 我累世爲王. 地小不足容兩主. 君立都日淺, 爲我附庸可乎. 王忿其言, 因與之鬪辯, 亦相射以校藝, 松讓不能抗."

是時, 無文字, 其所流傳之說, 皆出於俚諺, 因多訛舛, 然其所從出, 豈有不知之
理乎, 或者, 高句麗, 本出於夫餘, 故以神明之事, 引而進之, 以爲誑誘愚民也耶,
不敢强解, 又按, 句麗, 本起於西安平, 則東史, 以卒本夫餘, 爲平安道成川者, 非
是, 西安平,159 今屬遼東外徼, 馬訾水入海處, 沸流水, 亦在其地, 恐今狄江, 是
也.)

국내성(유리왕 때, 교외 제사 돼지가 달아났다. 왕이 장생 설지에게 명령하여
뒤쫓게 하였는데, 국내 위나암에 도달하여 취득하였다. 귀환하여 왕을 뵙고 말
하기를, "제가 위나암에 도달하여 보니, 그 산수가 깊고 험하며, 땅은 오곡을 키
우기에 적당하였고, 또 큰사슴·사슴·물고기·자라가 많았습니다. 왕께서 만약 천
도하신다면 전쟁의 우환을 모면할 수 있을 것입니다."라고 하였다. 22년 마침내
국내로 천도하였고, 위나암성을 축조하였다. ○김부식의 고구려지에서 말하기
를, "국내성은 당연히 압강 이북에 소재해야 한다."고 하였으니, 현토군 지역 경
계이다. 혹자가 이르기를, 요동 안시성에 소재한다고 하였다. 정인지 고려사 및

---

159 『漢書』「地理志」, 幽州 玄菟郡, "西蓋馬, 馬訾水西北入鹽難水, 西南至西安平, 入海, 過郡
二, 行一千一百里. 莽曰玄菟亭." / 『後漢書』지 23, 郡國 5, "玄菟郡武帝置. 雒陽東北四千里. 六
城, 戶一千五百九十四, 口四萬三千一百六十三. 高句驪高山, 遼水出. (山海經曰:「遼水出白平
東.」郭璞曰:「出塞外(衛)[衛]白平山. 遼山, 小遼水所出..」)西蓋(鳥)[馬]上殷台高顯故屬遼東. 候城
故屬遼東. 遼陽故屬遼東. (東觀書, 安帝卽位之年, 分三縣來屬.)" / 『漢書』「地理志」, 幽州, 遼
東郡, "遼東郡(秦置. 屬幽州.), 戶五萬五千九百七十二. 口二十七萬二千五百三十九.縣十八. 襄
平(有牧師官. 莽曰昌平.), 新昌, 無慮(西部都尉治. 應劭曰慮音閭, 師古曰即所謂醫巫閭), 望平
(大遼水出塞外, 南至安市, 入海, 行千二百五十里. 莽曰長說. 師古曰説讀曰悅.), 房, 候城(中部
都尉治.), 遼隊(莽曰順睦. 師古曰隊音遂), 遼陽(大梁水西南至遼陽, 入遼. 莽曰遼陰.), 險瀆(應
劭曰, 朝鮮王滿都也, 依水險, 故曰險瀆. 臣瓚曰, 王險城在樂浪郡浿水之東, 此自是險瀆也. 師
古曰, 瓚説是也. 浿音普大反.), 居就(室偽山, 室偽水所出, 北至襄平, 入梁也.), 高顯, 安市, 武次
(東部都尉治. 莽曰桓次.), 平郭(有鐵官鹽官.), 西安平(莽曰北安平.), 文(莽曰文亭.), 番汗(沛水出
塞外, 西南入海. 應劭曰汗水出塞外西南入海, 番音盤, 師古曰沛音普盖反汗音寒.), 沓氏(應劭
曰沓水也音長荅反, 師古曰凡言氏者皆謂因之而立名)" // 『後漢書』「東夷列傳」高句麗, "句驪
一名貊(耳), 有別種【集解】沈欽韓曰, 案文, 當云句驪有別種, 一名貊耳. 依小水爲居, 因名曰小
水貊. 出好弓, 所謂「貊弓」是也. (魏氏春秋曰:「遼東郡 西安平縣北, 有小水南流入海, 句驪別種
因名之小水貊.」【集解】沈欽韓曰, 小水, 古小遼水, 今渾河, 大遼水, 今太子河, 會爲遼水.)]"

동국병지에서 모두 이르기를, "유소가 장성을 축조하였는데, 인주 압록강이 바다로 유입되는 곳, 옛 국내에서 기공하였다."등등이라고 하였다. ○내가 상고한다. 국내성 소재지는 상호 차이가 있어, 감히 어느 곳이라고 적확하게 지적할 수 없다. 그렇지만, 산의 형태와 지세로써 추정하건대, 고구려 지역은 다수가 압강의 내부에 소재하고 있다. 어찌 개척은 점차 동향하는데, 국가의 도읍은 점차 서향할 까닭이 있겠는가. 또 유소가 장성을 축조한 것은 고려 덕종 시기이니 과거까지가 그리 멀지 않고, 그 옛 터와 남은 풍속이 여전히 반드시 잔존한 것이 있다. 나는 아마도 인주160가 이것인 듯하다. (동국 역사에서 이르기를, "중천왕은 장발부인이 왕후를 모함하고 참소함에 분노하여 가죽 주머니에 넣어서 서해에 던져버렸다."고 하였다. 그렇다면 국왕 도읍이 서해 가에 소재하는 것이다. 이것도 역시 하나의 증거이다.))

國內城(瑠璃王時, 郊豕逸, 王命掌牲薛支逐之. 至國內尉那巖得之, 還見王曰, 臣至尉那巖, 見其山水深險, 地宜五穀, 又多麋·鹿·魚·鼈. 王若移都, 可免兵革之患. 二十二年, 遂徙都於國內, 築尉那巖城.161 ○金富軾 高句麗志曰, 國內城, 當

---

160 『高麗史』 58, 지12, 지리3, 안북대도호부 영주 麟州, "本高麗靈蹄縣 顯宗九年 稱麟州防禦使, 二十一年 移永平鎭民實之, 高宗八年 以叛逆 降稱含仁 後改爲知郡事 有古長城基[德宗朝 平章事柳韶所築 起自州之鴨綠江入海處 至東界和州海濱] / 麟州

연도	『高麗史』	『遼史』	비고
본	고려 靈蹄縣		
고려 현종1(1010)	麟州 거란군 주둔		通州, 銅山 부근, 국경
고려 현종9(1018)	麟州방어사		후방방어기지
고려 현종21(1030)	麟州 축성, 포상		
고려 덕종2(1033)	麟州 등 북경관방		국경
고려 고종3(1216)	麟州 등에서 침입		丹兵
(조선)	(평안도 義州牧)		『新增東國輿地勝覽』 고적

161 『三國史記』 卷第十三 高句麗本紀 第一 瑠璃王, "二十一年, 春三月, 郊豕逸, 王命掌牲薛支逐之. 至國內尉那巖得之, 拘於國內人家養之, 返見王曰, 臣逐豕至國內尉那巖, 見其山水深險, 地宜五穀, 又多麋·鹿·魚·鼈之産. 王若移都, 則不唯民利之無窮, 又可免兵革之患也. 二十二年, 冬十月, 王遷都於國內, 築尉那巖城."

在鴨江以北, 玄菟郡地界.[162] 或云在遼東安市城.[163] 鄭磷趾 高麗史 及東國兵志, 皆云, 柳韶, 築長成. 起自獜州鴨綠江入海處, 古國內云云.[164] ○愚按, 國內城所在, 互相異同, 不敢的指爲某處, 然以形勢推之, 高句麗之地, 多在鴨江之內, 豈開拓漸東, 而國都漸西之理乎. 且柳韶築長成, 在高麗德宗時, 去古未遠, 其古基遺俗, 猶必有存者, 吾恐獜州爲是也. (東史云, 中川王怒長髮夫人誣譖王后, 盛革囊, 投西海, 則王都之在西海之濱,[165] 此亦一證也.))

환도성(동국 역사에서 말하였다. "산상왕 13년 동10월 환도로 천도하였다." ○병감에서 말하였다. "동천왕 20년 위나라가 유주자사 관구검을 파견하니, 만명을 거느리고, 현토를 출발하였다. 왕이 군사 2만 명을 거느리고, 비류수 위에서 맞서서 전투하였지만, 고구려 군대가 크게 궤멸되었다. 왕이 천여 명의 기병으로써 압록의 평원으로 달아났다. 10월 (관구)검이 환도성을 공격하여 함락하

162 『三國史記』권37 지리4 고구려 국내성, "自朱蒙立都紇升骨城, 歷四十年, 孺留王二十二年, 移都國內城 或云尉耶巖城, 或云不而城.. 按漢書, 樂浪郡屬縣有不而, 又摠章二年, 英國公李勣奉勑, 以高句麗諸城置都督府及州縣, 目錄云, 鴨淥以北, 已降城十一, 其一國內城, 從平壤至此十七驛. 則此城亦在北朝境內, 但不知其何所耳."

163 『新唐書』권220 열전 145 (東夷 高麗), "高麗, 本扶餘別種也. 地東跨海距新羅, 南亦跨海距百濟, 西北度遼水與營州接, 北靺鞨. 其君居平壤城, 亦謂長安城, 漢 樂浪郡也, 去京師五千里而嬴, 隨山屈繚爲郛, 南涯浿水, 王築宮其左. 又有國內城·漢城, 號別都. 水有大遼·少遼: 大遼出靺鞨西南山, 南歷安市城, 少遼出遼山西, 亦南流, 有梁水出塞外, 西行與之合. 有馬訾水出靺鞨之白山, 色若鴨頭, 號鴨淥水, 歷國內城西, 與鹽難水合, 又西南至安市, 入于海. 而平壤在鴨淥水南, 以巨艫濟人, 因恃以爲塹."

164 『高麗史』권82 지36 병2 성보, "二年 命平章事柳韶, 創置北境關防. 起自西海濱·古國內城界, 鴨綠江入海處, 東跨威遠·興化·靜州·寧海·寧德·寧朔·雲州·安水·清塞·平虜·寧遠·定戎·孟州·朔州等十三城, 抵耀德·靜邊·和州等三城, 東傅于海, 延袤千餘里, 以石爲城, 高厚, 各二十五尺."

165 『三國史記』17 고구려본기 5 중천왕, "四年, 夏四月, 王以貫那夫人置革囊, 投之西海. 貫那夫人, 顔色佳麗, 髮長九尺, 王愛之, 將立以爲小后. 王后椽氏, 恐其專寵, 乃言於王曰, 妾聞西魏求長髮, 購以千金. 昔我先王, 不致禮於中國, 被兵出奔, 殆喪社稷. 今王順其所欲, 遣一介行李, 以進長髮美人, 則彼必欣納, 無復侵伐之事. 王知其意, 黙不答. 夫人聞之, 恐其加害, 反譖后於王曰, 王后常罵妾曰, '田舍之女, 安得在此. 若不自歸, 必有後悔.'意者后欲伺大王之出, 以害於妾, 如之何. 後王獵于箕丘而還, 夫人將革囊迎哭曰, 后欲以妾盛此, 投諸海. 幸大王賜妾微命, 以返於家. 何敢更望侍左右乎. 王問知其詐, 怒謂夫人曰, 汝要入海乎. 使人投之."

고 도륙하였으며, 왕을 추격하여 죽령에 도달하였다가, 귀환하여 환도산 아래에 도착해서 불내성이라고 명문을 새기고 귀환하였다." ○승람에서 말하였다. "유리왕 22년 겨울, 국내로 천도하고 위나암성을 축조하였으며, 425년을 거쳐 장수왕이 평양으로 천도하였다." 통전도 역시 이르기를, "국내성에서 모용황을 피하여 평양으로 천도하였다."등등이라고 하였다. ○내가 상고한다. 환도성은 통전 및 동국 역사의 여러 설명을 뒤집어서 참고하면, 환도산 아래이다. 위나암성이 있는데, 본래 두 개의 성곽이 있었던 것이 아니고, 또한 국내성 근처 지역에 소재한다. 그러므로 후대에 환도라고 호칭한 것은 통칭 국내라고 하였다. 생각건대, 성곽의 통로가 비록 달랐지만, 실제 동일한 곳이다. 지금 위나암을 환도를 제외하고 구하려고 하거나, 환도를 국내와 다른 곳에서 구하려고 하는 것은, 비유하면 물건을 눈썹 위에서 찾는 것과 같고, 반향을 목소리 바깥에서 쫓는 것과 같으니, 결단코 불가능할 것이다.)

丸都城(東史曰, 山上王十三年冬十月, 移都於丸都.[166] ○兵鑑曰, 東川王二十年, 魏遣幽州刺史毌丘儉, 將萬人, 出玄菟, 王將兵二萬人, 逆戰於沸流水上, 麗軍大潰, 王以千餘騎, 奔鴨綠原, 十月儉攻陷丸都城, 屠之, 追王, 至竹嶺, 還到丸都山下, 銘不耐城而歸.[167] ○勝覽曰, 瑠璃王二十二年冬, 遷都國內, 築尉那巖

---

166 『三國史記』 16 고구려본기 4 산상왕, "冬十月, 王移都於九都."
167 『東國兵鑑』 魏毌丘儉攻陷高句麗丸都城, "高句麗東川王二十年, 魏遣幽州刺史毌丘儉, 將萬人, 出玄菟, 來侵, 王將步騎二萬人, 逆戰於沸流水上(在今永興府西靜邊社), 敗之, 斬首三千餘級, 又引兵, 再戰於梁貊之谷, 又敗之, 斬獲三千餘人, 王謂諸將曰, 魏之大兵, 反不如我之小兵, 毌丘儉者, 魏之名將, 今日命在我掌握之中乎, 乃領鐵騎五千, 進擊之, 儉爲方陣, 決死而戰, 麗軍大潰, 死者萬八千餘人, 王以一千餘騎, 奔鴨綠原, 十月, 儉攻陷丸都城, 屠之, 丸都城在丸都山下, 乃遣將軍王頎, 追王, 王將奔南沃沮, 至于竹嶺, 軍士奔散殆盡, 唯東部密友獨在側, 謂王曰, 今追兵甚迫, 勢不可脫, 臣請決死而禦之, 王可遯矣, 遂募死士, 與之赴敵力戰, 王間行得脫而去, 依山谷, 聚散卒自衛, 謂曰, 若有能取密友者, 厚賞之, 下部劉屋句, 前對曰, 臣試往焉, 遂於戰地, 見密友, 伏地, 乃負而至, 王枕之以股, 久而乃蘇, 王間行轉展, 至南沃沮, 魏軍追不止, 王計窮勢屈, 不知所爲, 東部人紐由, 進曰, 勢甚危迫, 不可徒死, 臣有愚計, 請以飮食, 往犒魏軍, 因伺隙, 刺殺彼將, 若臣計得成則, 王可奮擊決勝矣, 王曰諾, 紐由入魏軍, 詐降曰, 寡君獲罪大國, 逃至海濱, 措躬無地, 將以請降於陣前歸死, 司寇先遣小臣, 致不腆之物, 爲從者羞, 魏將聞之, 將受其降, 紐由藏刀食器, 進前, 拔刺魏將胸, 與之俱死, 魏軍遂亂, 王分軍, 爲三道, 急

城, 歷四百二十五年, 長壽王移都平壤,[168] 通典亦云, 自國內城, 避慕容皝, 移都平壤云云.[169] ○愚按, 丸都城, 以通典及東史諸說, 反覆㕦考則, 丸都山下, 有尉那巖城, 本非有二城, 而亦在國內城近地, 故後之稱丸都者, 通謂之國內, 盖城闕雖異而, 實同一處也, 今欲求尉那巖於丸都之外, 求丸都於國內之別處, 譬如索物於眉睫之上, 逐響於喉舌之外, 決不可得也.)

평양(본래 낙랑군 치소 조선현이다. 일명 왕검성이다. 동천왕은 환도가 관구검의 난리 때문에 도읍을 복구할 수 없어서 이곳으로 천도하였다. 그렇다면, 낙랑이 고구려 소유가 된 것은 이미 그보다 이전이었을 것이다. 그 뒤에 고국원왕이 다시 환도성을 수리하여 이전하여 거처하였다. 또 연나라 왕 모용황에게 쫓겨 평양으로 귀환하였고 동황성에 거처하였다. 평원왕은 또 장안성으로 이전하여 거처하였고, 보장왕 무진, 고종 총장 원년에 이르러 당나라 군대가 평양을 공격하여 함락하니 멸망하였다. 도합 28왕, 총 705년이었다.)

平壤(本樂浪郡治朝鮮縣, 一名王儉城,[170] 東川王, 以丸都經毋丘儉之亂, 不可復都, 移都於此, 則樂浪爲高麗所有, 已在其前矣, 其後, 故國原王復脩葺丸都城,

---

擊之, 魏軍擾亂, 不能陣, 遂自樂浪而退, 王復國論功, 以密友紐由爲第一, 賜密友巨谷靑木谷, 賜屋句鴨綠杜訥河源, 以爲食邑, 追贈紐由, 爲九使者, 又以其子多優, 爲大使者, 是役也, 魏將到肅愼南界(肅愼地, 東濱海, 南接高麗, 後爲靺鞨所居), 刻石紀功, 又到丸都山, 銘不耐城, 而歸(不耐城卽尉那巖城). 初其臣得來, 見王侵叛中國, 數諫, 王不從, 得來嘆曰, 立見此地, 將生蓬蒿, 遂不食而死, 毋丘儉, 令諸軍, 不壞其墓, 不伐其樹, 得其妻子皆放遺"

168 『신증동국여지승람』 권53 의주목 고적 국내성, "… 瑠璃王 … 二十二年冬, 王遷都國內, 築尉那巖城, 歷四百二十五年, 長壽王移都平壤 ○今按, 鄭麟趾 高麗地理志, 麟州有長城基, 德宗朝, 柳韶所築, 起自州之鴨綠江入海處, 則國內城當在古麟州境內, 金富軾 高句麗地志則云, 國內城未知的在何處, 當在鴨綠以北, 漢玄苑郡之界, 遼東京遼陽之東, 未詳孰是, 姑從鄭說附此."

169 『通典』186 변방2, 동이하 고구려, "自東晉以後, 其王所居平壤城, (卽漢樂浪郡王險城. 自爲慕容皝來伐, 後徙國內城, 移都此城), 亦曰長安城, 隨山屈曲, 南臨浿水, 在遼東南千餘里"

170 『漢書』「朝鮮傳」, "都王險. (李奇曰:「地名也.」【補注】沈欽韓曰, 隋書高麗傳, 都於平壤城, 亦曰長安城, 東北六里, 隨山屈曲, 南臨浿水. <新唐書, 平壤在鴨淥水東南.> 朝鮮國志(錢溥(1408—1488年)의 朝鮮國志-吳任臣(1628-1689년)의 山海經廣注 권18), 平安道治平壤府, 東南去王京五百餘里. 杜佑云, 平壤, 卽王險城也.)"

移居, 又爲燕王慕容皝所逐, 還于平壤, 居東皇城, 平原王又移居長安城, 至寶藏王戊辰, 高宗總章元年, 唐兵攻拔平壤而亡, 合二十八王, 共七百五年.)

동황성(평양 목멱산 안에 소재한다.)

東皇城(在平壤木覓山中)

장안성(통전에서 말하였다. "고구려는 동진 이후부터 그 왕이 항상 평양성에 거처하였다." 또 말하였다. "장안성 내부에는 오직 창고에 쌓아두고 무기를 저장하였으며, 별도로 그 곁에 집을 지어, 침구하는 적이 도착하면 바야흐로 들어가서 함께 수비한다고 한다." 궁궐 옛 터가 지금 외성 안에 소재하고, 기자 정전의 구획이 지금도 여전히 완연하다. 어찌하여, 고구려가 비록 궁궐을 이곳에 설치하였다고는 하나, 그 예전 구획에 기인하여 감히 훼철하고 소멸시키지 않았던 것인가. 향촌 사람들의 말에, 밭두둑을 갈 때 주춧돌이 다수 존재한다고 한다.)

長安城(通典曰, 高句麗, 自東晉以後, 其王常居平壤城, 亦曰, 長安城內, 惟積倉儲器械, 別爲宅於其側, 寇賊至, 方入同守云,[171] 宮闕故基, 今在外城中, 箕子井田區畫今猶宛然, 豈高句麗雖設宮闕於此處, 因其古時區畫, 而不敢毁滅耶, 鄉人言, 耕田疇, 柱礎石多有之云.)

남평양(통전에서 일렀다. "외방에 국내와 한경이 있는데, 모두 별도의 도읍이다." 바로 지금 한양도읍이다.)

南平壤(通典云, 外有國內漢京, 皆別都也,[172] 即今漢都.)

---

171 『通典』186 변방2, 동이하 고구려, "自東晉以後, 其王所居平壤城, (即漢樂浪郡王險城. 自爲慕容皝來伐, 後徙國內城, 移都此城), 亦曰長安城, 隨山屈曲, 南臨浿水, 在遼東南千餘里. 城內唯積倉儲器械, 寇賊至, 方入同守. 王別爲宅於其側."

172 『通典』186 변방2, 동이하 고구려, "其外有國內城及漢城, 亦別都也. 復有遼東, 玄菟等數十城, 皆置官司以相統攝焉.(其地後漢時方二千里. 至魏南北漸狹, 纔千餘里. 至隋漸大, 東西六千里.)"

봉강封疆

요동(통전에서 말하였다. "순임금이 청주를 분할하여 영주목으로 삼았는데, 요수의 동쪽이 이것이다. 춘추 및 전국 시대에 아울러 연나라에 소속되었다. 진나라와 두 한나라 때 요동군이 되었다 등등." ○내가 상고한다. 요동은 본래 중국 지역이다. 고구려 말기에 비로소 분할·근거할 수 있게 되었고, 요하에 이르러서 경계로 삼았다.)

遼東(通典曰, 舜分青州爲營州牧, 遼水之東, 是也, 春秋及戰國時, 並屬燕, 秦兩漢, 爲遼東郡云云[173] ○愚按, 遼東, 本中國地, 高句麗之末, 始得割據, 至遼河, 爲界.[174])

부여국(문자왕 때 부여국이 와서 항복하니, 영류왕이 천개소문에게 명령하여 장성을 축조하게 하였다. 동북쪽으로 부여성 안에서 기공하여 남쪽으로 바다에까지 전달되니, 천여 리였고, 무릇 17년에 마침내 완공하였다 등등. 생각건대, 동쪽 변경 읍루를 대비한 것이다. 이로써 보건대, 부여는 이때 이미 굴절·편입되어 고구려가 되었음을 알 수 있다.)

夫餘國(文咨王時, 夫餘國來降, 營留王命泉蓋蘇文, 築長城, 東北起扶餘城裏,

---

173 『通典』180 주군 10 安東府, "安東大都護府, 舜分青州爲營州, 置牧, 宜遼水之東是也. (已具注序篇.) 春秋及戰國並屬燕. 秦·二漢曰遼東郡, 東通樂浪. (樂浪本朝鮮國. 漢元封三年(108), 朝鮮人斬其王而降, 以其地爲樂浪·玄菟等郡, 後又置帶方郡, 並在遼水之東. 浪音郎.)晉因之, 兼置平州. (領郡國五, 州理於此. 自後漢末公孫度自號平州牧, 及其子康, 康子文懿, 並擅據遼東, 東夷九種皆服事之. 魏置東夷校尉, 居襄平, 而分遼東·昌黎·玄菟·帶方·樂浪五郡爲平州, 後還自幽州. 及文懿滅後, 有護東校尉居襄平. 晉咸寧二年(276), 分昌黎·遼東·玄菟·帶方·樂浪等郡國五置平州, 以慕容廆爲刺史, 遂屬永嘉 (307~312)之亂, 爲衆所推. 及其孫僬, 移都於薊. 其後慕容垂子寶, 又遷於和龍. 廆, 胡罪反.)大唐置安東都護府, 前上元中(674~675), 移於所. 今府於遼東城.
174 『三國史記』37, 잡지6, 지리4 고구려, "高句麗始居中國北地, 則漸東遷于浿水之側. 渤海人武藝曰, "昔高麗盛時, 士三十萬, 抗唐爲敵." 則可謂地勝而兵強. 至于季末, 君臣昏虐失道, 大唐再出師, 新羅援助, 討平之. 其地多入敦海靺鞨, 新羅亦得其南境, 以置漢·朔·溟三州及其郡縣, 以備九州焉."

南傳海, 千有餘里, 凡十七年, 乃畢云云, 盖備東邊挹婁也, 以此見之, 扶餘, 是時已折入, 爲高句麗, 可知.)

고구려(본래 현토 속현이었고, 시금 요농외부 변방 경계 지역인데, 경계 한도가 어느 곳에 소재하는지는 모른다. 혹자가 말하였다. "대명 태조가 우리나라 철령 이북이 본래 원나라 지역과 연계되므로 경영해서 통치하려고 하였는데, 박의중 대면에 기인하여 마침내 중지하였다. 드디어 철령위를 설치하였는데, 청석령에서 기공하여 가로로 해변까지 뻗었다. 지금의 동팔참이 이것이며, 이것이 소수맥의 본래 지역이다." 아마도 혹시 그럴 듯하다.)

高句麗(本 玄菟屬縣, 今遼東外徼之地, 不知界限在何處, 或云, 大明 太祖, 以我國鐵嶺以北, 本係元地, 欲爲經理, 因朴宜中面對, 乃止, 遂築鐵嶺衛, 靑石嶺起此, 橫亘於海邊, 今東八站, 是也, 此爲小水貊本地, 恐或然也.)

서개마, 상은태(모두 현토 속현이고, 지금의 평안도 서쪽 변경 및 산악군 지역이다.)

西蓋馬 上殷台(皆玄菟屬縣, 今平安道西邊, 及山郡之地.)

낙랑(평안도 연해 및 황해도·경기 지역이다.)

樂浪(平安道沿海, 及黃海道, 京畿之地.)

소명도위(지금 강원도 영서 지역이다.), 불내도위(지금 강원도 영동 지역이다. ○내가 상고한다. 고구려는 본래 한강 일대를 경계로 하였지만, 소명과 불이 지역은 때때로 신라가 탈취하여 근거로 삼았고, 낙랑 남쪽 경계는 애당초 역시 백제가 탈취하여 근거로 삼았으며, 상호 삼키고 깨물며 분리·통합이 복잡하여 모조리 기록할 수 없다. 심지어 한양은 삼국이 모두 도읍을 세웠으니, 마침내 남쪽과 북쪽의 목구멍으로 반드시 다투는 지역이었다.)

昭明都尉(今江原道嶺西之地), 不而都尉(今江原道嶺東之地,[175] ○愚按, 高句麗, 本以漢江一帶, 爲界, 而昭明不而之地, 有時爲新羅奪據, 樂浪南界, 當初, 亦爲百濟奪據, 互相呑噬, 離合紛紜, 不可悉記, 至於漢陽, 三國皆立都, 乃南北咽喉必爭之地也.)

동옥저(지금 함경남도이다. 신라 진흥왕이 지금 안변을 비열주로 삼고, 고원을 정천군으로 삼았으며, 함흥·황초령 및 단천에 역시 순수비가 있다. 그렇다면, 동옥저 역시 때때로 신라에게 탈취당한 적이 있었던 것이다.)

東沃沮(今咸鏡南道, 新羅眞興王, 以今安邊, 爲比列州, 高原, 爲井泉郡, 咸興·黃草嶺, 及端川, 亦有巡狩碑, 則東沃沮, 亦有時爲新羅所奪, 有矣.)

북옥저(지금 함경북도이다.)

北沃沮(今咸鏡北道)

총장 원년[176]에 당나라 군대가 고구려를 멸망시키고, 안동도호부를 평양에 설치하였고, 무후 성력 2년[177]에 당나라 군대가 철수하고 그 지역을 반환하니, 전부 신라의 소유가 되었으며, 오직 서북쪽 한 귀퉁이만이 발해국에 들

---

175 『漢書』「地理志」, 幽州 樂浪郡, "樂浪郡(武帝元封三年開. 莽曰樂鮮. 屬幽州. 應劭曰故朝鮮國也, 師古曰樂音洛浪音狼), 戶六萬二千八百一十二, 口四十萬六千七百四十八. 有雲鄣. 縣二十五. 朝鮮(應劭曰武王封箕子於朝鮮), 訕邯(孟康曰訕音男, 師古曰訕音乃甘反邯音酣.), 浿水(水西至增地, 入海. 莽曰樂鮮亭. 師古曰浿音普大反), 含資, 帶水西至帶方, 入海, 黏蟬(服虔曰蟬音提), 增地, 莽曰增土, 帶方, 駟望, 海冥, 莽曰海桓. 列口, 長岑, 屯有, 昭明(南部都尉治), 鏤方, 提奚, 渾彌(師古曰渾音下昆反), 呑列(分黎山, 列水所出, 西至黏蟬, 入海, 行八百二十里), 東暆(應劭曰音移), 不而(東部都尉治). 蠶台(師古曰台音胎), 華麗, 邪頭昧(孟康曰昧音妹), 前莫, 夫租." / 『後漢書』「東夷列傳」 濊, "濊(【集解】沈欽韓曰, 一統志, 朝鮮江原道治江陵府, 在國城東面, 本濊貊地. 漢爲臨屯県.) / 昭明(本註, 南部都尉治) ○愚按, 都尉治當在名都, 春川府, 古貊國, 且有昭陽江, 恐此爲古昭明也, 自此至漢水上游, 臨芚舊疆, 皆在管內.
176 668년
177 699년

어갔다.[178]

總章元年, 唐兵滅高句麗, 置安東都護府於平壤,[179] 武后聖曆二年, 唐兵撤還其地, 盡爲 新羅所有, 惟西北一隅, 沒于渤海國.[180]

내가 상고한다. 지금 평안도 강변 및 함경도 삼수·갑산, 부령 경계까지 왕왕 장성의 옛 터가 있다. 아마도 이것이 고구려의 본래 경계인 듯하다. 북쪽 경계 장성을 축조함에 동북쪽으로 부여성에서 기공하여 동남쪽으로 바다에 전달되니 천여 리였다. 이렇다면, 이곳 산의 형태와 지세와 같지 않다. 생각건대, 문자왕 이후 부여국은 이미 굴절되어 고구려에 편입되었고, 이것을 축조한 것은 동쪽 변경 읍루를 대비하기 위한 것이었을 것이다. 지금은 오랑캐에게 들어갔다. ○또 상고한다. 고구려 초기에 비록 종족의 촌락은 있었지만, 실제 강역 토지는 없었으며, 한나라 군현 사이에 섞여 거처하였다.

---

178 구암의 이 언급은 『唐書』 발해말갈 조항 중 "성력 중 자립하여 진국왕이 되고, 사신을 파견하여 돌궐과 교통하였는데, 그 지역은 영주 동쪽 2천 리에 소재하고, 남쪽으로 신라와 서로 연접하였다."라는 기록을 자의적으로 해석한 것인 듯하다.

179 『三國史記』 22 고구려본기 10, "(寶藏王 二十七年) 十二月, 帝受俘于含元殿. 以王政非己出, 赦以爲司平大常伯·貟外同正, 以泉男産爲司宰少卿, 僧信誠爲銀靑光禄大夫, 泉男生爲右衛大將軍. 李勣已下, 封賞有差. 泉男建流黔州. 分五部·百七十六城·六十九萬餘戶, 爲九都督府·四十二州·百縣, 置安東都護府於平壤, 以統之, 擢我將帥有功者, 爲都督·刺史·縣令, 與華人叅理. 以右威衛大將軍薛仁貴檢校安東都護, 揔兵二萬人, 以鎮撫之. 是高宗總章元年戊辰歲也."

180 『唐書』 199하, "渤海靺鞨大祚榮者, 本高麗別種也. 高麗旣滅, 祚榮率家屬徙居營州. 萬歲通天年, 契丹李盡忠反叛, 祚榮與靺鞨乞四比羽各領亡命東奔, 保阻以自固. 盡忠旣死, 則天命右玉鈐衛大將軍李楷固率兵討其餘黨, 先破斬乞四比羽, 又度天門嶺以迫祚榮. 祚榮合高麗, 靺鞨之衆以拒楷固 ; 王師大敗, 楷固脫身而還. 屬契丹及奚盡降突厥, 道路阻絶, 則天不能討, 祚榮遂率其眾東保桂婁之故地, 據東牟山, 築城以居之. 祚榮驍勇善用兵, 靺鞨之眾及高麗餘燼, 稍稍歸之. 聖曆中, 自立爲振國王, 遣使通於突厥. 其地在營州之東二千里, 南與新羅相接. 越憙靺鞨東北至黑水靺鞨, 地方二千里, 編戶十餘萬, 勝兵數萬人. 風俗瑟高麗及契丹同, 頗有文字及書記." / 『三國史記』 37, 잡지6, 지리4 고구려, "高句麗始居中國北地, 則漸東遷于浿水之側. 渤海人武藝曰, "昔高麗盛時, 士三十萬, 抗唐爲敵." 則可謂地勝而兵强. 至于季末, 君臣昏虐失道, 大唐再出師, 新羅援助, 討平之. 其地多入敎海靺鞨, 新羅亦得其南境, 以置漢·朔·溟三州及其郡縣, 以備九州焉."

그 뒤 점차 번성해져서 예·맥·옥저가 당연히 이미 올가미가 되었고, 동진[181] 이후로 마침내 낙랑·현토를 병합하니, 중국 땅이 비로소 전부 고구려의 소유로 되었다. 통전에서 일렀다. "고구려는 후한 때 사방 2천 리였고, 조위에 이르러서 남북이 점차 쭈그러들어 겨우 천여 리였으며, 수나라 당나라 연간에 점차 강대해져서 동서 6천 리였다고 한다."

愚按, 今平安都江邊, 及咸鏡道三水甲山, 至富寧界, 往往有長城舊基, 恐此爲高句麗本境也, 築北界長城, 東北起扶餘城, 東南傳海, 千有餘里, 此則, 與此形勢不同, 蓋文咨王以後, 夫餘國, 已折入高句麗, 築此, 所以備東邊挹婁也, 今沒于胡. ○又按, 高句麗之初, 雖有種落, 實無疆土, 雜居於漢郡縣之間, 其後漸盛, 滅貊沃沮, 固已爲筌蹄, 而東晉以後, 遂幷樂浪玄菟則, 中國幅員, 始盡爲高句麗有矣, 通典云, 高句麗, 後漢時, 方二千里, 至曹魏, 南北漸蹙, 纔千里餘, 至隋唐間, 漸大, 東西六千里云.[182]

---

181 동진(東晉, 317년~420년)

182 『通典』186, 변방2 동이하 고구려, "自東晉以後, 其王所居平壤城, 即漢樂浪郡王險城. 自爲慕容皝來伐, 後徙國內城, 移都此城. 亦曰長安城, 隨山屈曲, 南臨浿水, 在遼東南千餘里. 城內唯積倉儲器械, 寇賊至, 方入同守. 王別爲宅於其側. 其外有國內城及漢城, 亦別都也. 復有遼東, 玄菟等數十城, 皆置官司以相統攝焉.(其地後漢時方二千里. 至魏南北漸狹, 纔千餘里. 至隋漸大, 東西六千里.)"

형세形勢, 관방關防

압록강(중원으로 왕래하는 나루이다. 모용황이 고구려를 정벌하면서 말하기를, 남쪽 경로는 험악하고 협소하며 북쪽 경로는 평탄하다고 하고, 스스로 정예병으로써 남쪽 경로를 경유하였고, 군대를 분할하여 북쪽 경로로 출동시켰다 등등. 이로써 보건대, 아마도 이 남쪽 경로는 탕참 해변 도로를 경유하고, 북쪽 경로는 봉황성 대로를 경유하는 듯한데, 당부는 모르겠다.)

鴨綠江(中原往來之津渡, 慕容皝伐高句麗, 謂南路險狹, 北路平坦, 自以精兵, 由南路, 分兵出北路云云, 以今見之, 似是南路, 由湯站海邊之路, 北路, 由鳳凰城大路, 未知是否.)

패강(설명을 위에서 보였다.)

浿江(說見上)

살수(동국 역사 및 당서가 모두 청천강을 살수라고 하였다. ○내가 상고한다. 살수는 본래 두 한서에는 보이지 않는다. 지금 동국 역사를 상고하면, 고구려 대무신왕이 낙랑을 습격하여 멸망시켰다. 한나라 건무 20년 황제가 군대를 파견하여 바다를 건너서 낙랑을 정벌하고, 그 지역을 탈취하여 군현으로 삼으니, 살수 이북이 다시 한나라에 소속되었다 등등. 낙랑이 본래 평양이었으니, 지금 이미 평양을 탈취하여 군현으로 삼고 마침내 살수 북쪽을 한나라에 소속시켰다면, 그 명분과 실제에 어찌 현격한 차이가 없겠는가. 동국 역사가 또 일렀다. 신라 소지왕이 백제와 연합하고 고구려 문자왕과 더불어 살수의 평원에서 전투하였다 등등. 이때 고구려가 이미 평양에 도읍하고 있었는데, 신라와 백제가 어찌 국가 도읍을 통과하여 살수에서 더불어 전투할 수 있었겠는가. 나는 아마도 살수가 본래 평양의 남쪽에 소재하였던 것인데, 수나라와 당나라를 지나면서 비로소 북쪽으로 변화해 간 듯하다. 단지 살수만이 아니라, 무릇 지역 명칭과 고을 칭호로서 이런 따위가 매우 많다. 한번은 남쪽에 있다가 한번은 북쪽에 있어, 이렇게 지역이 전도되는 것이다. 생각건대, 수나라와 당나라가 처음에 동국인이 잘못 전승한 것에서 착오를 일으켰고, 후대인이 또 수나라와 당나라의 역사 기록이 정확하다고 착오를 범하였다. 뒤집어지고 고착되었는데도 끈을 풀자가 없었다. 마침내 종신토록 밟고 가는 땅을 다른 지방 먼 지역의 일과 같이 만들었는데도, 끝내 측량·예측할 수 없게 되었으니, 통탄할 따름인저! 그렇지만, 삼국부터 이후로 역사를 편찬한 학파가 이미 하나의 학설을 성립시켰으니, 지금 개정하려고 하면 도리어 혼란을 일으킬 것이다. 오직 당연히 그 역사로써 그 지역을 탐구하면서, 역시 그 취지를 상실하기에 이르지 않아야 하며, 단지 당연히 이것을 견인하여 저것을 증명하고 상호 은폐·호위하여 조작된 설명이 되도록 해서는 안 된다.)

薩水(東史[183]及唐書,[184] 皆以淸川江, 爲薩水. ○愚按, 薩水, 本不見於兩漢書, 今考東史, 高句麗大武神王, 襲樂浪滅之[185], 漢建武二十年, 帝遣兵, 渡海, 伐樂浪, 取其地, 爲郡縣, 薩水以北, 復屬漢[186]云云, 樂浪, 本平壤, 今旣取平壤, 爲郡縣, 而乃以薩水之北, 屬漢, 則其名實, 豈不逕庭乎, 東史又云, 新羅炤知王合百濟, 與高句麗文咨王, 戰於薩水之原[187]云云, 是時, 高句麗已都平壤, 羅濟安得過國都, 與戰於薩水乎, 吾恐, 薩水, 本在平壤之南, 而隋唐間, 始易以北之也, 非特薩水, 凡地名邑號, 如此類甚多, 一南一北, 悤地顚倒, 盖隋唐, 始爲東人謬傳所誤. 而後人, 又爲隋唐信史所誤, 反覆結着, 無人解紐, 遂使終身履行之地, 有同殊方絶域之事, 終不可測知者, 可勝嘆哉, 然自三國以來, 作史之家, 已成一說,

---

183 『世宗實錄』154, 지리지, 평안도, "淸川江在安州, 一云薩水.【卽隋將宇文述等敗師之地】"

184 『大明一統志』89, 外夷 朝鮮傳, "淸川江在安州. 西南流入海, 舊名薩水."

185 『三國史記』14, 고구려본기 2 대무신왕 "二十年, 王襲樂浪滅之."

186 『三國史記』14, 고구려본기 2 대무신왕, "二十七年(44), 秋九月, 漢光武帝遣兵渡海伐樂浪, 取其地爲郡·縣, 薩水已南屬漢." / 『東國通鑑』, "薩水以北屬漢."

187 『三國史記』3, 신라본기 3 소지마립간, "十六年(494), 秋七月, 將軍實竹等, 與高句麗戰薩水之原, 不克, 退保犬牙城, 高句麗兵圍之. 百濟王牟大遣兵三千, 救解圍."

今欲改之, 反爲亂之, 惟當以其史, 求其地, 亦不至失其意, 但不當引此證彼, 互相掩護, 以爲杜撰之說也.)

책구루(고구려는 한나라가 관복을 하사하면 현토군을 따라와서 인수하였다. 그 뒤에 차츰 강성해져서 다시 (현토)군에 가지 않았으며, 동쪽 경계에 책구루를 설치하고 인수하였다. 지금 함경북도에 소재한다.)

幘溝婁(高句麗, 漢賜官服, 從玄菟郡受之. 其後稍强盛, 不復詣郡, 於東界, 置幘溝漊, 受之, 今在咸鏡北道.)[188]

요동성, 안시성, 백암성, 연안성(지금 요동 개주 서남쪽에 소재한다.)

遼東城, 安市城, 白巖城, 建安城(在今遼東盖州西南)

개모성(지금 요동 개주위이다.), 오골성(등주에서 동북쪽 바다로 진행하여 오호도에 도착하고, 또 500리를 진행하여, 동쪽 근방으로 바다 기슭을 끼고, 청니포·도화포·행화포·석인왕·탁타만을 통과하여, 마침내 오골강에 도착한다. 아마도 지금의 여순보가 이것인 듯하다.)

蓋牟城(今遼東盖州衛), 烏骨城(自登州東北海行, 至烏湖島, 又行五百里, 東傍海壖, 過靑泥浦, 桃花浦, 杏花浦, 石人汪, 橐駝灣, 乃至烏骨江, 疑今旅順堡, 是也.)[189]

---

188 『北史』 94, 열전 82, 고구려, "漢武帝 元封四年(107), 滅朝鮮, 置玄菟郡, 以高句麗爲縣以屬之. 漢時賜衣幘朝服鼓吹(漢時賜衣幘朝服鼓吹 諸本 「時」 作 「昭」, 三國志卷三〇東夷傳·梁書卷五四諸夷傳作 「時」. 按下文云 「常從玄菟郡受之」, 知是指漢時, 非指漢昭帝. 此段本之梁書, 梁書又本之三國志, 今據改.), 常從玄菟郡受之. 後稍驕, 不復詣郡, 但於東界築小城受之, 遂名此城爲幘溝漊. 「溝漊」者, 句麗 「城」 名也."

189 『新唐書』 지33하 지리7하, "唐置羈縻諸州, 皆傍塞外, 或寓名於夷落. 而四夷之與中國通者甚眾, 若將臣之所征討, 敕使之所慰賜, 宜有以記其所從出. 天寶中, 玄宗問諸蕃國遠近, 鴻臚卿王忠嗣以《西域圖》對, 才十數國. 其後貞元宰相賈耽考方域道里之數最詳, 從邊州入四夷, 通譯於鴻臚者, 莫不畢紀. 其入四夷之路與關戍走集最要者七: 一曰營州入安東道, 二曰登州海行入高麗渤海道, 三曰夏州塞外通大同雲中道, 四曰中受降城入回鶻道, 五曰安西入西域道, 六曰安南通天竺道, 七曰廣州通海夷道. 其山川聚落, 封略遠近, 皆概舉其目. 州縣有名而前所不

비사성(그 성곽은 사면이 아득한 절벽이고, 오직 서쪽 문으로만 올라갈 수 있다.)

卑奢城(其城, 四面懸絶, 唯西門可上[190])

신성

新城

내가 상고한다. 이들은 모두 지금의 요동에 소재하며, 그 멀고 가까움과 산의 형태와 지세는 상세하게 알 수 없다. 단지 병서와 통감 여러 서적에서 말하였다. "건안은 남쪽에 소재하고, 안시는 북쪽에 소재하며, 우리 군량은 모두 요동에 소재하고 있다. 지금 안시를 넘어 건안을 공격하는데, 만약 고구려인이 우리 군량 도로를 단절한다면 장차 어떻게 할 것인가?" 또 말하였다. "안시는 미처 쉽게 갑자기 공략되지 않는다. 오골성 욕살이 늙어서 견고하게 수비할 능력이 없다. 군대를 이동시켜 공격하면, 아침에 도착하여 저녁에 이길 수 있을 것이다. 그 나머지 도로에 당면한 작은 성곽은 반드시 소문을 듣고서 달아나고 궤멸될 것이다." 또 말하였다. "장량의 군대가 비사성에 소재하니, 소환하면 이틀 밤 사이에 도착할 수 있을 것이다. 고구려가

錄者, 或夷狄所自名云. 營州西北百里曰松陘嶺, 其西奚, 其東契丹. 距營州北四百里至湟水. 營州東百八十里至燕郡城. 又經汝羅守捉, 渡遼水至安東都護府五百里. 府, 故漢襄平城也. 東南至平壤城八百里 ; 西南至都里海口六百里 ; 西至建安城三百里, 故中郭縣也 ; 南至鴨渌江北泊汋城七百里, 故安平縣也. 自都護府東北經古蓋牟, 新城, 又經渤海長嶺府, 千五百里至渤海王城, 城臨忽汗海, 其西南三十里有古肅慎城, 其北經德理鎮, 至南黑水靺鞨千里. 登州東北海行, 過大謝島, 龜歆島, 末島, 烏湖島三百里. 北渡烏湖海, 至馬石山東之都裏鎮二百里. 東傍海壖, 過青泥浦, 桃花浦, 杏花浦, 石人汪, 橐駝灣, 烏骨江八百里. 乃南傍海壖, 過烏牧島, 貝江口, 椒島, 得新羅西北之長口鎮. 又過秦王石橋, 麻田島, 古寺島, 得物島, 千里至鴨渌江唐恩浦口. 乃東南陸行, 七百里至新羅王城. 自鴨渌江口舟行百餘里, 乃小舫溯流東北三十里至泊汋口, 得渤海之境. 又溯流五百里, 至丸都縣城, 故高麗王都. 又東北溯流二百里, 至神州. 又陸行四百里, 至顯州, 天寶中王所都. 又正北如東六百里, 至渤海王城."

190 『三國史記』21, 고구려본기 9 보장왕 4년 4월, "張亮帥舟師, 自東萊度海, 襲卑沙城. 城四面懸絶, 惟西門可上, 程名振引兵夜至, 副總管王大度先登."

흉흉해지고 두려워함을 타서 힘을 합하여 오골성을 공략하고, 압록수를 건너서, 바로 평양을 탈취하는 것은 이번의 거사에 달려 있다." 또 말하였다. "건안·신성의 오랑캐는 무리가 10만 인이다. 만약 오골로 향한다면 모두가 우리의 후방을 뒤쫓을 것이다. 먼저 안시를 격파하고, 건안을 탈취한 뒤에 멀리 추격하여 진군하는 것이 낫다 등등". 이들 언급으로써 추구하면, 그 산의 형태와 지세를, 생각건대 대략 살필 수 있을 것이다.

愚按, 此皆在今遼東地, 其遠近形勢, 不可詳知, 但兵鑑諸書, 有曰, 建安在南, 安市在北, 吾軍糧皆在遼東, 今踰安市, 攻建安, 若麗人斷吾糧道, 將若之何.[191] 又曰, 安市未易卒拔, 烏骨城耨薩老耄, 不能堅守, 移兵臨之, 朝至夕克. 其餘當塗小城, 必望風奔潰,[192] 又曰, 張亮兵在卑奢城, 召之信宿可至, 乘高麗兇懼, 幷力拔烏骨城, 渡鴨綠水, 直取平壤, 在此擧矣.[193] 又曰, 建安·新城之虜, 衆猶十萬人, 若向烏骨, 皆躡吾後, 不如先破安市, 取建安, 然後

191『三國史記』21, 고구려본기 9 보장왕, "(四年) 帝之克白巖也, 謂李世勣曰, "吾聞安市城險而兵精, 其城主材勇, 莫離支之亂, 城守不服, 莫離支擊之, 不能下, 曰而與之. 建安兵弱而糧小, 若出其不意攻之, 必克. 公可先攻建安, 建安下則安市在吾腹中, 此兵法所謂'城有所不攻'者也.'" 對曰, "建安在南, 安市在北, 吾軍糧皆在遼東, 今踰安市而攻建安, 若麗人斷吾糧道, 將若之何. 不如先攻安市, 安市下, 則鼓行而取建安耳." 帝曰, "以公爲將, 安得不用公策, 勿誤吾事." 世勣遂攻安市. //『資治通鑑』198 唐紀 14, "(貞觀十九年(645) 九月) 上之克白巖也, 謂李世勣曰:「吾聞安市城險而兵精, 其城主材勇, 莫離支之亂, 城守不服, 莫離支擊之不能下, 因而與之. 建安兵弱而糧少, 少, 詩沼翻. 若出其不意, 攻之必克. 公可先攻建安, 建安下, 則安市在吾腹中, 此兵法所謂'城有所不攻'者也.」孫子兵法之言. 對曰:「建安在南, 安市在北, 吾軍糧皆在遼東, 今踰安市而攻建安, 若賊斷吾運道, 將若之何? 斷, 丁管翻. 不如先攻安市, 安市下, 則鼓行而取建安耳.」上曰:「以公爲將, 將, 卽亮翻. 安得不用公策. 勿誤吾事!」勣遂攻安市."
192『資治通鑑』198 唐紀 14, "(貞觀十九年<645> 九月) 安市人望見上旗蓋, 輒乘城鼓譟, 上怒, 世勣請克城之日, 男女皆阬之, 安市人聞之. 益堅守. 攻久不下. 高延壽, 高惠眞請於上曰:「奴旣委身大國, 不敢不獻其誠, 欲天子早成大功, 奴得與妻子相見. 安市人顧惜其家, 人自爲戰, 未易猝拔. 易, 以豉翻. 今奴以高麗十餘萬衆, 望旗沮潰, 沮, 在呂翻, 國人膽破, 烏骨城耨薩老耄, 不能堅守, 移兵臨之, 朝至夕克. 其餘當道小城, 必望風奔潰, 然後收其資糧, 鼓行而前, 平壤必不守矣.」"
193『資治通鑑』198 唐紀 14, "(貞觀十九年<645> 九月) 羣臣亦言:「張亮兵在沙城, 沙城卽卑沙城. 召之信宿可至, 乘高麗兇懼, 兇, 許拱翻. 幷力拔烏骨城, 渡鴨綠水, 直取平壤, 在此擧矣. 上將從之"

長驅而進云云.[194] 以此等語, 求之, 其形勢, 盖畧見矣.

무려라(요수의 서쪽에 소재하여, 요수를 건너는 자를 경계·기찰하는 것이다.)

武厲邏(在遼水之西, 以警察渡遼者.[195])

---

194 『資治通鑑』198 唐紀 14, "(貞觀十九年<645> 九月) 獨長孫無忌以爲:「天子親征, 異於諸將, 不可乘危徼幸. 徼, 古堯翻. 今建安·新城之虜, 衆猶十萬, 若向烏骨, 皆躡吾後, 不如先破安市, 取建安, 然後長驅而進, 此萬全之策也.」上乃止. 太宗之定天下, 多以出奇取勝, 獨遼東之役, 欲以萬全制敵, 所以無功.
195 『資治通鑑』181, 隋紀 5 양황제, "(大業八年<612> 七月) 是行也, 唯於遼水西拔高麗武厲邏, 高麗置邏於遼水之西以警察度遼者. 邏, 郎佐翻. 置遼東郡及通定鎭而已."

부附

발해국. 동국 역사에서 말하였다. 발해국은 본래 속말말갈이고, 바로 고구려의 별도 종족이다. 수나라 양제 때, 그 거수 도지계가 그 부를 인솔해 와서 항복하고, 유성에 거처하였다. 그 후 걸걸중상이 그 무리와 더불어 요수를 건너서 태백산 동쪽[향산]을 지켰다. (걸걸)중상이 죽고, 조영이 계승하였는데, 사납고 날쌔었으며, 말타기와 활쏘기에 능숙하였다. 고구려가 멸망하자, 유민들이 점점 귀순하니, 마침내 건국하고, 스스로 진단이라고 호칭하였다. 선천 시기에 임명하여 좌효위대장군·발해군왕이 되었다. 이때부터 비로소 말갈의 칭호를 제거하고, 발해라고 호칭하였다. 신라 정덕왕 때에 이르러 조영이 사망하였다. 아들 무예가 계승하여, 대국을 개척하니, 동북쪽 여러 오랑캐가 두려워하고 복속하니, 마침내 해동성국이 되었고, 지역에 5경·15부·62부가 있었다. 속문헌통고에서 말하였다. 요나라 태조가 일찍이 발해 대연손을 직접 정벌하여 그 부여성을 공략하고, 그 수비 장수를 주륙하였다. 마침내 홀한성을 포위하니, (대)연손이 소복을 하고 새끼줄로 양을 끌고서 관료 300여 인을 인솔하고 나와 항복하니, 태조가 우대하여 석방시켰다. 몇 일이 지나 다시 배반하자, 그 성곽을 공격하고, 성 안으로 어가가 행차하니, (대)연손이 말 앞에서 처벌받기를 청원하였다. 조서를 내려, 군사로써 (대)연손 및 족속을 호위하고 나오도록 하였다. 발해국을 고쳐 동단으로 삼고, 홀한성을 천복으로 삼았으며, 황태자를 책봉하여 인황왕으로 삼아서 거처하게 하였다. 대연손을 황도 서쪽 성곽으로 호위하여 파송하고, 이름을 내려 오로고라고 하였으며, 처를 아리지라고 하였다. 부여부를 고쳐 황룡부로 삼고, 대대로 요동의 중요한 진영으로 삼았다. ○황룡부는 지금 강계 변방 건너 누르하치 지방에 소재한다.

渤海國, 東史曰, 渤海國, 本粟末靺鞨, 卽高句麗別種, 隋煬帝時, 其渠帥度

地稽, 率其部來降, 居之柳城, 其後乞乞仲象, 與其徒, 渡遼水, 保太白山東
〔香山〕, 仲象死, 祚榮嗣, 驍勇善騎射, 高勾麗之亡, 餘燼稍稍歸之, 乃建國,
自號震旦, 先天中, 拜爲左驍衛大將軍渤海郡王, 自是始去靺鞨之號, 稱渤
海, 至新羅正德王時, 祚榮死, 子武藝嗣, 拓大土宇, 東北諸夷畏服之, 遂爲
海東盛國, 地有五京十五府六十二州, 續文獻通考曰, 遼太祖嘗親征渤海
大諲譔, 拔其扶餘城, 誅其守將, 遂圍忽汗城, 諲譔素服, 藁索牽羊, 率僚屬
三百餘人出降, 太祖優禮釋之, 越數日復叛, 攻破其城, 駕幸城中, 諲譔請罪
馬前, 詔, 以兵衛諲譔及族屬以出, 改渤海國爲東丹, 忽汗城爲天福, 冊皇太
子爲人皇王, 以居之, 衛送大諲譔於皇都西城, 賜名曰烏魯古, 妻曰阿里只,
改扶餘府爲黃龍府, 世爲遼東重鎭. ○黃龍府, 今在江界越邊老胡地方.

백제국도百濟國都

위례성(한나라 홍가 3년 계묘에 백제 시조 온조가 즉위하였다. 처음에 주몽이 곤란함을 피하여 도망쳐서 졸본부여에 도착하니, 딸을 처로 삼았다. 얼마 안 있어 왕이 훙거하니 주몽이 계승하였다. 두 아들을 낳았는데, 장남을 비류라고 하였고, 차남을 온조라고 하였다. 유리가 태자로 됨에 미쳐, 두 사람은 용납되지 않을 것을 두려워하였고, 마침내 오간·마려 등 신하 10명과 더불어 남쪽으로 진행하여, 한산에 도착하였고, 부아악에 올라 거처할 만한 지역을 바라보았다. 비류는 미추홀(인천)에 거처하려고 하였고, 온조는 하남위례성(직산)에 도읍하였으며, 신하 10명을 보좌로 삼았으므로 국호를 십제라고 하였다. 비류는 미추의 토질이 습윤하고 물이 짜므로 편안하게 거처할 수 없었다. 위례로 와서 보니, 도읍이 이미 안정되었고, 인민이 편안하고 태평하므로, 부끄러워하고 분통이 터져서 죽었다. 그 신하와 인민이 모두 위례로 귀의하니, 국호를 고쳐 백제라고 하였다. 세계가 고구려와 동일하게 부여에서 출현하였으므로, 부여를 성씨로 삼았다.)

慰禮城(漢鴻嘉三年癸卯, 百濟始祖溫祚立, 初朱蒙逃亂, 至卒本扶餘, 妻以女, 未幾王薨, 朱蒙嗣. 生二子, 長曰沸流, 次曰溫祚, 及類利爲太子, 二人恐爲不容, 遂與烏干·馬黎等十臣南行, 至漢山, 登負兒嶽, 望可居之地. 沸流欲居彌鄒忽 (仁川). 溫祚都河南慰禮城(稷山), 以十臣爲輔, 國號十濟. 沸流以彌鄒土濕水鹹, 不得安居, 來見慰禮, 都邑旣定, 人民安泰, 慚恚死, 其臣民皆歸慰禮. 改國號曰百濟. 系與高句麗同出扶餘, 故以扶餘爲氏.[196])

---

196 『三國史記』23, 백제본기 1, 온조왕, "元年, 百濟始祖溫祚王, 其父鄒牟, 或云朱蒙. 自北扶餘逃難, 至卒本扶餘. 扶餘王無子, 只有三女子, 見朱蒙知非常人, 以弟二女妻之. 未幾扶餘王薨, 朱蒙嗣位. 生二子, 長曰沸流, 次曰溫祚 (或云朱蒙到卒本, 娶越郡女, 生二子.) 及朱蒙在北扶餘所生子來爲太子, 沸流·溫祚恐爲太子所不容, 遂與烏干·馬黎等十臣南行, 百姓從之者多. 遂至漢山, 登負兒嶽, 望可居之地. 沸流欲居於海濱, 十臣諫曰, 惟此河南之地, 北帶漢水, 東據高岳, 南望沃澤, 西阻大海, 其天險地利, 難得之勢. 作都於斯, 不亦宜乎. 沸流不聽, 分其民, 歸

한산성(백제 온조왕 14년 사신을 마한에 파견하여 강역을 옮겨서 확정하였음
을 통고하였다. 북쪽으로 패하에 이르렀고, 남쪽으로 웅천을 한계로 하였으며,
서쪽으로 큰 바다 끝까지 닿았고, 동쪽으로 주양 끝에 도달하였다. 마침내 궁성
을 한산에 설립하고, 위례 인민으로써 채워서 도읍을 옮겼다. 바로 지금 ?주 남
한산성이다. ○내가 상고한다. 패하는 지금의 평산 저탄인데, 어찌 조선이 패수
를 경계로 삼았겠는가. 그러므로 무릇 성 안의 강물을 통칭 '패'라고 했던 것일
까? 미처 알 수 없다. 주양은 미처 상고할 수 없다. 철원은 본래 궁양이라고 호
칭하였고, 정확하게 백제의 동쪽에 소재하니, 그 산의 형태와 지세가 흡사 이에
가까운 듯하다.)

漢山城(百濟溫祚王十四年, 遣使馬韓, 告遷定疆域. 北至浿河, 南限熊川, 西窮
大海, 東極走壤. 乃立城闕於漢山. 以慰禮民, 實之, 徙都焉, 卽今?州南漢山城
也.[197] ○愚按, 浿河, 今平山猪灘, 豈朝鮮, 以浿水, 爲界, 故凡城中之水, 通稱爲
浿耶, 未可知, 走壤未有考, 鐵原本稱弓壤, 正在百濟之東, 其形勢似近是.)

북한산성(근구수왕 26년에 한산으로 천도하고 사신을 파견하여 진나라에 조
회하였다. 이때 고구려와 백제가 상호 침략·정벌하고 있었다. 백제왕이 고구려
가 모용황의 난리가 있는 것을 틈타서, 직접 정예병을 인솔하고 고구려 평양을

弥鄒忽以居之. 溫祚都河南慰禮城, 以十臣爲輔翼, 國號十濟. 是前漢成帝鴻嘉三年也. 沸流以
彌鄒土濕水鹹, 不得安居, 歸見慰禮, 都邑鼎定, 人民安泰, 遂慙悔而死, 其臣民皆歸於慰禮. 後
以來時, 百姓樂從, 改號百濟. 其世系, 與高句麗同出扶餘, 故以扶餘爲氏. (一云, 始祖沸流王,
其父優台, 北扶餘王解扶婁庶孫, 母召西奴, 卒本人延陀勃之女. 始歸于優台, 生子二人, 長曰沸
流, 次曰溫祚. 優台死, 寡居于卒本. 後朱蒙不容於扶餘, 以前漢建昭二年春二月, 南奔至卒本,
立都, 號高句麗, 娶召西奴爲妃. 其於問基創業, 頗有內助, 故朱蒙寵接之特厚, 待沸流等如己
子. 及朱蒙在扶餘所生禮氏子孺留來, 立之爲大子, 以至嗣位焉. 於是, 沸流謂弟溫祚曰, 始大王
避扶餘之難, 逃歸至此, 我母氏傾家財, 助成邦業, 其勤勞多矣. 及大王猒世, 國家屬於孺留. 吾
等徒在此, 鬱鬱如疣贅, 不如奉母氏南遊卜地, 別立國都. 遂與弟率黨類, 渡浿·帶二水, 至彌鄒
忽以居之. 北史及隋書皆云, "東明之後有仇台, 篤於仁信. 初立國于帶方故地, 漢遼東大守公孫
度, 以女妻之, 遂爲東夷强國. 未知孰是.)"
197 『三國史記』23, 백제본기 1, 온조왕, "十三年八月, 遣使馬韓, 告遷都, 遂畫定疆場. 北至浿
河, 南限熊川, 西窮大海, 東極走壤. 九月, 立城闕. 十四年, 春正月, 遷都."

공격하였다. 고구려왕 쇠가 전력으로 전투하여 항거하였지만, 난데없는 화살에 맞아 훙서하니, 바로 고국원왕이다. 생각건대, 이때였던 것이다.)

北漢山城(近仇首王二十六年, 移都漢山, 遣使朝晉,[198] 時, 高句麗, 百濟, 互相侵伐, 百濟王, 乘, 高句麗有慕容皝之亂, 親率精兵, 攻高句麗平壤, 麗王釗, 力戰拒之, 中流矢, 薨, 卽故國原王, 盖此時也.[199])

웅진(송나라 원휘 3년에 고구려 장수왕이 스스로 장수가 되어 백제를 공격해서 그 왕인 여경을 살해하였다. 처음에 고구려왕이 백제를 이간시킬만한 자를 몰래 구하니, 승려 도림이 응모하였다. 거짓으로 죄를 짓고 백제로 도망쳐 들어갔다. 소문에 왕이 장기와 바둑을 좋아한다고 하자 방문하여 아뢰기를, "저의 바둑이 자못 신묘의 경지에 들었습니다."라고 하였다. 왕이 불러서 함께 바둑을 두니, 과연 국수였고, 마침내 신뢰하고 친숙하게 대하였으며, 서로 늦게 만났음을 애석하게 여겼다. (도)림이 하루는 조용히 말하기를, "대왕의 나라는 사면이 산과 강이고 하늘이 설치한 요새여서 사방 이웃이 감히 엿보지 못합니다. 왕께서는 당연히 존엄하고 거룩한 위세와 풍부하고 유력한 사업으로 타인이 보고 듣는 것을 두려워하게 해야 합니다. 그런데도 성곽은 고치지 아니하고 궁실은 수리하지 아니하며, 선왕의 해골은 맨땅에 임시로 묻혀있고, 백성의 집들은 강물에 자주 허물어지니, 저는 적이 대왕이 선택할 바가 아니라고 생각합니다."라고 하였다. 왕이 말하기를, "그렇소."라고 하였다. 나라 사람들을 모조리 징발하여 흙을 쪄서 성곽을 축조하니, 궁실과 누각과 전망대는 지극하게 웅장하고 화려하였다. 석곽을 제작하여 부친의 유골을 장례지냈다. 하천을 따라 제언을 수립하니, 동쪽으로 사성으로부터 북쪽으로 숭산에까지 이르렀다. 창고가 텅 비고 인민이 곤궁해졌다. 도림이 귀환하여 고구려왕에게 보고하였다. 왕이 군

198『三國史記』 24, 백제본기 2, 근초고왕, "二十六年, 移都漢山. 二十七年, 春正月, 遣使入晉朝貢."
199『三國史記』 24, 백제본기 2, 근초고왕, "二十六年冬, 王與太子帥精兵三萬, 侵高句麗. 攻平壤城. 麗王斯由力戰拒之, 中流矢死. 王引軍退."

99

대 3만을 인솔하고 백제를 정벌하여 왕도를 포위하였다. 왕이 수십 기마병으로써 성곽을 탈출하여 서쪽으로 달아났으나, 걸루·만년 등 2인(본래 백제인인데, 죄를 지어 고구려로 도망쳤다.)의 추격을 당하여 체포하여 발송하니, 살해하였다. 이가 개루왕이다. 처음에 백제 왕제 문주가 변란에 임박하여 부친의 명령을 준수하고 난리를 피하여 남쪽으로 진행해서 종묘 제사를 보존하였다. 신라 비환성에 군대를 간청하여 고구려 군대를 격파하였다. 후퇴하고 나자, 마침내 왕에 즉위하였고, 웅진으로 천도하였는데, 바로 지금의 공주이다.)

熊津(宋元徽三年, 高句麗長壽王自將攻百濟殺其王餘慶, 初麗王陰求可以間百濟者, 浮屠道琳應募, 僞得罪, 亡入百濟, 聞王好博弈. 踵門告曰, 臣奕頗入妙, 王召與碁, 果國手. 遂信昵之, 恨相見之晚. 琳一日從容言曰, 大王之國, 四面山河, 天設之險, 四鄰莫敢覬覦, 王當以崇高之勢, 富有之業, 竦人之視聽, 而城郭不葺, 宮室不修. 先王骸骨, 權攢露地, 百姓屋廬, 屢壞河流, 臣竊爲大王不取也. 王曰, 諾. 盡發國人, 烝土築城, 宮室樓臺, 窮極壯麗. 作石槨葬父骨, 緣河樹堰, 東自虵城, 北至崇山. 倉庾虛竭, 人民窮困, 道琳還告麗王, 王率兵三萬, 伐百濟. 圍王都, 王以數十騎, 出城西走, 爲桀婁·萬年等二人(本百濟人, 獲罪奔麗)追及, 縛送害之. 是爲蓋婁王,[200] 初百濟王子文周, 臨變, 遵父命, 避亂南行, 以存宗祀,

---

200 『三國史記』25, 백제본기 3, 개루왕, "二十一年, 秋九月, 麗王巨璉帥兵三萬, 來圍王都漢城. 王閉城門, 不能出戰, 麗人分兵爲四道夾攻, 又乘風縱火, 焚燒城門. 人心危懼, 或有欲出降者. 王窘不知所圖, 領數十騎, 出門西走, 麗人追而害之. 先是, 高句麗長壽王陰謀百濟, 求可以間諜於彼者. 時浮屠道琳應募曰, "愚僧既不能知道, 思有以報國恩. 願大王不以臣不肖, 指使之, 期不辱命." 王悅, 密使諜百濟. 於是, 道琳佯逃罪, 奔入百濟. 時百濟王近蓋婁, 好博弈. 道琳詣王門告曰, "臣少而學碁, 頗入妙, 願有聞於左右." 王召入對碁, 果國手也. 遂尊之爲上客, 甚親昵之, 恨相見之晚. 道琳一日侍坐, 從容曰, "臣異國人也, 上不我疎外, 恩私甚渥. 而惟一技之是效, 未嘗有分毫之益. 今願獻一言, 不知上意如何耳." 王曰, "第言之. 若有利於國, 此所望於師也." 道琳曰, "大王之國, 四方皆山·丘·河·海. 是天設之險, 非人爲之形也. 是以四鄰之國, 莫敢有覬心, 但願奉事之不暇. 則王當以崇高之勢, 富有之業, 竦人之視聽, 而城郭不葺, 宮室不修. 先王之骸骨, 權攢於露地, 百姓之屋廬, 屢壞於河流, 臣竊爲大王不取也." 王曰, "諾. 吾將爲之." 於是, 盡發國人, 烝土築城, 即於其內作宮·樓閣·臺榭, 無不壯麗. 又取大石於郁里河, 作槨以葬父骨, 緣河樹堰, 自虵城之東, 至崇山之北. 是以倉庾虛竭, 人民窮困, 邦之陧杌, 甚於累卵. 於是, 道琳逃還以告之, 長壽王喜, 將伐之, 乃授兵於帥臣. 近蓋婁聞之, 謂子文周曰, "予愚而不明, 信

乞兵新羅比還城, 破麗兵, 已退, 遂卽王位, 移都熊津, 卽今公州.[201]

사비(양나라 대동 12년 무오에 백제 성왕이 사비로 천도하였고, 의자왕 20년, 당나라 고종 현경 5년에 이르러 당나라 장군 소정방이, 신라 김유신과 군대를 연합하여 크게 패배시키니, 백제가 드디어 멸망하였다. 도합 30왕, 678년이다. 지금의 부여현 읍치이다. 석축이며, 부소산 양 옆을 감싸 안고, 백마강에까지 이른다. 형태가 반달 같으므로, 명명하기를 반월성이라고 하였다.)

泗沘(梁大同十二年戊午, 百濟聖王移都泗沘,[202] 至義慈王二十年, 唐高宗顯慶五年, 唐將蘇定方, 與新羅金庾信, 合兵, 大敗之. 百濟遂亡, 合三十王, 六百七十八年, 今扶餘縣邑治, 石築, 抱扶蘇山兩頭, 抵白馬江, 形如半月, 故名爲半月城.)

用姦人之言, 以至於此. 民殘而兵弱, 雖有危事, 誰肯爲我力戰. 吾當死於社稷, 汝在此俱死無益也, 盍避難以續國系焉." 文周乃與木劦滿致·祖彌桀取 (木劦·祖彌皆複姓, 隋書以木劦爲二姓, 未知孰是) 南行焉. 至是, 高句麗對盧齊于·再曽桀婁·古尓萬年 (再曽·古尓皆複姓.)等帥兵, 來攻北城, 七日而拔之, 移攻南城, 城中危恐. 王出逃, 麗將桀婁等見王, 下馬拜已, 向王面三唾之, 乃數其罪, 縛送於阿且城下, 戕之. 桀婁·萬年本國人也, 獲罪逃竄高句麗."

201 『三國史記』26, 백제본기 4, 문주왕, "元年九月, 文周王 (或作汶洲), 蓋鹵王之子也. 初毗有王薨, 蓋鹵嗣位, 文周輔之, 位至上佐平. 蓋鹵在位二十一年, 高句麗來侵, 圍漢城. 蓋鹵嬰城自固, 使文周求救於新羅. 得兵一萬迴. 麗兵雖退, 城破王死, 遂即位. 性柔不斷, 而亦愛民, 百姓愛之. 冬十月, 移都於熊津."

202 『三國史記』26, 백제본기 4, 성왕, "十六年, 春, 移都於泗沘 (一名所夫里), 國號南扶餘."

봉강封疆

남대방(통전에서 말하였다. 삼한은 본래 낙랑군에 소속되었고, 사계절 조회하고 알현하였다. 영제 말에 한과 예가 아울러 융성하자 군현이 제어할 수 없게 되었고, 백성들이 고난을 받아 다수가 유망하여 한으로 들어갔다. 헌제 건안 시기에 공손강이 둔유와 유염현 이남의 황무지를 분할하고, 공손모와 장창 등을 파견하여 유민들을 거두어 모으고, 군대를 일으켜, 한과 예의 옛 인민이 차츰 나가는 것을 대신하였다. 이후로 왜와 한이 마침내 대방에 소속되었고, 단지 진한 8국만이 낙랑에 소속되었다. 그렇다면, 조위 때, 남대방이라고 호칭한 것은, 생각건대 이것을 지칭하여 말한 것일 것이다. 낙랑의 속현인 대방을 남쪽으로 간주한 것이다. 지금 둔유와 유염현의 소재지가 상세하지 않으니, 소위 남대방 지역이란 연유하여 알 수가 없다. 단지 왜와 한이 마침내 소속되었다는 언급으로써 보면, 반드시 마한과 서로 만나고 있음을 알 수 있다. 또 문헌통고와 광여고에서 모두 이르기를, "대방군 변방 바닷가로부터 왜국에 이르기까지와 낙랑군 남쪽 경계로부터 왜국에 이르기까지 도로의 거리가 동일하다 등등"이라고 하였다. 그것이 반드시 낙랑 남쪽 경계와 아울러 존재함을 알 수 있다. 그리고 한수 상류에서는 본래 소금이 생산되지 않으니, 또 유염이란 호칭을 취득하는 것은 적당하지 않다. 이로써 보건대, 지금의 한강 하류의 동쪽 언덕이 둔유가 되고, 서쪽 언덕이 해변의 염분이 많아 농사지을 수 없는 땅이므로 유염현이 되니, 대방이다. 승람에서 전라도 남원부를 후한이 설치한 대방이라고 하였지만, 한나라의 군현은 본래 삼한에 미치지 못하였는데, 어찌 유독 이 군 하나만 오랑캐 땅 천 리의 바깥에 소재하겠는가. 적이 의심스럽고, 동국인의 문헌으로는 증명되지 않는다. 다만 살피기에, 그 마한이 대방에 소속되어 있고, 또 '남쪽 황무지'란 글자가 있으니, 이에 기인하여 남원을 억지로 갖다 붙인 것이리라. 왜와 한이 대방에 소속되었다고 한 것도 역시 왜와 한이 대방의 속국일 뿐이라는 것이지,

대방 지역이 실제 왜와 한 가운데 존재하였다는 것은 아니다. 비록 감히 억지로 해석할 수는 없지만 남원이 한나라의 군현이 아니었던 것만은 확실하다.)

南帶方(通典曰, 三韓本屬樂浪郡, 四時朝謁, 靈帝末, 韓濊並盛, 郡縣不能制, 百姓苦亂, 多流亡入韓者. 獻帝建安中, 公孫康分屯有, 有鹽縣以南荒地, 遣公孫模, 張敞等, 收集遺民, 興兵代韓, 濊, 舊民稍出. 是後倭韓遂屬帶方. 只以辰韓八國屬樂浪.[203] 然則, 曹魏時, 其稱南帶方者, 盖指此而言也, 其視樂浪屬縣之帶方, 爲南也, 今不詳屯有·有鹽縣所在, 則所謂南帶方之地, 無由可知, 但以倭韓遂屬之語, 見之則, 其必與馬韓相値, 可知, 且文獻通考·廣輿考, 皆云, 自帶方郡邊海邊, 至倭國, 與自樂浪郡南界, 至倭國道里同云云,[204] 其必與樂浪南界, 並在, 可知, 而漢水上流, 本不産鹽, 又不當得號有鹽, 以此觀之, 今之漢江下流, 東岸爲屯有, 而西岸, 以海邊斥鹵之地, 爲有鹽縣, 帶方也, 勝覽, 以全羅道南原府, 爲後漢所置之帶方,[205] 漢之郡縣, 本不及於三韓, 豈獨此一郡, 在於夷服千里之外乎, 竊疑, 東人文獻無徵, 但見, 其馬韓屬帶方, 且有南荒字,[206] 仍以南原,

---

203 『通典』 변방1 弁辰, "後漢光武建武中, 韓人廉斯人蘇馬諟等詣樂浪貢獻. 諟音是. 帝封蘇馬諟爲漢廉斯邑君, 使屬樂浪郡, 四時朝謁. 靈帝末, 韓, 濊並盛, 郡縣不能制, 百姓苦亂, 多流亡入韓者. 獻帝建安中, 公孫康分屯有, 有鹽縣屯有, 有鹽並漢遼東屬縣, 並今東夷之地. 以南荒地爲帶方郡, 遣公孫模, 張敞等收集遺民, 興兵代韓, 濊, 舊民稍出. 是後倭韓遂屬帶方. 魏景初中, 明帝密遣帶方太守劉昕, 樂浪太守鮮于嗣越海定二郡, 諸韓國臣智加賜邑君印綬, 其次與邑長. 其俗好衣幘, 下戶詣郡朝謁, 皆假衣幘, 自服印綬衣幘千有餘人. 部從事吳林以樂浪本統韓國, 分割辰韓八國以與樂浪. 晉武帝咸寧中, 馬韓王來朝, 自是無聞. 三韓蓋爲百濟, 新羅所吞幷."

204 『文獻通考』 324, 사예고1 倭, "按, 倭人自後漢始通中國, 史稱從帶方至倭國, 循海水行, 歷朝鮮國乍南乍東, 渡三海, 歷七國, 凡一萬二千里, 然後至其國都. 又言去樂浪郡境及帶方郡並一萬二千里, 在會稽東, 與儋耳相近, 其地去遼東甚遠, 而去閩, 浙甚邇. 其初通中國也, 實自遼東而來, 故其迂回如此. 至六朝及宋, 則多從南道浮海入貢及通互市之類, 而不自北方. 則以遼東非中國土地故也"

205 『新增東國輿地勝覽』 권39, 南原都護府, "漢建安中, 爲帶方郡, 曹魏時, 爲南帶方郡"

206 『通典』 변방1 弁辰, "後漢光武建武中, 韓人廉斯人蘇馬諟等詣樂浪貢獻. 諟音是. 帝封蘇馬諟爲漢廉斯邑君, 使屬樂浪郡, 四時朝謁. 靈帝末, 韓, 濊並盛, 郡縣不能制, 百姓苦亂, 多流亡入韓者. 獻帝建安中, 公孫康分屯有, 有鹽縣屯有, 有鹽並漢遼東屬縣, 並今東夷之地. 以南荒地爲帶方郡, 遣公孫模, 張敞等收集遺民, 興兵代韓, 濊, 舊民稍出. 是後倭韓遂屬帶方. 魏景初中, 明帝密遣帶方太守劉昕, 樂浪太守鮮于嗣越海定二郡, 諸韓國臣智加賜邑君印綬, 其次與

附會之也耶, 倭韓屬帶方, 亦言, 倭韓爲帶方屬國耳, 非帶方地, 實在倭韓中也, 雖不敢强解, 而南原非漢之郡縣, 則決矣.")

마한 옛 지역(지금 전라도와 공홍도와 경기의 한강 남쪽이 모두 그 지역이다. 공홍도는 영춘·단양·청주·충주·직산·진천·보은·청산·영동 등의 지역이고, 신라와 고구려가 상호 침략하여 근거지로 삼았으며, 경기의 한강 남쪽 등의 고을은 단지 고구려가 침략하여 근거지로 삼은 곳이다.)

馬韓舊地(今全羅道, 公洪道, 京畿江南, 皆其地, 公洪道, 永春, 丹陽, 淸州, 忠州, 稷山, 鎭川, 報恩, 靑山, 永同等地, 新羅, 高句麗, 互相侵據, 京畿江南等邑, 只爲高句麗所侵據.)

탐라국(지금 제주 세 고을을 별도로 한 구역으로 삼아서 백제의 부용으로 삼았다. 고려 때 비로소 주현이 되었다.)

耽羅國(今濟州三邑, 別爲一區, 爲百濟附庸, 高麗時, 始爲州縣.)

내가 상고한다. 한서에서 일렀다. 주호국은 마한 서쪽 바다 섬 위에 소재하는데, 배를 타고 왕래하며 한 가운데와 화물을 거래한다. 송사에서 일렀다. 정안국은 본래 마한의 종족이다. 그 왕 오현명도 역시 거란이 침략·모멸함이 그치지 않음을 원망하여, 중국에 의지하여 묵은 분노를 드러내려고 하였다. 여진이 사신을 파견하여 조공하는 도로로 출현함에 기인하여, 정안이 표문을 붙여 와서 올리니, 황제가 넉넉하게 조서로 회답하였다 등등. 마한의 서쪽에 다른 나라가 있다는 것을 들어본 적이 없는데, 소위 주호와 정안은 어찌 바다의 섬을 지칭하여 언급하는가. 바다의 섬은 지금 황해와 공홍의 서쪽에 소재하고 본국과 교통하지 않은 지 오래되었다. 그 해변 도로

邑長。其俗好衣幘, 下戶詣郡朝謁, 皆假衣幘, 自服印綬衣幘千有餘人。部從事吳林以樂浪本統韓國, 分割辰韓八國以與樂浪。晉武帝咸寧中, 馬韓王來朝, 自是無聞。三韓蓋爲百濟, 新羅所吞并。"

의 원근과 섬 안 산의 형태와 지세는 모두 상세하게 알 수 없다. 단지 소문에 해적의 배가 때때로 왕래하고 공적·사적 선박 운항에서 다수 약탈을 당한다고 한다. ○현경 5년에 당나라가 백제를 멸망시키고, 그 지역에 웅진·마한·동명·금련·덕안의 5도독부를 설치하였으며, 낭장 유인원에게 명령하여 사비성에 주둔하게 하였다. 그 뒤 당나라 군대가 철수·귀환하니, 모두 신라가 병합한 곳이 되었다.

愚按, 漢書云, 州胡國, 在馬韓之西, 海島上, 乘船往來, 貨市韓中,[207] 宋史云, 定安國本馬韓之種也, 其王烏玄明, 亦怨契丹侵侮不已, 欲依中國, 以攄宿忿, 因女真遣使朝貢道, 出, 定安, 附表來上, 帝優詔答之云云,[208] 馬韓之西, 未聞有他國, 所謂州胡, 定安, 豈指海洋島而言耶, 海洋島在今黃海, 公洪之西, 與本國不通, 久矣, 其海邊路遠近, 島中形勢, 皆不可得以詳知, 但聞, 賊船時時往來, 公私船運, 多被掠云. ○顯慶五年, 唐滅百濟, 以其地, 置熊津, 馬韓, 東明, 金漣, 德安, 五都督府, 命郎將劉仁願, 陣泗沘城, 其後, 唐兵撤

---

207 『後漢書』동이열전, "馬韓之西, 海島上有州胡國. 其人短小, 髡頭, 衣韋衣, 有上無下. 好養牛豕. 乘船往來, 貨市韓中."

208 『宋史』열전250, 외국7, "定安國本馬韓之種, 為契丹所攻破, 其酋帥糾合餘衆, 保於西鄙, 建國改元, 自稱定安國. 開寶三年, 其國王烈萬華因女真遣使入貢, 乃附表貢獻方物. 太平興國中, 太宗方經營遠略, 討擊契丹, 因降詔其國, 令張掎角之勢. 其國亦怨寇仇侵侮不已, 聞中國用兵北討, 欲依王師以攄宿憤, 得詔大喜. 六年冬, 會女真遣使來貢, 路由本國, 乃托其使附表來上云:「定安國王臣烏玄明言: 伏遇聖主洽天地之恩, 撫夷貊之俗, 臣玄明誠喜誠抃, 頓首頓首. 臣本以高麗舊壤, 渤海遺黎, 保據方隅, 涉曆星紀, 仰覆露鴻鈞之德, 被浸漬無外之澤, 各得其所, 以遂本性. 而頃歲契丹恃其強暴, 入寇境土, 攻破城砦, 俘略人民. 臣祖考守節不降, 與衆避地, 僅存生聚, 以迄於今. 而又扶餘府昨背契丹, 並歸本國, 災禍將至, 無大於此. 所宜受天朝之密畫, 率勝兵而助討, 必欲報敵, 不敢違命. 臣玄明誠懇誠願, 頓首頓首.」其末題云:「元興六年十月日, 定安國王臣玄明表上聖皇帝前.」上答以詔書曰:「敕定安國王烏玄明. 女真使至, 得所上表, 以朕嘗賜手詔諭旨, 且陳感激. 卿遠國豪帥, 名王茂緒, 奄有馬韓之地, 介於鯨海之表, 強敵吞併, 失其故土, 沉冤未報, 積憤奚伸. 矧彼獯戎, 尚搖蠆毒, 出師以薄伐, 乘夫天災之流行, 敗衄相尋, 滅亡可待. 今國家已于邊郡廣屯重兵, 只俟嚴冬, 即申天討. 卿若能追念累世之恥, 宿戒舉國之師, 當予伐罪之秋, 展爾復仇之志, 朔漠底定, 爵賞有加, 宜思永圖, 無失良便. 而況渤海願歸於朝化, 扶余已背於賊庭, 勵乃宿心, 糾其協力, 克期同舉, 必集大勳. 尚阻重溟, 未遑遣使, 倚注之切, 鑒寐寧忘.」以詔付女真使, 令齎以賜之."

還, 皆爲新羅所幷.

형세形勢, 관방關防

백강, 탄현(흥수가 말하였다. 백강과 탄현은 국가의 요충이며, 한 사람이 백 명을 감당할 수 있으니, 의당 용사를 선택하여 가서 수비하게 해서 당나라 군대가 백강으로 들어오지 못하고, 신라 군대가 탄현을 통과하지 못하게 해야 합니다. 대왕께서는 거듭 폐문하고 견고하게 수비하여, 그 군량이 소진되고 군졸이 피로해지기를 기다란 뒤에 분발하여 공격하면, 격파하는 것은 필연입니다. 대신들이 신뢰하지 않고 말하였다. 흥수는 오래 옥중에 있었으니, 그 말을 신용해서는 안 됩니다. 당나라 군대가 백강으로 들어오게 해서 흐름을 따르지만 배를 제멋대로 할 수 없도록 하고, 신라 군대가 탄현에 올라 지름길을 경유하지만 말과 병행할 수 없게 하는 것이 낫습니다. 군대가 자유롭게 공격해서 이기는 것은 필연입니다. 왕이 동의하였다. 당나라 군대와 신라 군대가 백강과 탄현을 통과하였다는 소식을 듣고, 장군 계백을 파견하여 결사 군사 5천을 인솔하고 항거하게 하였다. 계백이 말하였다. 한 국가의 사람들로써 당나라와 신라의 대병을 감당하니, 국가의 존망을 미처 알 수 없다. 먼저 처자를 죽이고 황산벌로 가서, 신라 장군 김유신과 대전을 벌였지만, 백제가 패배하고 계백이 전사하였다 등등. 성충이 옥중에 있으면서 문서를 올려 말하였다. 충신은 죽어도 군주를 망각하지 않습니다. 원컨대 한 마디만 하고 죽겠습니다. 저는 일찍이 시간과 변화를 관찰하였는데, 반드시 전쟁의 사건이 있었습니다. 무릇 군대를 운용함에 반드시 지리 형세를 심의해서 선택해야 하는데, 상류에 거처하여 적군에 대응함으로써 온전하게 보존할 수 있습니다. 적병이 만약 오면, 육로로는 침현을 통과하지 못하게 하고, 수로로는 기벌포롤 진입하지 못하게 하며, 그 요해처에 근거하여 방어하게 한 뒤에야 가능하게 될 것입니다 등등. 혹자가 이르기를, 침현은 바로 탄현이고, 기벌포는 바로 백강이라고 하였다. ○내가 상고한다. 백제는 신라 군대가 이미 탄현을 통과하였다는 보고를 받고 계백을 파견하여 항거하였고 황산벌에서 전투하였다. 그렇다면, 탄현은 황산의 동쪽에 소재하게 된다. 승람에서 황산을 연산현이라고 하였다. 탄현은 부여 동쪽 14리 공주 경계에 소재하여, 이것과 같지 않으니, 아마도 오류인 듯하다. 백마강 하류는 자유롭게 항해할 수 있는 곳이 없고, 산의 형태와 지세 역시 미처 보이지 않으니, 다시 상세하게 해둔다.)

白江 炭峴(興首曰, 白江, 炭峴, 國之要衝, 一夫可以當百, 宜簡勇士, 往守之, 使唐兵不得入白江, 羅軍不得過炭峴, 大王重閉固守, 待其糧盡卒疲, 而後奮擊之, 破之必矣, 大臣等不信曰. 興首久在縲紲, 其言不可用也, 莫若使唐兵入白江, 沿流而不得方舟, 羅軍升炭峴, 由徑而不得並馬, 縱兵擊之, 克之必矣, 王然之, 聞唐兵羅軍過白江·炭峴, 遣將軍堦伯, 率死士五千以拒之, 堦伯曰, 以一國之人, 當唐羅之大兵, 國之存亡, 未可知也, 先殺妻子, 之黃山之野, 與羅將金庾信, 大戰, 百濟敗, 堦伯死之云云.[209] 成忠在獄中, 上書曰, 忠臣死不忘君, 願一言而死. 臣嘗觀時察變, 必有兵革之事. 凡用兵, 必審擇地勢, 處上流以應敵, 可以保全. 賊兵若來, 使陸不過沉峴, 水不入伎伐浦. 據其險隘以禦之, 然後可也云云.[210] 或云, 沉峴卽炭峴, 伎伐浦卽白江. ○愚按, 百濟聞羅軍已過炭峴, 遣堦伯拒之, 戰於黃山之野, 則炭峴在黃山之東, 勝覽, 以黃山, 爲連山縣,[211] 炭峴在扶餘東

209 『三國史記』28, 백제본기 6, 의자왕, "二十年, 興首曰, "唐兵旣衆, 師律嚴明. 況與新羅共謀掎角, 若對陣於平原廣野, 勝敗未可知也. 白江 或云伎伐浦.·炭峴 或云沉峴., 我國之要路地也, 一夫單槍萬人莫當. 宜簡勇士往守之, 使唐兵不得入白江, 羅人未得過炭峴, 大王重閉固守, 待其資糧盡士卒疲, 然後奮擊之, 破之必矣." 於時大臣等不信曰, "興首久在縲紲之中, 怨君而不愛國, 其言不可用也. 莫若使唐兵入白江, 泝流而不得方舟, 羅軍升炭峴, 由徑而不得並馬. 當此之時, 縱兵擊之, 譬如殺在籠之雞·離網之魚也." 王然之. 又聞唐羅兵已過白江·炭峴, 遣將軍堦伯, 帥死士五千出黃山, 與羅兵戰, 四合皆勝之, 兵寡力屈竟敗, 堦伯死之"
210 『三國史記』28, 백제본기 6, 의자왕, "十六年, 春三月, 王與宮人滛荒耽樂, 飮酒不止, 佐平成忠 或云淨忠.極諫, 王怒囚之獄中. 由是無敢言者. 成忠瘐死, 臨終上書曰, "忠臣死不忘君, 願一言而死. 臣常觀時察變, 必有兵革之事. 凡用兵, 必審擇其地, 處上流以延敵, 然後可以保全. 若異國兵來, 陸路不使過沉峴, 水軍不使入伎伐浦之岸. 舉其險隘以禦之, 然後可也. 王不省焉."
211 『新增東國輿地勝覽』18, 連山縣, "建置沿革, 本百濟黃等也山郡, 新羅改黃山郡.""

十四里, 公州境.[212] 與此不同, 恐有誤, 白馬江下流, 不得方舟處, 形勢亦未得見, 更詳之.)

청목령, 팔곤성(진사왕이 국내 사람들 15세 이상을 징발하여 관방을 설치하였는데, 청목령에서부터 북쪽으로 팔곤성에 이르렀고, 서쪽으로 바다에 도달하였다. ○내가 상고한다. 백제는 이때 도읍이 북한산에 소재하였고, 저탄을 북쪽 경계로 하였으니, 소위 팔곤성은 비록 어느 곳인지 적확하게 알 수는 없지만, 생각건대 역시 이 일대 지역을 벗어나지 않았을 것이다. 또 말하기를, 서쪽으로 바다에 도달하였다고 하였으니, 저탄을 따라 바다에 도달하였음을 알수 있고, 또 그 동쪽 청목령 역시 이에 기인하여 대략을 가늠할 수 있다.)

青木嶺, 八坤城(辰斯王, 發國内人年十五已上, 設關防, 自青木嶺, 北距八坤城, 西至於海.[213] ○愚按, 百濟, 是時, 國都在北漢山, 以猪灘, 爲北界, 則所謂八坤城, 雖不的知其爲某處, 而盖亦不出於此一帶之地, 且曰, 西至于海, 則從猪灘, 至海, 可知, 而其東青木嶺, 亦可因此領畧也.)

관미성(고구려와 백제 두 나라 사이에 소재하며, 상호 탈취하여 근거로 삼으니, 생각건대 명승지일 것이다. 혹자가 말하기를, 지금의 중흥동의 철폐된 산성이 바로 관미성이라고 하는데, 당부를 미처 모르겠다.)

關彌城(在高句麗·百濟兩國之間, 互相奪據, 盖形勝之地也, 或云, 今中興洞, 廢山城, 卽關彌城, 未知是否.)

고목책, 장령성(무령왕이 고목성 남쪽에 목책 두 개를 수립하였고, 또 장령성을 축조하여, 말갈을 대비하였다.) ○내가 상고한다. 고려사에서 화주를 달리 장령진이라고 호칭하였는데, 아마도 철관 일대를 지칭하여 언급한 것일 듯

---

212 『新增東國輿地勝覽』 18, 扶餘縣, "山川, 炭峴(在縣東十四里, 公州境.)"
213 『三國史記』 25, 백제본기 3, 진사왕, "二年, 春, 發國内人年十五歲已上, 設關防, 自青木嶺, 北距八坤城, 西至於海."

하다. 이때 백제 북쪽 경계는 평산 저탄에 소재하였고, 신라도 역시 춘천을 우수주라고 하였으니, 철관의 도로는 양국이 실제 당면해 있었다. 그러므로 신라에도 역시 장령에 다섯 개의 목책이 있었다. 생각건대, 요해처를 나누어서 수비하였을 것이다. 이로 말미암아 관찰하건대, 옥저는 때로는 고구려가 되고, 때로는 신라가 되었지만, 역시 때로는 말갈의 근거지가 되었을 것이다. 그러지 않고서, 말갈이 멀리 불함산 이북에 소재하면서 어찌 능히 천리를 넘어 매번 양국의 우환이 될 수 있었겠는가.

高木柵, 長嶺城(武寧王, 立二柵於高木城南, 又築長嶺城, 以備靺鞨.[214]) ○愚按, 麗史, 和州, 或稱長嶺鎭, 似指鐵關一帶, 而言也, 是時, 百濟北境, 在平山猪灘, 新羅, 亦以春川, 爲牛首州, 則鐵關之路, 兩國實當之, 故新羅, 亦有長嶺五柵, 盖分險, 以守之也, 由此觀之, 沃沮, 有時爲高句麗, 有時爲新羅, 亦有時爲靺鞨所據, 不然, 靺鞨遠在不咸山以北, 豈能越千里, 每爲兩國之患乎.

---

214 『三國史記』26, 백제본기 4, 무령왕, "七年, 夏五月, 立二柵於高木城南, 又築長嶺城以備靺鞨."

부附

기준성은 전라도 익산에 소재한다. 조선왕 준이 위만에게 격파되자, 마침내 그 남은 무리 수천 인을 거느리고, 바다로 진입하여 금마를 공격해서 패배시켰으며, 자립하여 한왕이 되었다. 이때 백제가 웅천 목책으로 진입하니, 마한 왕이 사신을 파견하여 문책해서 말하였다. "왕이 처음에 하천을 건넜지만 우리 동쪽에 족적을 용납할 곳이 없었으니, 동북쪽 백 리를 분할하여 주었소. 왕을 대접함이 후덕하지 않다고 할 수 없으니, 의당 보답하려고 생각해야 할 것이오. 지금 국가가 완비되었고 인민이 번성해졌다고 성곽과 해자를 거대하게 설치하고 우리의 경계를 침범하니 의리상 어떠하겠소." 왕이 부끄러워하며, 마침내 훼철하였다. 그 뒤 마한이 점차 약해지고 형세 상 오래 갈 수 없었다. 백제왕이 겉으로는 수렵을 나간다고 하면서 몰래 군사로 습격하여, 마침내 그 무리를 병합하였다. 오직 원산·금현 두 성곽이 항복하지 않는데, 이때 이르러서 항복하니, 금마가 멸망하였다.

箕準城, 在全羅道益山,[215] 朝鮮王準, 爲衛滿所破, 乃將其餘衆數千人, 入海, 攻金馬, 敗之, 自立, 爲韓王,[216] 時百濟入熊川柵, 馬韓王遣使, 責曰, 王初渡河, 無所容足吾東, 割東北百里之地, 界之, 其待王, 不爲不厚. 宜思有以報之, 今以國完民聚, 謂我莫與敵, 大設城池, 侵犯我封疆, 如義何. 王慚, 遂毀之.[217] 其後, 馬韓漸弱, 勢不能久,[218] 百濟王陽出獵, 潛師襲之, 遂幷其衆. 惟

---

215 『新增東國輿地勝覽』33, 益山郡, "古跡, 箕準城(在龍華山上, 俗傳箕準所築, 故名焉, 石築, 周三千九百尺, 高八尺, 有溪, 有泉井.)"

216 『後漢書』 동이열전, 한, "初, 朝鮮王 準爲衛滿所破, 乃將其餘衆數千人走入海, 攻馬韓, 破之, 自立爲韓王. (【集解】惠棟曰, 魏志云, 其子及親, 留在國者, 因冒姓韓氏. 準王海中, 不與朝鮮相往來)"

217 『三國史記』23, 백제본기 1, 온조왕, "二十四年, 秋七月, 王作熊川柵, 馬韓王遣使責讓曰, 王初渡河, 無所容足, 吾割東北一百里之地安之, 其待王不爲不厚. 宜思有以報之, 今以國完民聚, 謂莫與我敵, 大設城池, 侵犯我封疆, 其如義何. 王慙, 遂壞其柵."

218 『三國史記』23, 백제본기 1, 온조왕, "二十六年, 秋七月, 王曰, 馬韓漸弱, 上下離心, 其勢不

圓山·錦峴二城, 未下,[219] 至是, 降, 金馬, 亡.[220]

보덕성(익산군 서쪽 1리에 소재한다. 고구려가 멸망하자, 그 대형 검모잠이 부흥을 도모하려고 하였다. 예전 종실 안승이 신라에 투항하므로 문무왕이 책봉하여 보덕왕으로 삼고, 금마저에 거처하게 하였으며 질녀를 처로 삼게 하였다. 뒤에 종족의 아들 대문이 반란을 도모하니, 장군에게 명령하여 토벌하게 하고, 그 지역을 금마군으로 삼았다.)

報德城(在益山郡西一里, 高句麗之亡, 其大兄劒牟岑, 欲圖興復, 以故宗室安勝, 投新羅, 文武王封爲報德王, 處之金馬渚, 妻以兄女, 後族子大文, 謀反, 命將討之, 以其地, 爲金馬郡.[221])

能又, 儻爲他所幷, 則脣亡齒寒, 悔不可及. 不如先人而取之, 以免後艱."
219 『三國史記』 23, 백제본기 1, 온조왕, "二十六年, 冬十月, 王出師, 陽言田獵, 潛襲馬韓. 遂幷其國邑. 唯圓山·錦峴二城, 固守不下."
220 『三國史記』 23, 백제본기 1, 온조왕, "二十七年, 夏四月, 二城降. 移其民於漢山之北, 馬韓遂滅."
221 『新增東國輿地勝覽』 33, 益山郡, "古跡, 報德城 (在郡西一里, 遺址僅存, 高句麗爲唐所滅, 大兄劒牟岑, 欲圖興復, 收拾殘民, 至浿江, 殺唐官, 向新羅. 行至西海史冶島, 見故宗室安勝, 迎置漢城, 立爲君, 遣小兄多式等, 來告新羅曰, 先王臧, 失道見滅, 今臣等得國貴族安勝, 以爲君, 願作藩屛, 新羅 文武王, 處之金馬渚, 封報德王, 遂以兄女妻之, 後神文王, 徵安勝爲蘇判, 其族子大文, 留金馬渚, 謀叛伏誅, 餘衆殺官吏, 據報德城, 又叛, 王命將士誅討之, 徙其人於國南州郡, 以其地, 爲金馬郡."

신라국도新羅國都

금성(한나라 선제 오봉 원년 갑자 하4월 병진에 시조 박혁거세가 즉위하였다. 향토 언어로 왕이다. 이보다 먼저, 조선 유민이 동해 가 산골짜기에 분할하여 거주하여 6촌을 이루었는데, 알천 양산, 돌산 고허, 취산 진지, 무산 대수, 금산 가리, 명활산 고야라고 하였다. 이것이 진한 6부이다. 고허촌장 소벌공이 양산 기슭을 바라보니, 나정 숲 속에서 말이 울고 있었다. 가서 보고 큰 알을 획득하였다. 깨뜨리니 어린아이가 있었다. 양육하니, 재능과 지혜가 뛰어나고 일찍 성숙하였다. 6부가 기이하게 여기고 함께 즉위시켜 군주로 삼았다. 나이 열 셋에 거서간이라고 호칭하였고, 국호를 서라벌이라고 하였으며, '박'으로써 성을 삼았다. 깨뜨린 알이 흡사 박 같았으므로, 세속에서 박[瓠]을 호칭하여 박이라고 하였다. 알영을 왕비로 삼았는데, 현숙한 행동이 있었고, 안으로 보좌하는 데 능숙하였으니, 두 성인이라고 하였다. 마침내 도읍을 확정하고, 호칭을 금성이라고 하였다. 바로 지금 경주부이다.)

金星(漢宣帝五鳳元年甲子夏四月丙辰, 始祖朴赫居世立, 鄉言王也, 先是, 朝鮮遺民, 分居東海濱山谷, 爲六村, 曰閼川楊山, 曰突山高墟, 曰觜山珍支, 曰茂山大樹, 曰金山加里, 曰明活山高耶, 是爲辰韓六部. 高墟村長蘇伐公, 望楊山麓, 蘿井林間, 有馬嘶. 往見, 得大卵, 剖有嬰兒, 養之, 岐嶷夙成. 六部異之, 共立爲君, 年十三, 號居西干, 國號徐羅伐, 以朴爲姓, 以所剖之卵, 似瓠, 俗號瓠爲朴,[222] 閼英

---

222 『三國史記』1, 신라본기, 혁거세거서간, "一年四月十五日, 始祖姓朴氏, 諱赫居世. 前漢孝宣帝五鳳元年甲子, 四月丙辰 (一曰正月十五日.)即位, 號居西干. 時年十三, 國號徐那伐. 先是, 朝鮮遺民分居山谷之間, 爲六村, 一曰閼川楊山村, 二曰突山高墟村, 三曰觜山珍支村 (或云干珍村.), 四曰茂山大樹村, 五曰金山加利村, 六曰明活山高耶村, 是爲辰韓六部. 高墟村長蘇伐公, 望楊山麓, 蘿井傍林間, 有馬跪而嘶. 則往觀之, 忽不見馬, 只有大卵, 剖之, 有嬰兒出焉. 則收而養之, 及年十餘歲, 岐嶷然夙成. 六部人以其生神異, 推尊之, 至是立爲君焉. 辰人謂瓠爲朴, 以初大卵如瓠, 故以朴爲姓. 居西干辰言王 (或云呼貴人之稱.)"

爲妃. 有賢行, 能內輔, 謂之二聖.[224] 遂定都, 號金城,[224] 卽今慶州府也.)

○석탈해는 본래 다파나국 사람이다. 국가는 왜국 동북쪽 1천 리에 소재하였다. 처음에 그 국왕이 여국 왕의 딸을 아내로 맞이하였는데, 임신한 지 7년 째에 큰 알을 낳았다. 왕이 상서롭지 못하다고 방기하였다. 여자가 비단을 덮고, 궤짝에 두어 바다에 띄우니, 진국 아진포에 도착하였다. 할멈이 줄로 끌어서 궤짝을 개봉하니, 아이가 있어서 양육하였다. 올 때에 까마귀가 울며 따라왔으므로, 까마귀 '작(鵲)'을 생략하여 '석(昔)'으로써 성을 삼았다. 궤짝을 해체하여 나왔으므로 탈해라고 명명하였다. 신장이 9척이고, 풍채가 밝고 빼어났으며, 지식이 타인을 넘어섰다. 학문을 전공하고 정진하였으며, 아울러 지리에도 능통하였다. 남해왕이 그 현명함을 듣고 딸로써 처로 삼고, 대보로 삼아서 군국의 정사를 위임하였다. ○탈해왕이 야간에 들으니, 금성 서쪽 시림 사이에서 닭 울음소리가 있었다. 과공을 파견하여 살펴보니, 조그마한 금 궤짝이 나뭇가지에 걸려 있고, 흰 닭이 그 아래서 울고 있었다. 과공이 귀환하여 보고하자, 왕이 궤짝을 취득하여 개봉하니, 자그마한 남자 아이가 있었다. 왕이 기뻐하며 양육하여 아들로 삼았다. 알지라고 명명하였고, 금 궤짝에서 나왔으므로 성을 '김'씨라고 하였다. 시림을 고쳐 계림이라고 명명하였고, 이로 인해 국호로 삼았다. ○박·석·김 세 성이 서로 전승하였고, 지증왕 계미에 국호를 신라라고 확정하였다. 태종왕 경신에 당나라 장수 소정방과 백제를 멸망시켰고, 문무왕 무진에 당나라 장수 이적과 고구려를 멸망시켜, 마침내 삼국을 병합하였다. 경순왕 을미, 후당 노왕 청태 2년에, 고려에 항복하였다. 박씨 10왕, 석씨 8왕, 김씨 37왕, 도합 55왕, 총 992년이었다. ○권근이 말하였다. 공자가 시경과 서경을 선택·정리할

---

223 『三國史記』1, 신라본기, 혁거세거서간, "五年, 春正月, 龍見於閼英井. 右脇誕生女兒, 老嫗見而異之, 收養之. 以井名名之. 及長有德容. 始祖聞之, 納以爲妃. 有賢行, 能內輔, 時人謂之二聖."
224 『三國史記』1, 신라본기, 혁거세거서간, "二十一年, 築京城, 號曰金城."

때 요순으로부터 경계를 삼았다. 생각건대, 요순 이전은 세상의 도리가 완악하고 황당하였으므로 모두를 신뢰할 만하기 어려웠다. 요순 이후로 중국의 서적에서 이미 괴이하다고 할 만한 사건이 없었다. 삼국 시조의 탄생은 모두 한나라와 병립하던 시기인데, 어찌 이렇게 괴이하다고 할 만한 것이 있는가. 단지 시조만 그런 것이 아니고, 알영의 탄생과 탈해의 출현 역시 모두 괴이하며 정상적이지 않다. 어찌 그 초기에 바다 귀퉁이 지역에서 생존하던 무리가 순박하고 무지하여 한결같이 궤변인 것을 모조리 신뢰하고 신령하게 여겨서 후세에 전승한 것이 아니겠는가.

○昔脫解, 本多婆那國人, 國在倭國東北一千里. 初其國王娶女國王女, 有娠七年, 生大卵. 王, 以不祥弃之, 女裹以帛, 置櫝, 浮海, 至辰國阿珍浦, 老嫗繩之, 開櫝, 有兒, 養之. 以來時, 有鵲隨鳴, 省鵲, 以昔爲姓, 以解櫝而出, 名脫解. 身長九尺, 風神朗秀, 知識過人, 專精學問, 兼通地理. 南解王, 聞其賢, 妻以女, 爲大輔, 委以軍國政事.[225] ○脫解王, 夜聞, 金城西始林間, 有鷄聲. 遣瓠公視之, 有小金櫝, 掛樹梢, 白鷄鳴于下. 公還告, 王取櫝開之. 有小男兒, 王喜養, 爲子. 名閼智, 出於金櫝, 姓金氏. 改始林名雞林, 仍以爲國號.[226] ○朴昔金三姓相傳, 智證王癸未, 定國號新羅, 太宗王庚申, 與唐將

[225] 『三國史記』 1, 신라본기, 탈해니사금, “元年十一月, 脫解尼師今立 (一云吐解.). 時年六十二. 姓昔, 妃阿孝夫人. 脫解夲多婆那國所生也. 其國在倭國東北一千里. 初其國王娶女國王女爲妻, 有娠七年, 乃生大卵. 王曰, “人而生卵, 不祥也. 宜弃之.” 其女不忍, 以帛裹卵幷寶物, 置於櫝中, 浮於海, 任其所徃. 初至金官國海邊, 金官人怪之不取. 又至辰韓阿珍浦口, 是始祖赫居世在位三十九年也. 時海邊老母, 以繩引繫海岸, 開櫝見之, 有一小兒在焉. 其母取養之. 及壯, 身長九尺, 風神秀朗, 智識過人. 或曰, “此兒不知姓氏, 初櫝來時, 有一鵲飛鳴而隨之, 宜省鵲字, 以昔爲氏, 又解韞櫝而出, 宜名脫解.” 脫解始以漁釣爲業, 供養其母, 未嘗有懈色. 母謂曰, “汝非常人, 骨相殊異, 宜從學以立功名.” 於是, 專精學問, 兼知地理. 望楊山下瓠公宅, 以爲吉地, 設詭計, 以取而居之. 其地後爲月城. 至南解王五年, 聞其賢, 以其女妻之, 至七年, 登庸爲大輔, 委以政事. 儒理將死曰, 先王顧命曰, 吾死後, 無論子壻, 以年長且賢者, 繼位.是以寡人先立. 今也宜傳其位焉.”
[226] 『三國史記』 1, 신라본기, 탈해니사금, “九年, 春三月, 王夜聞金城西始林樹間有鷄鳴聲. 遲明遣瓠公視之, 有金色小櫝掛樹枝, 白鷄鳴於其下. 瓠公還告, 王使人取櫝開之. 有小男兒在其中, 姿容奇偉. 上喜謂左右曰, “此豈非天遺我以令胤乎.” 乃收養之. 及長, 聰明多智略. 乃名閼

蘇定方, 滅百濟, 文武王戊辰, 與唐將李勣, 滅高句麗, 遂幷三國, 敬順王乙未, 後唐潞王淸泰二年, 降于高麗, 朴氏十王, 昔氏八王, 金氏三十七王, 合五十五王, 共九百九十二年. ○權近曰, 孔子刪詩書, 斷自唐虞, 盖以唐虞以前, 世道鴻荒, 難可盡信也, 唐虞以降, 中國載籍, 已無可怪之事矣, 三國始祖之生, 俱與漢並時, 安有若是其可怪者乎, 非獨始祖爲然, 閼英之生, 脫解之出, 亦皆怪而不常, 豈非厥初海隅之地, 有生之衆淳朴無知, 有一爲詭說者, 擧皆信而神之, 以傳後世也.[227]

월성(부 동남쪽 5리에 소재한다. 탈해왕이 어릴 때 토함산에 올라, 성 안의 거처할 만한 지역을 바라보며, 양산 봉우리 하나를 보니, 마치 해와 달의 형세였다. 마침내 하산하여 찾아갔더니, 바로 과공의 집이었다. 몰래 숫돌과 숯을 그 곁에 묻어두고, 과공에게 말하기를, "이곳은 우리 할아버지의 집이오."라고 하니, 과공이 다투어 변명하자, 마침내 관청에 소송하였다. 관청에서 말하기를, "무엇으로 네 집임을 증명하겠는가?"라고 하였다. 탈해가 말하기를, "나는 본래 야철장인인데, 갑자기 인근 촌락에 출타하였다가 타인에게 탈취당하였습니다. 땅을 파서 검사해보기를 청원합니다. 과연 숫돌과 숯을 취득하니, 마침내 탈해에게 주어 거주하게 하였다. 이것이 바로 월성 터이다.)

月城(在府東南五里, 脫解王, 少時, 登吐含山, 望城中可居之地, 見楊山一峯, 如日月勢, 乃下尋之, 卽瓠公宅也, 潛埋礪炭于其側, 謂瓠公曰, 是此吾祖家, 瓠公爭辨, 遂訟于官, 官曰, 何以險汝家. 脫解曰, 我本冶匠, 乍出隣鄉, 爲人所奪, 請堀地以檢, 果得礪炭, 遂與脫解, 居之, 此卽月城之趾.[228])

智, 以其出於金櫝, 姓金氏. 改始林名雞林, 因以爲國號."

227 『東國通鑑』권1, 三國紀, 新羅·高句麗·百濟, "權近曰, 孔子刪詩書, 斷自唐虞, 盖以唐虞以前, 世道鴻荒, 難可盡信也, 唐虞以降, 中國載籍, 已無可怪之事矣, 三國始祖之生, 俱與漢並時, 安有若是其可怪者乎, 非獨始祖爲然, 閼英之生, 脫解之出, 亦皆怪而不常, 豈非厥初海隅之地, 有生之衆淳朴無知, 間有一爲詭說者, 擧皆信而神之, 以傳後世也, 不然, 何其怪異之多乎."

228 『三國遺事』1, 기이1, 4, 탈해왕, "言訖, 其童子曳杖率二奴登吐含山上作石塚留七日. 望城中可居之地, 見一峯如三日月勢可久之地. 乃下尋之卽瓠公宅也. 乃設詭計潛埋砺炭於其側, 詰

명월성(부 동쪽에 소재하고, 석축이다.), 만월성(월성 북쪽에 소재하고, 토축이다.), 남산성(월성 남쪽에 소재하고, 토축이다.), 관문성(부 동쪽 45리에 소재하고, 석축이다. 무릇 이 성곽은 모두 신라 때 축조한 것인데, 간혹 이궁이 소재하였다.)

明月城(在府東, 石築), 滿月城(在月城北, 土築), 南山城(在月城南, 土築), 關門城(在府東四十五里, 石築, 凡此城, 皆新羅時所築. 或離宮所在也)

朝至門云, 此是吾祖代家屋, 瓠公云, 否, 爭訟不決. 乃告于官, 官曰, 以何驗是汝家. 童曰, 我本冶匠乍出隣鄕而人取居之, 請堀地檢看, 從之, 果得砥炭乃取而居.”

봉강封疆

진한 옛 지역(지금 경상 동북쪽 지역이다. 청하·영덕·영해·청송·영천·봉화·예안 등 읍이다. 뒤에 고구려가 침범하여 근거지로 삼았다.)

辰韓舊地(今慶尙東北之地, 淸河, 盈德, 寧海, 靑松, 榮川, 奉化, 禮安等邑, 後爲高句麗所侵據.)

변한 옛 지역(지금 경상 서남쪽 지역이다. 지이 일대 지역이며, 때로는 백제가 침범하여 근거지로 삼았다.)

弁韓舊地(今慶尙西南之地, 智異一帶之地, 有時爲百濟所侵據.)

대마도(본래 계림부에 소속되었는데, 어느 때 왜가 침범하여 근거지로 삼았는지는 알지 못한다.)

對馬島(本屬鷄林府, 不知何時爲倭所侵據.)

우산도(승람에서 일렀다. 무릉이라고도 하고 우릉이라고도 하는데, 두 섬이 울진 정동쪽 바다 가운데 소재한다. 세 봉우리가 위태롭게 높고 험하며 공중을 지탱하고 있다. 남쪽 봉우리가 약간 낮은데, 바람이 맑고 해가 밝으면, 봉우리의 수목 및 산기슭 모래밭을 훤하게 볼 수 있다. 순풍이 불면 이틀 만에 도달할 수 있다. 일설에는 우산과 울릉이 본래 같은 섬이었다고 한다. 지역이 사방 100리이며, 신라 지증왕 12년에 와서 항복하였다. 고려 의종 조정이 김유립을 파견하여 가서 조사하게 하였다. (김)유립이 돌아와 아뢰었다. "섬 안에 큰 산이 있고, 산꼭대기를 따라 동쪽으로 1만 5천여 보를 진행하고, 서쪽으로 1만 3천여 보를 진행하며, 북쪽으로 8천여 보를 진행하였는데, 촌락 터가 일곱 곳이 있었습니다. 우리 조정 태종 시기와 세조 조정에서, 모두 사람을 파견하여 가서 유민을 수색하여, 마침내 공지로 만들었습니다. 토양이 비옥하고 풍요로

우며, 대나무는 깃대만 하고, 쥐는 고양이만 하며, 복숭아 씨 크기가 한 되이니, 무릇 사물이 이에 버금갑니다." 문무왕 이후에 백제와 고구려를 통합하여 하나가 되었다.)

于山島(勝覽云, 一云武陵, 一云羽陵, 二島在蔚珍正東海中, 三峯岌嶪撑空, 南峯稍卑, 風日淸明, 則峯頭樹木, 及山根沙渚, 歷歷可見, 風便, 則二日可到, 一說, 于山·鬱陵, 本一島, 地方百里, 新羅智證王十二年, 來降, 高麗毅宗朝, 遣金柔立, 往視, 柔立回奏云, 島中有大山, 從山頂, 東行一萬五千餘步, 西行一萬三千餘步, 北行八千餘步, 有村落基址七所, 本朝太宗時, 世宗朝, 皆遣人, 往搜逋民, 遂空其地, 土地沃饒, 竹大如杠, 鼠大如猫, 桃核大於升, 凡物稱是.[229] 文武王以後, 百濟·高句麗, 統合爲一.)

내가 상고한다. 당나라 군대가 철수·귀환한 뒤, 경덕왕이 국내를 분할하여 9주를 설치하고, 상주(지금 상주), 양주(지금 양산), 강주(지금 진주), 무주(지금 광주), 전주(지금 전주), 웅주(지금 공주), 명주(지금 강릉), 삭주(지금 춘천), 한주(지금 경도)라고 하였다. 9주 소관은 무려 450여 군현이었으니, 신라 땅의 넓이가 이에서 극대화되었다. 지금 승람 해서 지역을 상고하면, 목지(해

---

[229] 『新增東國輿地勝覽』45 蔚珍縣, "山川, 鬱陵島(一云武陵, 一云羽陵, 二島在蔚珍正東海中, 三峯岌嶪撑空, 南峯稍卑, 風日淸明, 則峯頭樹木, 及山根沙渚, 歷歷可見, 風便, 則二日可到, 一說, 于山·鬱陵, 本一島, 地方百里, 新羅時, 恃險不服, 智證王十二年, 異斯夫爲何瑟羅州軍主, 謂于山國人愚悍, 難以威服, 可以計服, 乃多以木造獅子, 分載戰艦, 抵其國, 誑之曰, 汝若不服, 則卽放此獸, 踏殺之, 國人恐懼來降, 高麗太祖十三年, 其島人, 使白吉土豆, 獻方物, 毅宗十三年, 王聞, 鬱陵之廣土肥, 可以居民, 遣溟州道監倉金柔立, 往視, 柔立回奏云, 島中有大山, 從山頂, 向東行至海一萬五千餘步, 向西行一萬三千餘步, 向南行一萬五千餘步, 向北行八千餘步, 有村落基址七所, 或有石佛鐵鍾石塔, 多生柴胡藁本石南草, 後崔忠獻獻議, 以武陵土壤膏沃, 多珍木海錯, 遣使往觀之, 有屋基破礎完, 然不知何代人居也, 於是, 移東郡民, 以實之, 及使還, 多以珍木海錯, 進之, 後屢爲風濤所蕩覆舟, 人多物故, 因還其居民, 本朝太宗時, 聞流民逃其島者甚多, 再命三陟人金麟雨, 爲按撫使, 刷出, 空其地, 麟雨言, 土地沃饒, 竹大如杠, 鼠大如猫, 桃核大於升, 凡物稱是, 世宗二十年 遣縣人萬戶南顥, 率數百人, 往搜逋民, 盡俘金九等七十餘人, 而還, 其地遂空, 成宗二年, 有告, 別有三峯島者, 乃遣朴宗元, 往覓之, 因風濤, 不得泊而還, 同行一船, 泊鬱陵島, 只取大竹, 大鰒魚, 回啓云, 島中無居民矣.)"

주), 해고(연안), 추택(배천), 송악(강음), 취성(황주), 영풍(평산), 오관(서흥),
서암(봉산), 당악(중화), 토산(상원) 따위는 신라가 모두 호칭을 개정하고, 다
시 시작하여 경영하고 통치하였다. 유독 패강 이서만은 보이지 않는다. 비
록 안주라는 칭호는 경덕왕이 중반군이라고 개정하였다고 하지만, 재령이
이미 중반이었으니, 일국 내에 어찌 두 개의 중반이 있겠는가. 혹시 재령의
본래 호칭이 안주였으므로, 기록한 자가 오인하여 관서 안주에 중첩해서 기
록했을 것이다. 이로써 보건대, 패강 이서는 아마도 발해 근거지가 되어 신
라가 합병할 수 없었던 듯하다. 옥저 역시 정평군 도련포를 경계로 삼았으
니, 그 북쪽은 역시 오랑캐에게 몰수되었던 것이다.

愚按, 唐兵撤還之後, 景德王, 分國內, 置九州, 曰尙州(今尙州), 曰良州(今
梁山), 曰康州(今晉州), 曰武州(今光州), 曰全州(今全州), 曰熊州(今公州),
曰溟州(今江陵), 曰朔州(今春川), 曰漢州(今京都), 九州所管, 無慮四百五十餘
郡縣, 新羅幅員之廣, 斯爲極矣,[230] 今考勝覽海西之地, 若曝池(海州),[231] 若

---

230 『三國史記』 34, 잡지 3, 지리 신라, "始與高句麗·百濟地錯犬牙, 或相和親, 或相寇鈔, 後與
大唐侵滅二邦, 平其土地, 遂置九州. 本國界內, 置三州. 王城東北當唐恩浦路曰尙州, 王城南曰
良州, 西曰康州. 於百濟國界, 置三州. 百濟故城北熊津口曰熊州, 次西南曰全州, 次南曰武州.
於故高句麗南界, 置三州. 從西第一曰漢州, 次東曰朔州, 又次東曰溟州. 九州所管郡縣, 無慮
四百五十 (方言所謂鄕·部曲等雜所, 不復具錄.). 新羅地理之廣袤, 斯爲極矣." / 『三國史記』 37,
잡지6, 지리4 고구려, "高句麗始居中國北地, 則漸東遷于浿水之側. 渤海人武藝曰, "昔髙麗盛
時, 士三十萬, 抗唐爲敵." 則可謂地勝而兵強. 至于季末, 君臣昏虐失道, 大唐再出師, 新羅援助,
討平之. 其地多入敦海靺鞨, 新羅亦得其南境, 以置漢·朔·溟三州及其郡縣, 以備九州焉."
231 『新增東國輿地勝覽』 43, 海州牧, "建置沿革, 本高句麗內未忽郡(一云池城, 一云長池), 新
羅景德王改稱瀑池, 高麗太祖, 以郡南臨大海, 賜今名. … 郡名, 孤竹(隋裴矩傳, 高麗本孤竹國,
李詹云今海州. ○今按, 大明一統志, 永平府西二十五里, 有孤竹國, 君所封之地, 又府城西北,
有孤竹三君塚, 又有伯夷叔齊廟, 此爲孤竹國, 明甚, 裴矩, 豈以夷齊, 東夷之人, 而云然耶, 詹,
以海州, 爲孤竹, 未知何所據)." / 『世宗實錄』 152, 지리지, 황해도 해주목, "名山 首陽(州東北有
山, 俗號爲首陽. 東南海中三十里許, 有二小島, 俗號爲兄弟島, 其一高十二步, 其一高八步, 周
回皆一百二十步, 相距二百七十步. 諺稱伯夷, 叔齊死于此, 故號州爲孤竹國)" / 『遼史』 38, 지리
지2, 동경도, "海州, 南海軍, 節度. 本沃沮國地. 高麗爲沙卑城, 唐李世勣嘗攻之. 渤海號南京
南海府. 疊石爲城, 幅員九里, 都督沃, 晴, 椒三州. 故縣六：沃沮, 鷲巖, 龍山, 海濱, 升平, 靈泉,
皆廢. 太平中, 大延琳叛, 南海城堅守, 經歲不下, 別部酋長皆被擒, 乃降. 因盡徙其人於上京,
置遷遼縣, 移澤州民來實之. 戶一千五百. 統州二, 縣一：臨溟縣. 耀州, 刺史. 本渤海椒州；故

海皐(延安), 若雛澤(白川), 若松岳(江陰), 若取城(黃州), 若永豊(平山), 若五關(瑞興), 若栖巖(鳳山), 若唐岳(中和), 若土山(詳原), 新羅皆改號, 更始爲之經理, 獨浿江以西, 無見焉, 雖安州稱, 景德王, 改重盤郡云, 而載寧, 既爲重盤, 則一國之內, 豈有兩重盤, 或者, 載寧, 本號安州, 故記者誤認, 爲關西安州疊錄也, 以此觀之, 浿江以西, 恐爲渤海所據, 新羅不得合併也, 沃沮, 亦以定平郡都連浦, 爲界,[232] 以北則, 亦沒于胡矣.[233]

縣五, 椒山, 貉嶺, 澌泉, 尖山, 巖淵, 皆廢。戶七百。隷海州。東北至海州二百里。統縣一 : 巖淵縣。東界新羅, 故平壤城在縣西南。東北至海州一百二十里。"

232『大東地志』19, 함경도 함흥, "沿革, 本沃沮地。漢置玄菟郡(後徙郡, 今所謂玄菟故府是。)"

233『高麗史』58, 지12, 지리3, "(東界) 恭愍王五年(1356)七月 遣樞密院副使柳仁雨攻破雙城 於是按地圖 收復和登定長預高文宜州及宣德元興寧仁耀德靜邊等鎭諸城 前此朔方道以都連浦爲界 築長城 置定州宣德元興三關門 沒于元凡九十九年 至是始復之 以壽春君李壽山爲都巡問使 定疆域 復號東北面." / 『東文選』40, 표전, (권근), 진정표, "臣言 洪武二十一年二月十五日 陪臣門下評理偰長壽自京師回 准戶部咨 欽奉聖旨節該 鐵嶺迤東迤北迤西 原屬開原所管軍民 仍屬遼東 欽此臣與一國臣民 不勝殞越 仰陳卑抱者 昊天廣大 覆育無遺 帝王作興 疆理必正 玆殫卑懇 庸瀆聰聞 粤惟弊邦 僻在遐壤 褊少實同於墨誌 峭嶢何異於石田 況從東隅 以至北鄙 介居山海 形勢甚偏 傳自祖宗 區域有定 切照鐵嶺迤北 歷文高和定咸等諸州 至公嶮鎭 自來係是本國之地 至遼乾統七年 有東女眞人等作亂 奪據咸州迤北之地 睿王告遼請討 遣兵克復 就築咸州公嶮鎭等城 及至元初戊午年間 蒙古散吉大王普只官人等 領兵收附女眞之時 有本國定州叛民卓靑龍津縣人趙暉 以和州迤北之地迎降 聞知今朝遼東咸州路附近瀋州 有雙城縣 因本國咸州近處和州 有舊築小城二坐 矇矓奏請 遂將和州 冒稱雙城 以趙暉爲雙城揔官 卓靑爲雙城千戶 管轄人民 至至正十六年間 申達元朝 將上項揔官千戶等職革罷 以和州迤北 還屬本國 至今除授州縣官員管轄人民 由叛賊而侵削 控大邦以復歸 今欽奉見鐵嶺迤北迤東迤西 原屬開原路所管人民 仍屬遼東 欽此鐵嶺之山 距王京僅三百里 公嶮之鎭 限邊界非一二年 其在先臣 幸逢昭代 職罔愆於侯度 地既入於版圖 逮及微軀 優蒙睿澤 特下十行之詔 俾同一視之仁 伏望度擴包容 德敦綏撫 遂使數州之地 仍爲下國之疆 臣謹當益感再造之恩 恒祝萬年之壽 臣無任瞻天戀聖激切屛營之至 謹遣陪臣奉翊大夫密直提學朴宜中 奉表陳乞以聞"

형승形勝, 관방關防

계립령(아달라왕 3년에 개통하였다. 지금 문경에 소재한다. 지금은 철폐하였고, 조령을 개통하였다.)

鷄立嶺(阿達羅王三年開, 在今聞慶, 今廢, 而開鳥嶺.)

죽령(아달라왕 5년에 개통하였다.)

竹嶺(阿達羅王五年開)

마현(고구려 영류왕이 김춘추에게 말하기를, "마현·죽령은 본래 우리나라 지역이니, 지역이 반환되면 군사가 물러나올 수 있을 것이오 등등."이라고 하였지만, 지금 어느 곳에 소재하는지는 알지 못한다.)

麻峴(高句麗營留王謂金春秋曰, 麻峴·竹嶺, 本我國之地, 地若還, 則兵可出云云, 不知今在何處.)

청해진(장보고가 이곳에 진영을 두고, 중원으로 왕래하는 선박을 기찰하였다. 생각건대, 이곳으로부터 오나라와 월나라로의 직통로인 것이다. 지금은 어느 지역에 정확하게 소재하였는지는 알지 못한다.)

淸海鎭(張保皐鎭於此, 譏察中原往來之船, 盖自此, 直通吳越之路也, 今不知的在何地.)

당항성(달리 당항진이라고 호칭한다. 중원 조공로이다. 백제가 일찍이 고구려와 연합하여 도모해서 당항성을 탈취하여 근거지로 삼고, 중원으로의 왕래 통로를 단절하였다. ○내가 상고한다. 소정방이 오자, 신라 태종왕이 나가서 남천에 유숙하였다. 바로 지금의 이천이다. 세자 법민은 병선으로 (소)정방을 덕물도에서 영접하였다. 이로써 보건대, 소위 당항진은 흡사 지금 남양부에 소재했던 듯하다. 상고할 만한 분명한 문장이 없으니, 감히 억지로 해석하지 않는다.)

棠項城(或稱棠項津, 中原朝貢之路, 百濟嘗與高句麗, 合謨奪據棠項城, 絶中
原往來之路. ○愚按, 蘇定方之來, 新羅太宗王出次南川, 卽今利川, 世子法敏,
以兵舡, 迎定方於德物島, 以此見之, 所謂棠項津, 似在今南陽府, 無明文可考,
不敢强解.)

우수주(선덕왕 6년에 군주를 설치하였다. 지금 춘천부이다.)
牛首州(宣德王六年, 置軍主, 今春川府.)

북한산(진흥왕 18년에 북한산에 도착하여 봉강을 획정하고, 군주를 설치하였
다.)
北漢山(眞興王十八年. 至北漢山, 定封疆, 置軍主.)

명주소경(선덕 시기에 소경을 두고 관속을 세웠다. 태종왕 5년에 지역이 말갈
과 연접하므로 혁파하고, 도독진을 설치하였다. 지금 강릉부이다.)
溟州小京(宣德時, 置小京, 設官屬, 太宗王五年, 以地連靺鞨, 罷, 置都督鎭, 今
江陵府.)

국원소경(위덕왕이 국원을 소경으로 삼고, 귀족 친척의 자제 및 6부 호족 인민
을 옮겨서 채웠다. 지금 충주이다.)
國原小京(威德王, 以國原, 爲小京, 徙貴戚子弟, 及六部豪民, 以實之, 今忠州.)

장령 5책(말갈이 신라 장령 5책을 태우고, 침략을 그치지 않았다. 일성왕이 목
책을 세워서 방어하였다. 설명이 백제 장령진 아래에 보인다.)
長嶺五柵(靺鞨燒新羅長嶺五柵, 侵掠不止, 逸聖王立柵, 以防之. 說見百濟長
嶺鎭下.)

내가 상고한다. 국가를 수립하고 도읍을 확정할 때 규모는 크지 않아서는

안 되고, 산의 형태와 지세는 살피지 않아서는 안 된다. 신라가 통합한 초기에, 당나라 군대가 철수·귀환한 뒤, 되돌려서 바로 국토 중앙으로 천도하여 사방 경계를 제압하였다면, 고구려 옛 강역을 수습할 수 있었고, 요·심·부여 지역이 우리 판도가 되었을 것이다. 저들 거란과 여진이, 어찌 홀로 국경 바깥에 웅대한 강역을 제멋대로 할 수 있었겠는가! 신라의 군주와 신하가 사람으로서 사업을 완성함에 기인하여 의지에서 쉽게 만족하고 한 귀퉁이에 안주할 것을 슬며시 도모하며 고식적으로 세월을 허송하여, 서북쪽 절반 지역을 들어 인근 적국에 가져다주기를 헌신짝처럼 하였으니, 진나라 하나를 멸망시키고서 또 다른 진나라 하나를 탄생시킨 것이다. 마침내 신라의 세상이 끝나고 왕씨에 이르기까지 700여 년간 봉강의 안에 괴로움이 미처 제거되지 못하게 하였고 조금이라도 편안할 날이 하루도 없도록 하였으니, 통탄할 만 할 진저!

愚按, 立國定都之時, 規模不可以不大, 形勢不可以不審, 當新羅統合之初, 唐兵撤還之後, 旋卽移都土中, 控制四裔, 則高句麗故疆, 可以收拾, 而遼瀋扶餘之地, 爲我版籍矣, 彼契丹女眞, 豈獨擅雄疆於境外哉, 羅之君臣, 因人成事, 志意易滿, 偸安一隅, 姑息度日, 擧西北一半之地, 輸與隣敵, 有同弊屣, 亡一秦, 又生一秦,[234] 遂使終羅之世, 迄于王氏, 七百餘年間, 封疆之內, 荊棘未除, 無一日少安, 可勝歎哉.

---

234 『史記·張耳陳餘列傳』2, "陳王相國房君諫曰, 秦未亡, 而誅武臣等家, 此又生一秦也."

부附

금관국은 지금 김해에 소재한다. ○가락에 아도간·여도간 등 9인이 있었는데, 각자를 추장으로 삼았고, 군주와 신하의 직위와 호칭이 없었다. 그 인민을 인솔하고 삼짓날 구봉을 바라보니, 기이한 기운이 있었다. 또 공중에서 말만 들리고 은폐되어 있었는데, 가서 금통을 취득하였다. 열어 보니 여섯 개의 알이 있었는데, 며칠 안에 모두 변화하여 남자가 되었다. 기이하고 위대하며 장대하였고, 형상이 모두 경이로웠다. 처음 탄생한 자를 추대하여 즉위시켜 군주로 삼았다. 금색 알에 기인하여 성을 김씨라고 하였고, 처음 나타났으므로 수로로 명명하였다. 국호는 대가락이라고 하고, 또 가야라고 호칭하였다. 다섯 사람은 각자 다섯 가야 군주가 되었는데, 아라가야(지금 함안), 고녕가야(지금 함창), 대가야(지금 고령), 성산가야(지금 성주), 소가야(지금 고성)라고 하였다. 뒤에 금관국으로 개칭하였다. 동쪽으로 황산강에 도달하고, 동북쪽으로 가야산에 도달하며, 서남쪽으로 큰 바닷가에 이르고, 서쪽은 지이산을 경계로 하였다. 전승해서 구해왕에 이르렀고, 무릇 14세, 491년이었다. 신라 법흥왕에게 항복하니, 왕이 손님의 예의로써 대접하였고, 그 나라를 읍으로 삼았으며, 금관군이라고 호칭하였다. 이곳은 실제 변한의 지역이다.

金官國, 今在金海. ○駕洛, 有我刀干·汝刀干等九人, 各爲酋長, 無君臣位號, 率其民, 禊飮, 望見龜峯, 有異氣, 且聞空中語隱, 就得金樻, 開視之, 有六卵, 不日皆化爲男, 奇偉長大, 象皆驚異. 推立始生者, 爲主, 因金卵, 姓金氏, 以始見, 名首露. 國號大駕洛又稱伽倻, 五人各爲五伽倻主, 曰阿羅伽倻(今咸安), 曰古寧伽耶(今咸昌), 曰大伽耶(今高靈), 曰星山伽耶(今星州), 曰小伽耶(今固城). 後改稱金官國, 東至黃山江, 東北至伽倻山, 西南際大海, 西界智異山, 傳至仇亥王, 凡十四世, 四百九十一年, 降于新羅法興王, 王待以客禮, 以其國, 爲邑, 號金官郡, 此實弁韓之地也.

가야국 도읍은 고령이고, 시조 이진아고왕으로부터 도설지왕에 이르기까지 무릇 16세, 520년이었으며, 진흥왕이 멸망시켰고, 그 지역을 대가야군으로 삼았다. ○내가 상고한다. 이전 역사가 상호 동일하지 않다. 혹자는 가야시조가 바로 수로왕이라고 하는데, 어느 것이 옳은지 미처 모르겠다.

伽倻國都, 高靈, 自始祖伊珍阿鼓王, 至道設智王, 凡十六世, 五百二十年, 眞興王滅之, 以其地, 爲大伽倻郡. ○愚按, 前史, 互有不同, 或云伽倻始祖, 卽首露王, 未知孰是.

태봉국은 강원도 철원부에 소재한다. 궁예는 성이 김씨이고, 신라 헌안왕의 서자이다. 탄생할 때 옥상에서 흰 빛이 있었고, 무지개가 위로 하늘에 이어지는 듯하였다. 일관이 상주하여 말하였다. "이 아이는 중오일에 탄생하였고, 태어나면서 치아가 있었으며, 또 빛과 불꽃이 이상하였습니다. 장차 국가에 불리함이 있을까 두렵습니다." 왕이 중사에게 칙명으로 살해하게 하니, 사신이 탈취하여 누각 아래로 던졌다. 유모인 노비가 몰래 받들다가 손으로 찔러서 눈 하나가 애꾸가 되었다. 안고서 도망하여 몰래 양육하였다. 나이 십여 세에 머리를 깎고 선종이라고 호칭하였다. 승려 율법에 구애되지 않았고, 헌칠하며 담력이 있었다. 일찍이 재실에 나아갔다가, 까마귀가 상아 점대를 물고 와서 바리때 안에 떨어뜨렸는데, '왕'이란 글자가 씌어있었다. 비밀로 해서 말하지 않고서, 자못 자부하였다. 신라가 쇠퇴하는 것을 보고, 혼란을 틈타 무리를 모아서 뜻을 이룰 수 있을 것이라고 말하였다. 진성왕 5년에 북원 도적 양길에게 투속하니 사무를 위임하였다. 마침내 군대를 배분하여 동쪽으로 지역을 공략하였는데, 무리가 3천 500인이었다. 사졸들과 동고동락하니, 대중들이 마음으로 두려워하고 사랑하였다. 추대하여 장군으로 삼으니, 군대의 명성이 매우 성대하였다. 마침내 송악군에 근거하여 나라를 개창하고 왕을 호칭하였으며, 국호를 마진이라고 하였다. 철원으로 들어가 서울로 삼고, 국호를 태봉으로 고쳤다. 당나라 소종 대순 2년 신해에 일어나, 주량 말제 정명 4년 무인에 이르러 고려 태조 왕건에게 멸망당하니, 무릇 28년이었다.

泰封國, 在江原道鐵原府, 弓裔, 姓金氏, 新羅憲安王庶子, 生時, 屋上有素光, 若虹上屬天, 日官奏曰, 此兒, 以重午日生, 生而有齒, 且光焰異常. 恐將不利於國家, 王勅中使, 殺之. 使者取之, 投樓下. 乳婢竊捧之, 手觸眇一目. 抱而逃, 竊養之. 年十餘, 祝髮號善宗. 不拘檢僧律, 軒軽有膽氣. 嘗赴齋, 有烏啣牙籤, 落鉢中. 書王字. 秘不言, 頗自負. 見新羅衰, 謂乗亂聚衆, 可以得志. 以眞聖王五年, 投北原賊梁吉. 委任以事. 遂分兵, 東略地. 有衆三千五百人, 與士卒同甘苦, 衆心畏愛, 推爲将軍. 軍聲甚盛. 遂據松岳郡, 開國稱王, 國號摩震, 入鐵原, 爲京, 改國號泰封, 起唐昭宗大順二年辛亥, 至朱梁末帝貞明四年戊寅, 爲高麗太祖王建所滅, 凡二十八年.

후백제의 국도는 전라도 전주부에 소재한다. 견훤은 상주 가은현인이고, 본래 성은 이씨이다. 부친 아자개는 농사로써 스스로 생활하다가 가문을 일으켜 장군이 되었다. 처음에 (견)훤이 탄생할 때 부친이 들에서 경작하는데 모친이 음식을 날라주었다. (견)훤을 수풀 아래에 두니, 호랑이가 와서 젖을 먹이니, 마을에서 기이하게 여겼다. 나이 열다섯에 스스로 견훤이라고 호칭하였다. 장성함에 미쳐 신체와 모습이 웅장하고 기이하였으며, 의지와 기운이 대범하고 빼어났다. 신라에 벼슬하여 남쪽과 북쪽 바다의 변경 파수에 나아갔으며, 비장이 되었다. 당시 여자 군주가 음란·혼미하여 정치가 혼란해졌고, 인민이 굶주렸으며 도적이 무리지어 봉기하였다. (견)훤은 몰래 다른 뜻을 품고 망명자들을 불러 모았으며, 주·군을 위협하고 약탈하였는데, 무리가 5천 인에 이르렀다. 마침내 무진주·광주에 도착하여 자립해서 왕이 되었지만, 여전히 감히 공공연하게 호칭하지는 못하였다. 스스로 서명하여, 신라서남도통지휘도독·전무공등주군사·상주국·한남군개국공으로 삼았다. 서쪽으로 순수하여 완산주에 도착하니, 인민들이 힘써 영접하였다. (견)훤이 인심을 획득한 것을 기뻐하며 말하였다. "백제가 금마산에 개국한 지 600여 년인데, 신라가 당나라 군대와 연합하여 공격해서 멸망시켰다. 지금 나는 의자의 묵은 울분을 설욕하려고 한다." 마침내 완산주에 도읍하고, 백제라고 호칭하였다. 이때가 당나라 소종 광화 3년, 신라 효공왕 4년이었다. 견훤은 아들이 10여 인 있었는데, 넷째 아들 금강에게 왕위를 전승시키려고 하였다. 형인 신검과 양검과 용검 등이 몰래 모의하였고, 능환이 신검에게 권유하여 (견)훤을 금사불사에 유폐하였으며, 금강과 신검을 살해하고 스스로 왕을 호칭하였다. (견)훤은 나주로 달아났고, 사람을 파견하여 고려왕에게 알현할 것을 청원하였다. 왕이 장군 검필 등을 파견하여 탄로를 경유해서 영접하였다. 도착함에 미쳐 후덕한 예의로써 대접하고, 상보라고 호칭하였으며, 지위를 전체 관료의 상위에 두었다. (견)훤이 말하였다. "늙은이가 전하에게 투신한 까닭은 존엄한 위력에 의지하여 반역한 자식을 주륙하고자 할 따름입니다." 왕이 스스로 3군을 거느리고 후백제를 토벌하니, 장군 효봉 등이 소문을 듣고 항복하였으며, 백제 군대가 궤멸되었고, 신검과 두 동생 및 능환 등은 항복하니, 고려왕은 부친을 유폐하고 아들을 즉위시킨 죄를 헤아려 주륙하였으며, 신검은 타인의 권유를 받았으므로 특별히 사면하였다. (견)훤은 걱정하며 번민하다가 등창이 나서 사망하였다. 당나라 소종 경복 원년 임자에 일어나 후진 고조 천복 원년 병신에 이르러 멸망하니, 모두 45년이었다.

後百濟, 國都在全羅道全州府, 甄萱, 尙州加恩縣人. 本姓李, 父阿慈介, 以農自活, 起家爲将軍. 初萱生, 父耕野, 母餉之, 置萱林下, 虎來乳之. 鄉黨異之. 年十五自稱甄萱, 及壯體貌雄奇, 志氣偶倘. 仕新羅, 赴南北海防戍, 爲裨將. 時女主淫昏政亂. 民飢, 羣盜蜂起. 萱潛懷異志, 嘯聚亡命, 劫掠州縣. 衆至五千人, 遂至武珍州光州. 自立爲王, 猶不敢公然稱之. 自署爲新羅西

南都統指揮都督·全武公等州軍事·上柱國·漢南郡開國公. 西巡至完山州,
民勞迎. 萱喜得人心, 謂曰, 百濟開國金馬山, 六百餘年, 新羅與唐兵合攻,
滅之. 今予欲雪義慈宿憤, 遂都完山州, 稱百濟, 是唐昭宗光化三年, 新羅孝
恭王四年也. 甄萱有子十餘人. 第四子金剛, 欲傳位. 兄神劒·良劒·龍劒等陰
謀, 能奐勸神劒, 幽萱於金山佛寺, 手殺金剛·神劒, 自稱王, 萱逃奔羅州, 遣
人請見於高麗王. 王遣將軍黔弼等, 由炭路迎之. 及至, 待以厚禮. 稱尚父.
位百僚上. 萱曰, 老臣所以投身於殿下者, 欲仗威稜, 以誅逆子耳. 王自將三
軍, 討後百濟, 將軍孝奉等, 望風而降, 百濟軍潰. 神劒與二弟及能奐等降.
麗王數囚父立子之罪, 誅之. 以神劒爲人所誘, 特赦之. 萱憂懣發疽, 死, 起
唐昭宗景福元年壬子, 至後晉高祖天福元年丙申, 滅, 共四十五年.

고려高麗

개성부(고려왕 왕건은 자가 약천이고, 한주 송악군인이다. 처음에 (왕)건의 부친 융이 외관이 거대하고 삼한을 병탄할 의지가 있었다. 한씨에게 장가들어 송악의 남쪽에 집을 축조하였다. 승려 도선이 와서 문 밖 나무 아래에서 쉬면서 감탄하며 말하였다. "이 곳에서 당연히 성인이 출현해야 한다." 융이 듣고서는 신발을 거꾸로 신고 나가서 영접하였고, 서로 더불어 송악에 올랐다. 도선이 나아가 봉함한 문서 하나를 융에게 주면서 말하였다. "당신은 명년에 반드시 귀중한 아들을 얻을 것이오. 장성하면 주도록 하시오." 문서는 비밀로 하여 세상에서 알지 못하였다. 시기가 미치자 과연 (왕)건을 그 집에서 낳았다. 당나라 희종 건부 4년 정유 정월 14일 병술이었다. 신령한 광채와 자줏빛 기운이 집을 둘러싸고 정원에 가득하였다. 어려서 총명하였다. 용과 같은 얼굴에 이마 뼈가 불거졌고, 턱은 모나고 이마는 넓었다. 기운과 도량이 웅장하고 심오하였으며, 말소리가 우렁찼고, 관대하고 후덕하여 세상을 제도할 역량이 있었다. 나이 열일곱에 도선이 다시 도착하여 보기를 요청하여 말하였다. "족하는 액운의 시기를 만났고, 삼대 말세의 백성들이 당신에게 널리 구제해 주기를 고대하고 있소." 기인하여 군사를 출동시키고 진영을 설치하며 땅의 유리함과 하늘의 적시에 관한 방법과 산천의 신에게 제사 지내고 감정이 소통되어 보호와 도움을 받는 이치를 일러주었다. 나이 스물에 처음으로 궁예에게 벼슬하여, 파진찬·시중에 임명되었다. 궁예는 시기하며 사람 죽이기를 좋아하였다. 홍유·배현경 등 4인이 (왕)건의 집에 가서 말하였다. "지금 왕이 처자를 살육하고 신하들을 주살하며 인민이 도탄으로 떨어졌으니, 당신께서 인민들을 구제하기를 바라고 있습니다." (왕)건이 정색을 하고 말하였다. "나는 충의로써 스스로 자부하고 있는데, 감히 다른 마음을 가지겠는가?" 여러 장수가 말하였다. "하늘이 부여하는데 선택하지 않으면, 도리어 그 허물을 받습니다. 또 왕창근 거울의 문장이 저와 같으니, 어찌 하늘을 위배하여 외톨이의 손에 죽을 수 있겠습니까?" 부인 유씨가 휘장 안에 있다가 나와서 (왕)건에게 말하였다. "제가 여러 장군들의 말을 들으니, 오히려 감동하고 분발이 되는데, 하물며 대장부이리오." 갑옷 깃을 잡고서 입혔다. 여러 장군이 부축하여 끼고서 나가서, 사람을 시켜 소리치게 하였다. "왕공께서 이미 정의의 깃발을 들었다." 나라 사람들로서 달려와서 동참하는 자가 무리를 지었다. 먼저 궁궐 문으로 가서 북치고 함성을 지르며 기다리는 자가 역시 만여 인이었다. (궁)예가 듣고 놀라며 말하였다. "왕공이 얻었다면 나의 일은 다 끝났다." 북문으로 나와 도망갔는데, 곧 부양 인민에게 살해되었다. (왕)건이 마침내 즉위하고, 연호를 천수로 개정하였다. 기묘에 송악으로 천도하였고, 성종 14년에 개정하여 개성부라고 하였다.)

開城府(高麗王王建, 字若天, 漢州松岳郡人, 初建父隆, 器宇宏大, 有幷吞三韓之志, 娶韓氏, 築室松岳之南, 僧道詵來憇門外樹下, 歎曰, 此地當出聖人, 隆聞之, 倒屣出迎. 相與登松岳, 道詵就爲一封書, 授隆曰, 公明年必得貴子, 旣長, 可以與之, 書秘, 世莫知也, 及期, 果生建于其第, 唐僖宗乾符四年丁酉正月十四日丙戌也, 神光紫氣, 繞室克庭, 幼而聰明, 龍顔日角, 方頤廣顙. 氣度雄深, 語音洪大, 寬厚有濟世之量, 年十七, 道詵復至, 請見曰, 足下値百六之會, 三季蒼生待公弘濟. 因告以出師置陣地利天時之法, 望秩山川感通保佑之理. 年二十, 始仕弓裔, 拜波珍粲侍中, 弓裔猜忌嗜殺, 洪儒·裵玄慶等四人詣建第, 言曰, 今王殺戮妻子, 誅夷臣僚, 民墜塗炭, 欲公救民也, 建作色曰, 吾以忠義自許, 敢有二心乎. 諸將曰, 天與不取, 反受其咎, 且王昌瑾鏡文如彼, 豈可違天, 死於獨夫之手乎, 夫人柳氏在帳中, 出謂建曰, 妾聞諸公之言, 尙猶感奮, 況大丈夫乎, 提甲領, 以被之. 諸將扶擁而出, 令人呼曰, 王公已擧義旗矣. 國人奔走來赴者衆, 先之宮門鼓譟以待者, 亦萬餘人. 裔聞之, 警駭曰, 王公得之, 吾事已矣, 出自北門, 亡去, 尋爲斧壤民所害, 建遂卽位, 改元天授, 己卯, 移都松岳, 成宗十四年, 改爲開城府.)

서경(지금 평양부이다. 태조 원년에 평양이 황폐해졌으므로, 염·백·황·해·봉 여러 주의 인민을 요량하여 옮겨서 채우고, 서경으로 삼았다. 광종 11년에 서도라고 개칭하였다. 목종 원년에 또 호경으로 개정하였다. 문종 16년에 서경·경기4도를 설치하였다. 숙종 7년에 문무반 및 5부를 설치하였다. 인종 23년에 승려 묘청 및 유감과 분사시랑 조광 등이 배반하고, 절령도를 단절하니, 김부식에게 명령하여 토벌·평정하게 하였다. 유수와 감군·분사어사를 제외하고 관리 위계를 모두 걸러내었다. 곧 경기4도를 삭감하고 6현을 설치하였다. 원종 10년에 서북면병마사 영기관 최탄과 삼화교위 이연령 등이 반란을 일으켜, 유수를 살해하고, 서경 및 여러 성곽으로써 배반하여 몽고에 붙었다. 몽고는 이로써 동녕부로 삼고, 절령을 구획하여 경계로 삼았다. 충렬왕 16년 원나라가 도로 우리에게 귀속시키니, 마침내 복구하여 서경으로 삼았다.)

西京(今平壤府, 太祖元年, 以平壤荒廢, 量徙塩白黃海鳳諸州民以實之, 爲西京,[235] 光宗十一年, 改稱西都,[236][237] 穆宗元年, 又改鎬京,[238] 文宗十六年, 置西京京畿四道,[239] 肅宗七年, 設文武班及五部,[240] 仁宗十三年, 僧妙淸及柳旵分司侍郎趙匡等叛, 斷嵓嶺道, 命金富軾, 討平之, 除留守, 監軍分司御史外, 悉汰官班, 尋削京畿四道, 置六縣,[241] 元宗十年, 西北面兵馬使營記官崔坦三和校尉李延齡

---

235 『高麗史』58, 지12, 지리3, 북계, 서경유수관 평양부, "西京留守官 平壤府 本三朝鮮舊都 唐堯戊辰歲 神人降于檀木之下 國人立爲君 都平壤 號檀君 是爲前朝鮮 周武王克商 封箕子于朝鮮 是爲後朝鮮 逮四十一代孫準時 有燕人衛滿亡命 聚黨千餘人來 奪準地 都于王險城[險一作儉 卽平壤] 是爲衛滿朝鮮 其孫右渠不肯奉詔 漢武帝元封二年 遣將討之 定爲四郡 以王險爲樂浪郡 高勾麗長壽王十五年 自國內城徙都之 寶藏王二十七年 新羅文武王與唐夾攻滅之 地遂入於新羅 太祖元年 以平壤荒廢 量徙塩白黃海鳳諸州民以實之 爲大都護府 尋爲西京"
236 『高麗史』58, 지12, 지리3, 북계, 서경유수관 평양부, "光宗十一年 改稱西都"
237 『高麗史』58, 지12, 지리3, 북계, 서경유수관 평양부, "成宗十四年 稱西京留守"
238 『高麗史』58, 지12, 지리3, 북계, 서경유수관 평양부, "穆宗元年 又改鎬京"
239 『高麗史』58, 지12, 지리3, 북계, 서경유수관 평양부, "文宗十六年 復稱西京留守官 置京畿四道"
240 『高麗史』58, 지12, 지리3, 북계, 서경유수관 평양부, "肅宗七年 設文武班及五部"
241 『高麗史』58, 지12, 지리3, 북계, 서경유수관 평양부, "仁宗十三年 西京僧妙淸及柳旵分司侍郎趙匡等叛 遣兵斷嵓嶺道 於是 命元帥金富軾等 將三軍 討平之 除留守監軍分司御史外 悉

等作亂, 殺留守, 以西京及諸城, 叛附于蒙古, 蒙古以爲東寧府, 畫岊嶺爲界,[242] 忠烈王十六年, 元還歸于我, 遂復爲西京.[243 244])

남경(지금 경도이다. 숙종 때 김위제가 도선밀기에 근거하여, 양주에 목멱양이 있으니 도성을 수립할 만하다고 하였고, 일자 문의가 따라서 동의하였다. 왕이 직접 현지를 조사하고, 평장사 최사추와 지주사 윤관에게 명령하여, 그 공사를 갈무리하게 해서, 남경으로 삼았다.)

南京(今京都, 肅宗時, 金渭碑據道詵密記, 謂楊州有木覓壤, 可立都城, 日者文義從而和之,[245] 王親相之, 命平章事崔思諏知奏事尹瓘, 董其役, 以爲南京[246])

동경(현종 21년에 예방이 올린 삼한회토기에 '고려3경'이란 문장이 있었으므로 설치하였다. 경주부에 소재한다.)

東京(顯宗二十一年, 銳方所上三韓會土記 有高麗三京之文 故置之,[247] 在慶州府.)

汰官班 尋削京畿四道 置六縣"

242 『高麗史』58, 지12, 지리3, 북계, 서경유수관 평양부, "元宗十年 西北面兵馬使營記官崔坦 三和校尉李延齡等作亂 殺留守 以西京及諸城叛附于蒙古 蒙古以西京爲東寧府 置官吏 畫慈悲嶺爲界"

243 『高麗史』58, 지12, 지리3, 북계, 서경유수관 평양부, "忠烈王十六年 元歸我西京及諸城 遂復爲西京留守官"

244 『高麗史』58, 지12, 지리3, 북계, 서경유수관 평양부, "恭愍王十八年 設萬戶府 後改爲平壤府 有大同江[卽浿江 又名王城江 江之下流爲九津溺水] 有大城山[一云九龍山 一云魯陽山 文獻通考云 平壤城東北有魯陽山 卽謂此也 山頂有三池] 古城基二[一箕子時所築 城內畫區用井田制 一高麗成宗時所築]箕子墓[在府城北兎山上]東明王墓[在府東南中和境龍山俗 號眞珠墓 又仁里坊有祠宇 高麗以時降御押行祭 朔望亦令其官行祭 邑人至今有事輒禱 世傳東明聖帝祠]乙密臺[臺在錦繡山頂 臺下層崖之旁有永明寺 卽東明王九梯宮 內有麒麟窟 窟南白銀灘 有巖出沒潮水 名曰朝天石] 屬縣四"

245 『高麗史』56, 지10, 지리1, 양광도, 남경유수관 양주, "肅宗元年 衛尉丞同正金謂碑據道詵密記 請遷都南京云 楊州有木覓壤 可立都城 日者文象從而和之"

246 『高麗史』56, 지10, 지리1, 양광도, 남경유수관 양주, "(숙종) 四年秋 王親幸相之 命平章事崔思諏知奏事尹瓘 董其役"

247 『高麗史』57, 지11, 지리2, 경상도, 동경유수관 경주, "(현종) 二十一年 復爲東京留守 時銳方所上三韓會土記 有高麗三京之文 故復置之"

강도(지금 강화부이다. 고종 19년에 몽고 군대가 멀리 달려서 진군하였고, 선봉
이 예성강에 도착하니, 경기가 흉흉하였다. 최우가 왕을 위협하여 강화로 천도
하였다. 원종 11년에, 예전 서울로 도읍을 되돌렸다. 16년에 합란 군대를 피하
여 또 강도로 들어갔다. 18년 춘정월에 개경으로 도읍을 복구하였다. 강도에 체
재했던 것은 전후 통산 41년이었다.)

江都(今江華府, 高宗十九年, 蒙古兵長驅而進, 前鋒到禮成江, 京畿洶洶, 崔瑀
脅王遷都江華, 元宗十一年, 還都舊京, 十六年, 避哈丹兵, 又入江都, 十八年春
正月, 復都開京, 在江都, 通前後, 四十一年)

중흥전(의왕 12년에 유원도가 상주하였다. "배천의 토산 반월강은 실로 우리나
라 중흥의 지역입니다. 만약 궁실을 경영하면 7년 안에 북쪽 오랑캐를 삼킬 수
있습니다." 마침내 최윤의를 파견하여 풍수를 살피게 하였다. 귀환하여 상주하
였다. "산이 모이고 강이 순조로우니, 궁궐을 경영할 만합니다." 이에 박회준 등
에게 명령하여 별궁을 여기에 창건하게 하였고, 명명하여 중흥전이라고 하였다.
점술가가 몰래 말하였다. "여기는 도선이 말한 바 서서남쪽[庚] 방향으로 다른
지방의 호랑이가 머리를 들고 엄습해 오는 형세이니, 이곳에 궁궐을 창건하면 아
마도 위험과 멸망의 우환이 있을 것이다.")

中興殿(毅王十二年, 劉元度奏, 白川之兎山半月崗, 實我國重興之地, 若營宮
室, 七年之內, 可呑北虜, 乃遣崔允儀相風水, 還奏曰, 山朝水順, 可營宮闕, 於
是, 命朴懷俊等, 創別宮于是, 名曰中興殿, 術者竊語曰, 此道詵所謂, 庚方, 客
虎擧頭掩來之勢, 創闕於此, 恐有危亡之患.)

신궁(공민왕이 남경으로 천도하려고 하였다. 마침내 태묘에 점을 치니 불길하
여 천도를 이루지 못하였다. 이에 직접 행차하여 지리를 살피고, 마침내 궁궐을
경영하니, 당시 사람들이 신경이라고 하였다. 임진현에 소재한다.)

新宮(恭愍王欲遷都南京, 乃卜于太廟, 不吉, 不果遷, 於是親幸相地, 遂營宮闕,

時人謂之新京, 在臨津縣.)

북소궁(곡주 협계현에 소재한다. 신우 때, 도선밀기에 근거하여 권중화 등을 파
견해서 조사하여 얻었다. 좌소 백악산, 우소 백마산과 더불어 3소로 삼았다.)
北蘇宮(在谷州俠溪縣, 辛禑時 據道詵密記, 遣權仲和等, 審得之, 與左蘇白岳
山, 右蘇白馬山, 爲三蘇)

봉강封疆, 형세形勢(산의 형태와 지세),
관방關防(並附 아울러 부록함)

고려 태조는 신라를 항복시키고 백제를 멸망시켰으며, 개경에 도읍을 확정하니, 삼국의 지역이 통일로 귀착되었다. 동국 지방이 처음 안정되었지만 경영하고 통치할 겨를이 없었다. 32년에 이르러 비로소 여러 주·부·군·현 명칭을 개정하였다. 성종 14년 마침내 경계 안을 분할하여 10도로 삼았으며, 그 말엽에 제정하여 경기 및 5도와 양계로 삼았다.

高麗太祖, 降羅滅濟, 定都開京, 三國之地, 歸于一統, 東方初定, 未遑經理, 至三十二年, 始改諸州府郡縣名, 成宗十四年, 遂分境內爲十道, 其季世, 定爲京畿及五道兩界.[248]

경기(개성현, 우봉군, 정주현, 덕수현, 강음현, 장단현, 임진현, 토산현, 송림현, 마전현, 적성현, 파평현이 소속되었다.)

京畿(開城縣,[249] 牛峯郡, 貞州縣, 德水縣, 江陰縣, 長湍縣, 臨津縣, 兎山縣, 松林

---

[248] 『高麗史』 56, 지10, 지리1, "惟我海東 三面阻海 一隅連陸 輯員之廣 幾於萬里 高麗太祖興於高勾麗之地 降羅滅濟 定都開京 三韓之地 歸于一統 然東方初定 未遑經理 至二十三年 始改諸州府郡縣名, 成宗 又改州府郡縣及關驛江浦之號 遂分境內爲十道 就十二州 各置節度使 其十道 一曰關內 二曰中原 三曰河南 四曰江南 五曰嶺南 六曰嶺東 七曰山南 八曰海陽 九曰朔方 十曰浿西 其所管州郡 共五百八十餘 東國地理之盛 極於此矣, 顯宗初 廢節度使 置五都護 七十五道安撫使, 尋罷安撫使 置四都護八牧 自是以後 定爲五道兩界 曰楊廣曰慶尙曰全羅曰交州曰西海曰東界曰北界 惣京四牧八府十五郡一百二十九縣三百三十五鎭二十九 其四履 西北自唐以來以鴨綠爲限 而東北則以先春嶺爲界 蓋西北所至不及高勾麗 而東北過之 今略據沿革之見於史策者 作地理志"

[249] 『高麗史』 56, 지10, 지리1, "王京開城府 本高勾麗扶蘇岬 新羅改松嶽郡 太祖二年 定都于松嶽之陽 爲開州 創宮闕 [會慶殿後改承慶 膺乾殿改奉元 長齡殿改千齡 含慶殿改向福 乾明殿改儲祥 明慶殿改金明 乾德殿改大觀 文德殿改修文 延英殿改集賢 宣政殿改廣仁 宣明殿改穆淸 舍元殿改靜德 萬壽殿改永壽 重光殿改康安 宴親殿改睦親 五星殿改靈憲 慈和殿改集禧 正陽宮改書和 壽春宮改麗正 聖壽樓改觀祥 宜春樓改韶暉 神鳳門改儀鳳 春德門改棣通 大初門改泰定 閤闔門改雲龍 會日門改利賓 昌德門改興禮 開慶門改皇極 金馬門改延水 天福門改紫宸 通天門改永通 景陽門改陽和 安祐門改純祐 左右承天門改通嘉 左右宣慶門改敷祐 左右延

縣, 麻田縣, 積城縣, 坡平縣, 屬焉.)

양광도(영유하는 경 1, 목 3, 부 1, 군 27, 현 78이다. 남경 한성부, 광주목, 충주목, 청주목, 안남부(지금 부평), 인천부 등 군현이 소속되었다.)

楊廣道(領京一, 牧三, 府一, 郡二十七, 縣七十八,[250] 南京漢城府,[251] 廣州牧, 忠

祐門改奉明 延守門改敎化 長寧門改朝仁 宣化門改通仁 興泰門改芬芳 陽春門改廣陽 大平門改重化 百福門改保化 通慶門改成德 東化門改慶度 西化門改向成 大淸門改淸泰 永安門改興安] 立市廛 辨坊里 分五部, 光宗十一年 改開京爲皇都, 成宗六年 更定五部坊里, 十四年 爲開城府 管赤縣六畿縣七, 顯宗九年 罷府 置縣令 管貞州德水江陰三縣 又長湍縣令 管松林臨津兔山臨江積城坡平麻田七縣 俱直隷尙書都省 謂之京畿, 十五年 又定京城五部坊里[東部坊七里七十 曰安定坊奉香坊令昌坊松令坊楊堤坊令坊弘仁坊 南部坊五里七十一 曰德水坊德豐坊安興坊德山坊安申坊 西部坊五里八十一 曰森松坊五正坊乾福坊鎭安坊香川坊 北部坊十里四十七 曰正元坊法王坊興國坊五冠坊慈雲坊王輪坊堤上坊舍乃功師子岩坊內天王坊 中部坊八里七十五 曰南溪坊興元坊弘道坊鸎溪坊由岩坊變羊岸廣德坊星化坊], 二十年 京都羅城成[王初卽位 徵丁夫三十萬四千四百人 築之 至是功畢 城周二萬九千七百步 羅閣一萬三千間 大門四 中門八 小門十三 曰紫安曰安和曰成道曰靈昌曰安定曰崇仁曰弘仁曰宣旗曰德山曰長覇曰德豐曰永同曰會賓曰仙溪曰泰安曰鸎溪曰仙巖曰光德曰乾福曰昌信曰保泰曰宣義曰狻猊曰永平曰通德 又皇城二千六百間門二十曰廣化曰通陽曰朱雀曰南薰曰安祥曰歸仁曰迎秋曰宣義曰長平曰通德曰乾化曰金耀曰泰和曰上東曰和平曰朝宗曰宣仁曰靑陽曰玄武曰北小門 一云 丁夫二十三萬八千九百三十八人 工匠八千四百五十人 城周一萬六百六十步 高二十七尺 厚十二尺 廊屋四千九百一十間], 文宗十六年 復知開城府事 都省所掌十一縣皆屬焉 又割西海道平州任內牛峯郡 以隷之, 忠烈王三十四年 設府尹以下官 掌都城內 別置開城縣 掌城外, 恭愍王七年修松都外城, 恭讓王二年 分京畿爲左右道 以長湍臨江兔山臨津松林麻田積城坡平爲左道 開城江陰海豐德水牛峯爲右道 又依文宗舊制[文宗二十三年正月 以楊廣道漢陽沙川交河高峯豐壤深岳幸州海等州見州抱州峯城金浦陽川富平童城石泉荒調黃魚富原果州仁州安山衿州南陽守安交州道永興兔山安峽僧嶺朔嶺鐵原西海道延安白州平州俠州新恩牛峯連津安州鳳凰瑞興等州縣屬京畿] 以楊廣道漢陽南陽仁州安山交河陽川衿州果州抱州瑞原高峯交州道鐵原永平伊川安峽漣州朔寧屬左道 以楊廣道富平江華喬桐金浦通津西海道延安平州白州谷州遂安載寧瑞興新恩俠溪屬右道 各置都觀察黜陟使 以首領官佐之 王都鎭山松嶽[一名崧岳巓 有神祠] 又有龍岫山進鳳山東江[在貞州]西江[卽禮成江]碧瀾渡 屬郡一縣十二"

250 『高麗史』 56, 지10, 지리1, "楊廣道 本高勾麗百濟之地[漢江以北高勾麗 以南百濟] 成宗十四年 分境內爲十道 以楊州廣州等州縣 屬關內道 忠州淸州等州縣爲忠原道 公州運州等州縣爲河南道, 睿宗元年 合爲楊廣忠淸州道, 明宗元年 分爲二道, 忠肅王元年 定爲楊廣道, 恭愍王五年 爲忠淸道 領京一 牧三府二 郡二十七 縣七十八)

251 『高麗史』 56, 지10, 지리1, "南京留守官楊州 本高勾麗北漢山郡[一云南平壤城] 百濟近肖古王取之 二十五年 自南漢山徙都之 至蓋鹵王二十年 高勾麗慈悲王來圍漢城 蓋鹵出走 爲麗兵

州牧, 淸州牧, 安南府(今富平),[252] 仁川府, 等, 郡縣, 屬焉.)

경상도(영유하는 경 1, 목 2, 부 3. 군 30 현 90이다. 동경 경주부, 상주목, 진주목, 안동부, 경산부(지금 성주) 등 군현이 소속되었다.)
慶尙道(領京一, 牧二, 府三, 郡三十, 縣九十,[253] 東京慶州府, 尙州牧, 晉州牧, 安東府, 京山府(今星州), 等, 郡縣, 屬焉.)

전라도(영유하는 목 2, 부 3, 군 18, 현 80이다. 전주목, 나주목, 남원부, 장흥부, 승평부(지금 순천) 등 군현이 소속되었다.)
全羅道(領牧二, 府三, 郡十八, 縣八十,[254] 全州牧, 羅州牧, 南原府, 長興府, 昇平府(今順天),[255] 等, 郡縣, 屬焉.)

所害 是歲子文周王移都熊津 後新羅眞興王十五年 至北漢山城 定封疆 十七年 創北漢山州 置軍主 景德王十四年 改爲漢陽郡 高麗初又改爲楊州, 成宗十四年 初定十道 置十二州節度使 號左神策軍 與海州爲左右二輔 屬關內道, 顯宗三年 廢二輔十二節度 改安撫使, 九年 降知州事, 文宗二十一年 陞爲南京留守官 徙旁郡民實之, 肅宗元年 衛尉丞同正金謂磾據道詵密記 請遷都南京云 楊州有木覓壤 可立都城 日者文象從而和之, 四年秋 王親幸相之 命平章事崔思諏知奏事尹瓘 董其役, 五年而成 王遂親幸 觀之, 忠烈王三十四年 改爲漢陽府 別號廣陵[成廟所定] 有三角山[新羅稱負兒嶽] 漢江[卽沙平渡]楊津[新羅時北瀆漢山河 躋中祀] 屬郡三縣六 領都護府一 知事郡二 縣令官 ․"
252 『高麗史』56, 지10, 지리1, "南京留守官 楊州 安南都護府 樹州, 忠宣王二年 汰諸牧 降爲富平府 屬縣六"
253 『高麗史』57, 지11, 지리2, "慶尙道 在三韓爲辰韓 在三國爲新羅 及太祖幷新羅百濟 置東南道都部署使 置司慶州, 成宗十四年 分境內爲十道 以尙州所管爲嶺南道 慶州金州所管爲嶺東道 晉州所管爲山南道 睿宗元年 稱慶尙晉州道, 明宗元年 分爲慶尙晉陜州兩道, 十六年 爲慶尙州道, 神宗七年 爲尙晉安東道 其後又改爲慶尙晉安道, 高宗四十六年 以和登定長四州 沒於蒙古 割道之平海德原盈德松生 隸溟州道, 忠烈王十六年 又以德原盈德松生移隸東界, 忠肅王元年 定爲慶尙道 領京一牧二府三郡三十縣九十二"
254 『高麗史』57, 지11, 지리2, "全羅道 本百濟之地 義慈王十九年 新羅太宗王與唐將蘇定方滅百濟 遂倂其地 景德王分爲全武二州都督府 眞聖王五年 西面都統甄萱悉據舊地 稱後百濟王 太祖十九年 親征克之, 成宗十四年 以全州瀛州淳州馬州等州縣 爲江南道 羅州光州靜州昇州貝州潭州朗州等州縣 爲海陽道, 顯宗九年 合爲全羅道 領牧二 府二 郡十八 縣八十二"
255 『高麗史』57, 지11, 지리2, "(忠宣王) 二年 降爲順天府 屬縣四"

교주도(영유하는 군 8 현 20이다. 교주(지금 회양), 춘천 등 군현이 소속되었다.)

交州道(領郡八, 縣二十,[256] 交州(今淮陽),[257] 春川, 等, 郡縣, 屬焉)

해서도(영유하는 대도호부 1, 목 1, 군 6, 현 16, 진 1이다. 안서대도호부(지금 해주), 황주목, 백령진 등 군현이 소속되었다. ○충렬왕 때, 수안·곡주·은율 등 현이 동녕부에 투속되었다가, 얼마 안 있어 도로 귀속시켰다.)

海西道(領大都護府一, 牧一, 郡六, 縣十六, 鎭一,[258] 安西大都護府(今海州)[259], 黃州牧, 白翎鎭, 等, 郡縣,[260][261][262] 屬焉, ○忠烈王時, 遂安·谷州·殷栗等縣, 投屬東寧府, 未幾, 還歸之.)

---

[256] 『高麗史』58, 지12, 지리3, "交州道 本貊地 後爲高勾麗所有 歷新羅 至高麗 成宗十四年 分境內爲十道 以春州等郡縣屬朔方道, 明宗八年 始稱春州道 後稱東州道, 元宗四年 稱交州道, 忠肅王元年 稱淮陽道, 辛禑十四年 幷嶺東西爲交州江陵道 以忠州所管平昌郡來屬 領郡八[防禦郡一 知事郡二 屬郡五] 縣二十"

[257] 『高麗史』58, 지12, 지리3, "忠宣王二年 汰諸牧 降爲淮陽府 要害處二 鐵嶺楸池嶺 又義館嶺 德津溟所[載祀典] 屬郡二縣四"

[258] 『高麗史』58, 지12, 지리3, "西海道 本高勾麗之地 唐高宗滅高勾麗 而不能守 新羅遂幷之 及其季世 爲弓裔所據 太祖旣立 盡有其地, 成宗十四年 分境內爲十道 以黃州海州等州縣屬關內道 後改爲西海道, 後遂安谷州殷栗等縣沒于元 至忠烈王四年 元乃歸之 領大都護府一 牧一 郡六 縣十六 鎭一"

[259] 『高麗史』58, 지12, 지리3, "安西大都護府 海州 本高勾麗內米忽[一云池城 一云長池] 新羅景德王改爲瀑池郡 太祖以郡南臨大海 賜名海州 … 別號大寧西海[成廟所定] 又號孤竹 有首陽山大首土+甲島[一作睡鴨 下同]小首土+甲島延平島[平一作坪]龍媒島 屬縣三 領防禦郡一 縣令官一 鎭一"

[260] 『高麗史』58, 지12, 지리3, "安西大都護府 海州 > 豐州 > 儒州 … 別號始寧[成廟所定] 有九月山[世傳阿斯達山]莊莊坪[世傳檀君所都 卽唐莊京之訛]三聖祠[有檀因檀雄檀君祠]"

[261] 『高麗史』58, 지12, 지리3, "黃州牧 > 平州 … 別號延德 又號東陽 有猪淺[一云浿江] 有溫泉 屬縣一"

[262] 『高麗史』58, 지12, 지리3, "黃州牧 > 平州 > 洞州 … 別號隴西[成廟所定] 要害處有岊嶺[卽慈悲嶺]"

동계 東界[263]

강릉도, 삭방도를 통칭 동계라고 한다. 강릉도는 울진에서 흡곡까지 무릇 1
주 17현이다. 비록 영서와 더불어 때때로 간혹 드나듦이 있었지만 크게 단

---

263 『高麗史』58, 지12, 지리3, "東界 本高勾麗舊地 成宗十四年 分境內爲十道 以和州溟州等
郡縣 爲朔方道, 靖宗二年 稱東界[與北界爲兩界], 文宗元年 稱東北面[或稱東面東路東北路東
北界] 後咸州迆北沒於東女眞, 睿宗二年 以平章事尹瓘爲元帥 知樞密院事吳延寵副之 率兵擊
逐女眞 置九城, 立碑于公嶮鎭之先春嶺 以爲界, 至明宗八年 稱沿海溟州道, 高宗四十五年 蒙
古兵來侵 龍津縣人趙暉定州人卓靑叛 殺兵馬使愼執平 以和州迆北附于蒙古 蒙古乃置雙城摠
管府于和州 以暉爲摠管 靑爲千戶 以治之, 四十六年 以忠淸道之寧越平昌來隷 後還其道, 元
宗四年 稱江陵道, 忠烈王十六年 以寧越平昌復來屬, 恭愍王五年 稱江陵朔方道, 七月 遣樞密
院副使柳仁雨攻破雙城 於是按地圖 收復和登定長預高文宜州及宣德元興寧仁耀德靜邊等鎭
諸城 前此朔方道以都連浦爲界 築長城 置定州宣德元興三關門 沒于元凡九十九年 至是始復
之 以壽春君李壽山爲都巡問使 定疆域 復號東北面, 九年 稱朔方江陵道 以此考之 鐵嶺以北
爲朔方道 以南爲江陵道 高麗時或稱朔方道 或稱江陵道 或合爲朔方江陵道 或稱爲江陵朔方
道 又或稱沿海溟州道 一分一合 雖沿革稱號不同 然自高麗初至于末年 公嶮迆南三陟迆北 通
謂之東界云 領此護府一 防禦郡九 鎭十 縣二十五 睿宗朝所置大都護府一 防禦郡四 鎭六 恭
愍王以後 所置府二" / 『東文選』40, 표전, (권근), 진정표, "臣言 洪武二十一年二月十五日 陪臣
門下評理偰長壽自京師回 准戶部咨 欽奉聖旨節該 鐵嶺迆東迆北迆西 原屬開原所管軍民 仍
屬遼東 欽此臣與一國臣民 不勝殞越 仰陳卑抱者 昊天廣大 覆育無遺 帝王作興 疆理必正 玆殫
卑懇 庸瀆聰聞 粵惟弊邦 僻在遐壤 褊少實同於墨誌 崎嶇何異於石田 況從東隅 以至北鄙 介居
山海 形勢甚偏 傳自祖宗 區域有定 切照鐵嶺迆北 歷文高和定等諸州 至公嶮鎭 自來係是本
國之地 至遼乾統七年 有東女眞人等作亂 奪據咸州迆北之地 睿王告遼請討 遣兵克復 就築咸
州公嶮鎭等城 及至元戊午年間 蒙古散吉大王普只官人等 領兵收附女眞之時 有本國定州叛
民卓靑龍津縣人趙暉 以和州迆北之地迎降 聞知今朝遼東咸州路附近瀋州 有雙城縣 因本國咸
州迆近和州 有舊築小城二坐 矇矓奏請 遂將和州 冒稱雙城 以趙暉爲雙城摠官 卓靑爲雙城千
戶 管轄人民 至至正十六年間 申達元朝 將上項摠官千戶等職革罷 以和州迆北 還屬本國 至今
除授州縣官員管轄人民 由叛賊而侵削 控大邦以復歸 今欽奉見鐵嶺迆北迆東迆西 原屬開原
路所管人民 仍屬遼東 欽此鐵嶺之山 距王京僅三百里 公嶮之鎭 限邊界非一二年 其在先臣 幸
逢昭代 職冒忝於侯度 地旣入於版圖 逮及微軀 優蒙睿澤 特下十行之詔 俾同一視之仁 伏望度
擴包容 德敦綏撫 遂使數州之地 仍爲下國之疆 臣謹當益感再造之恩 恒祝萬年之壽 臣無任瞻
天戀聖激切屛營之至 謹遣陪臣奉翊大夫密直提學朴宜中 奉表陳乞以聞" // 『遼史』38 지8 지리
지2 동경도, "雙州, 保安軍, 下, 節度. 本挹婁故地. 渤海置安定郡, 久廢. 渌裏僧王從太宗南征,
以俘鎭, 定二州之民建城置州. 割祇逆誅, 沒入焉. 故隸延昌宮, 後屬崇德宮, 兵事隸北女直兵
馬司. 統縣一:雙城縣. 本渤海安夷縣地. / 咸州, 安東軍, 下, 節度. 本高麗銅山縣地, 渤海置
銅山郡. 地在漢候城縣北, 渤海龍泉府南. 地多山險, 寇盜以爲淵藪, 乃招平, 營等州客戶數百,

락 지을 만한 연혁은 없다. 오직 삭방도는 분리하고 통합함에 법도가 없었고, 강역을 분할하고 경계를 획정한 것도 역시 의심할 만한 것이 많다. 그러므로 본래 역사 지리지에 의거하여 처음과 끝을 모두 기록하여 지혜 있는 자를 기다리기로 한다.

江陵道, 朔方道, 通稱東界, 江陵道, 自蔚珍, 至歙谷, 凡一州十七縣, 雖與嶺西, 時或出入, 而無大段沿革, 惟朔方道, 離合無常, 分疆定界, 亦多可疑, 故依本史地理志, 悉書始終, 以俟知者.

안변도호부 등주(본래 고구려 비열홀군이다. 신라 진흥왕 17년에 비열주로 삼고 군주를 설치하였다. 경덕왕이 삭정군으로 개칭하였다. 성종 14년에 단련사를 설치하였고, 고종 45년에 웅진인 조휘와 정주인 탁청이 배반하여 병마사 신집평을 살해하고, 화주로부터 비스듬한 북쪽으로써 몽고에 붙였으며, 비스듬한 남쪽의 여러 성곽은 몽고 침략·소요를 받아 강릉도 양양으로 이전하였다가, 재차 간성으로 이전하였다. 거의 40년 만인 충렬왕 14년에 각각이 본래 성곽으로 귀환하였다. 영현 7, 방어사 7, 진 10, 현령관 8이다. ○조선왕조에서 그대로 안변부로 삼았다.)

安邊都護府登州(本高勾麗比列忽郡, 新羅眞興王十七年, 爲比列州, 置軍主, 景德王改稱朔庭郡, 成宗十四年, 置團練使, 高宗四十五年, 龍津人趙暉定州人卓靑叛, 殺兵馬使愼執平, 以和州迤北, 附于蒙古, 迤南諸城, 被蒙古侵擾, 移于江陵道襄陽, 再移杆城, 幾四十年, 忠烈王十四年, 各還本城, 領縣七, 防禦郡七,

建城居之. 初號郁裏太保城, 開泰八年置州. 兵事屬北女直兵馬司. 統縣一:咸平縣. 唐安東都護, 天寶中治營, 平二州間, 即此. 太祖滅渤海, 復置安東軍. 開泰中置縣. / 信州, 彰聖軍, 下, 節度. 本越喜故城. 渤海置懷遠府, 今廢. 聖宗以地鄰高麗, 開泰初置州, 以所俘漢民實之. 兵事屬黃龍府都部署司. 統三, 未詳;縣二:武昌縣. 本渤海懷福縣地, 析平川提轄司及豹山縣一千戶隷之. 定武縣. 本渤海豹山縣地, 析平川提轄司並乳水縣人戶置. 初名定功縣. / 沈州, 昭德軍, 中, 節度. 本挹婁國地. 渤海建沈州, 故縣九, 皆廢. 太宗置興遼軍, 後更名. 初隷永興宮, 後屬敦睦宮, 兵事隷東京都部署司. 統州一, 縣二:樂郊縣. 太祖俘薊州三河民, 建三河縣, 後更名."

鎭十, 縣令官八,[264] ○本朝仍爲安邊府.[265])

서곡현(본래 고구려 원곡현이다), 문산현(본래 고구려 가지달현이다), 익곡현(본래 고구려 어지탄현이다), 파천현(본래 고구려 기연현인데, 금양군(지금 통천)에서 와서 소속되었다.), 학포현(본래 고구려 곡포현인데, 금양군에서 와서 소속되었다.), 상음현(본래 고구려 살한현이다), 위산현(고구려 때 칭호는 미상이다), ○이상 7현은 지금 모두 안변부 경내에 소재한다.

瑞谷縣(本高勾麗原[266]谷縣), 汶山縣(本高勾麗加支達縣), 翼谷縣(本高勾麗於支呑縣), 波川縣(本高勾麗歧淵縣, 自金壤郡[今通川]來屬), 鶴浦縣(本高勾麗鵠浦縣, 自金壤郡來屬), 霜陰縣(本高勾麗薩寒縣), 衛山縣(高勾麗時稱號未詳), ○以上七縣, 今皆在安邊府境內

의주(본래 고구려 천정군인데, 신라가 정천으로 개정하고, 고려 초에 용주라고 호칭하였다. 요해처에 철령관이 있다. ○지금 덕원부이다.)

宜州(本高勾麗泉井郡, 新羅改井泉, 高麗初, 稱湧州, 要害處有鐵關嶺,[267] ○今德源府[268])

문주(예전 칭호는 매성이다. 뒤에 의주에 통합되었다가, 충목왕 원년에 다시 갈

---

264 『高麗史』58, 지12, 지리3, "安邊都護府登州(本高勾麗比列忽郡[一云淺城郡] 新羅眞興王十七年 爲比列州置軍主 景德王改朔庭郡 高麗初 稱登州, 成宗十四年 置團練使, 顯宗九年 更今名, 高宗時 定平以南諸城 被蒙兵侵擾 移寓江陵道襄州 再移杆城 幾四十年, 忠烈王二十四年 各還本城 別號朔方[成廟所定] 有國島 屬縣七 領防禦郡九 鎭十[使三將七] 縣令官八"

265 『新增東國輿地勝覽』49 안변도호부, "建置沿革 … 本朝太宗三年 … 殿下四年, 降爲都護府"

266 『高麗史』58, 지12, 지리3, "安邊都護府登州, 瑞谷縣, 广+京"

267 『高麗史』58, 지12, 지리3, "宜州 本高勾麗泉井郡[一云於乙買] 新羅文武王二十一年 取之改爲井泉郡 高麗初 稱湧州, 成宗十四年 置防禦使 後更今名, 睿宗三年 築城 別號東牟[成廟所定] 又號宜春宜城 要害處有鐵關 海島有竹島"

268 『新增東國輿地勝覽』49 덕원도호부, "建置沿革, 本高句麗泉井郡 … 世宗十九年, 改爲今名, 爲郡."

라서 설치하였다. 지금의 문천군이다.)

文州(古稱姝城, 後合于宜州, 忠穆王元年, 復析置,[269] 今文川郡)[270]

고주(예전 덕령진이다. 현종 19년에 봉화산 남쪽에 축성하고 주의 치소를 옮겼다. 지금의 고원부이다.)

高州(古德寧鎭, 顯宗十九年, 城鳳化山南, 以徙州治,[271] 今高原郡)[272]

화주(본래 고구려 지역이다. 간혹 장령진이라고 호칭하고, 또 당진이라고 호칭하며, 또 박평군이라고 호칭한다. 고려 초에 화주방어사 본영으로 삼았는데, 고종 때 몽고에 몰수되어 쌍성총관부가 되었으며, (화)주는 기인하여 등주에 통합되었다가, 뒤에 통주에 병합되었다. 공민왕 5년에 군대를 출동시켜 수복하였고 화주목으로 삼았다. ○지금의 영흥부이다.)

和州(本高勾麗之地, 或稱長嶺鎭, 或稱唐文, 或稱博平郡, 高麗初, 爲和州防禦使本營, 高宗時, 沒于蒙古, 爲雙城摠管府, 州因合于登州, 後倂于通州,[273] 恭愍王五年, 出師收復, 爲和州牧,[274] ○今永興府)[275]

---

269 『高麗史』58, 지12, 지리3, "文州 古稱姝城 成宗八年 爲文州防禦使 後合于宜州, 忠穆王元年 復析置"

270 『新增東國輿地勝覽』49 문천군, "建置沿革, 古稱姝城, … 太宗十三年, 改今名, 爲郡"

271 『高麗史』58, 지12, 지리3, "高州 古德寧鎭[一云洪源郡] 成宗十四年 爲高州防禦使, 顯宗十九年 城鳳化山南 以徙州治, 恭愍王五年 改知州事"

272 『新增東國輿地勝覽』48 고원군, "建置沿革, 古德寧鎭[一云洪源郡] … 太宗十三年, 改今名, 爲郡"

273 『遼史』38 지8 지리지2 동경도, "通州, 安遠軍, 節度. 本扶餘國王城, 渤海號扶餘城. 太祖改龍州, 聖宗更今名. 保寧七年, 以黃龍府叛人燕頗餘黨千餘戶置, 升節度. 統縣四: 通遠縣. 本渤海扶餘縣, 並布多縣置."

274 『高麗史』58, 지12, 지리3, "和州 本高勾麗之地 或稱長嶺鎭 或稱唐文[唐一作堂] 或稱博平郡 高麗初 爲和州, 成宗十四年 改和州安邊都護府, 顯宗九年 降爲和州防禦使 爲本營, 高宗時 沒于蒙古爲雙城摠管府 州因合于登州 猶稱防禦使 後倂于通州, 忠烈王時 復舊, 恭愍王五年 出師收復 爲和州牧, 十八年 陞爲和寧府 設土官 有橫江"

275 『新增東國輿地勝覽』48 영흥대도호부, "建置沿革, 本高句麗長嶺鎭, … 太祖二年, 以永興鎭, 外祖崔氏之鄕, 改今名, 爲府"

장주(현종 9년 장주방어사로 삼았다. 뒤에 개정하여 현으로 삼아서 정주에 소속시켰다. ○지금의 정평 장곡폐현이다.)

長州(顯宗九年, 爲長州防禦使, 後改爲縣, 屬定州,[276] ○今定平長谷廢縣[277])

정주(예전 칭호는 파지이다. 정종 7년에 정주방어사로 삼고, 관문을 설치하였다. ○지금의 정평부이다.)

定州(古稱巴只, 靖宗七年, 爲定州防禦使, 置關門,[278] ○今定平府[279])

예주(예종 11년에 예주방어사로 삼고, 뒤에 정주에 소속시켰다. ○지금의 정평 예원폐현이다.)

豫州(睿宗十一年, 爲豫州防禦使, 後屬定州, ○今定平預原廢縣[280])

덕주(문종 9년 처음으로 선덕성을 축조하고 진으로 삼았으며, 뒤에 덕주방어사로 호칭하였다. ○지금 함흥 경내에 소재한다.)

德州(文宗九年, 始築宣德城爲鎭, 後稱德州防禦使, ○今在咸興境內[281])

용진진(예전의 호포이다. 목종 9년에 성곽을 축조하고, 뒤에 문천에 소속시켰다. ○지금 덕원 경내에 소재한다.)

---

276 『高麗史』58, 지12, 지리3, 安邊都護府 登州 長州, "長州[一云椵林一云端谷] 顯宗九年 爲長州防禦使 後改爲縣 屬定州"

277 『新增東國輿地勝覽』48 정평도호부, "古跡, 長谷廢縣(…本高麗長州 … 本朝 世宗四年, 革爲長谷社)"

278 『高麗史』58, 지12, 지리3, 안변도부 등주 정주, "定州 古稱巴只[一云宣威] 靖宗七年 爲定州防禦使 置關門, 恭愍王五年 陞都護府 別號中山 有鼻白山[春秋降香祝行祭]"

279 『新增東國輿地勝覽』48 정평도호부, "建置沿革, 古稱巴只 … 太宗十三年, 以與平安道定州同名, 改今名"

280 『新增東國輿地勝覽』48 정평도호부, "古跡, 預原廢縣(…睿宗十一年, 城預州, 置防禦使 … 世祖四年, 省郡來屬, 今稱禿山社"

281 『新增東國輿地勝覽』48 함흥부, "古跡, 德山古城(石築, 周四百九十七尺, 今廢)"

龍津鎭(古狐浦, 穆宗九年, 築城, 後屬文川,[282] ○今在德原境內[283])

진명현(일명 원산현이라고 하고, 또 명명하기를 수강이라고도 한다. 뒤에 의주에 소속되었다. ○지금 덕원 경내에 소재한다.)

鎭溟縣(一云圓山縣, 又名水江, 後屬宜州, ○今在德原境內[284])

운림진(현종 6년에 축성하였다. ○지금 문천 경내에 소재한다.)

雲林鎭(顯宗六年, 築城, ○今在文川境內[285])

애수진(예전 호칭은 이병이다. 성종 2년에 축성하였다. ○지금은 고원 경내에 소재한다.)

隘守鎭(古稱梨柄, 成宗二年築城, ○今在高原境內[286])

영인진(현종 22년에 설치하였다. ○지금 영흥 경내에 소재한다.)

寧仁鎭(顯宗二十二年置,[287] ○今在永興境內[288])

장평진(예전 호칭은 고질달이다. 광종 20년에 처음으로 성곽과 보루를 설치하였다. ○지금 영흥 경내에 소재한다.)

長平鎭(古稱古叱達, 光宗二十年始築城堡. ○今在永興境內[289])

282 『高麗史』58, 지12, 지리3, 안변도호주 등주 용진진, "龍津鎭 古狐浦 高麗初 改今名爲鎭, 穆宗九年 築城 後屬文州, 辛禑五年 析置縣令 別號龍城"
283 『新增東國輿地勝覽』49 덕원도호부, "古跡, 龍津廢縣(…古狐浦 … 世祖五年, 省縣來屬, 稱龍城社 …"
284 『新增東國輿地勝覽』49 덕원도호부, "古跡, 鎭溟廢縣(… 或稱圓山縣 … 今稱鎭溟社)"
285 『新增東國輿地勝覽』49 문천군, "古跡, 雲林鎭古城(… 高麗顯宗時築, 以爲防禦所, 今仍稱鎭司)
286 『新增東國輿地勝覽』48 고원군, "古跡, 隘守鎭(…古稱梨柄 … 恭愍王九年來屬, 今廢)
287 『高麗史』58, 지12, 지리3, 안변도호부 등주 영인진, "寧仁鎭[一云淸源] 顯宗二十二年 置"
288 『新增東國輿地勝覽』48 영흥대도호부, "古跡, 寧仁鎭(… 一云淸源, 本朝 太祖六年築城)"
289 『新增東國輿地勝覽』48 영흥대도호부, "古跡, 長平鎭(… 古稱古叱達 …○已上今廢爲社○

영흥진(예전 호칭은 관방수이다. 문종 15년에 처음으로 축성하였다. ○지금 영흥 경내에 소재한다.)

永興鎭(古稱關防戍, 文宗十五年始築城, ○今在永興境內[290])

영풍진(본래 증대이이다. 목종 4년에 설치하고, 뒤에 개정하여 현으로 삼았다.)

永豊鎭(本甑大伊, 穆宗四年置, 後改爲縣)

원흥진(정종 10년에 생천에 축성하고 진으로 삼았다. ○지금 정평 경내에 소재한다.)

元興鎭(靖宗十年, 城栍川爲鎭, ○今在定平境內[291])

삭방도는 본래 도련포를 경계로 삼아 장성을 축조하고 3관문을 설치하였는데, 정주와 선덕과 원흥이라고 하였다. 뒤에 화주로부터 비스듬한 북쪽이 원나라에 몰수되었다가, 무릇 99년인 공민왕 5년에 이르러 수복되었다.

朔方道, 本以都連浦, 爲界, 築長城, 設三關門, 曰定州, 曰宣德, 曰元興, 後和州迤北, 沒于元, 凡九十九年, 至恭愍王五年, 收復.[292]

함주대도독부(오래 여진 근거지였다가, 예종 2년 원수 윤관 등에게 명령하여 군대를 인솔하고 공격·축출하게 하고, 3년에 대도독부로 삼았으며, 진동군이라고 호칭하고, 남쪽 경계 정호를 옮겨서 채웠다. 4년에 성곽에서 철수하고 여진

社猶言里也, 本道人, 凡稱里, 皆爲社)

290 『新增東國輿地勝覽』48 영흥대도호부, “建置沿革 … 世宗八年, 改爲永興大都護府, 世祖朝置鎭 …”

291 『新增東國輿地勝覽』48 정평도호부, “古跡, 古元興鎭(在府南五十里, 土城, 周四千四百十七尺, 今廢)

292 『高麗史』58, 지12, 지리3, “東界 …(恭愍王五年) 七月 遣樞密院副使柳仁雨攻破雙城 於是按地圖 收復和登定長預高文宜州及宣德元興寧仁耀德靜邊等鎭諸城 前此朔方道以都連浦爲界 築長城 置定州宣德元興三關門 沒于元凡九十九年 至是始復之 以壽春君李壽山爲都巡問使 定疆域 復東號北面”

에게 반환하였다. 뒤에 원나라에 몰수되어 합란부라고 호칭하였다. 공민왕 5년에 옛 강역을 수복하여, 지함주사로 삼았다가, 곧 만호부로 개정하여 진영을 설치하였다. 요해처는 두 곳인데, 함관령과 대문령이다.)

咸州大都督府(久爲女眞所據, 睿宗二年, 命元帥尹瓘等, 率兵擊逐, 三年, 置州爲大都督府, 號鎭東軍, 徙南界丁戶以實, 四年, 撤城還女眞, 後沒於元, 稱哈蘭府, 恭愍王五年, 收復舊疆, 爲知咸州事, 尋改萬戶府, 置營, 要害處二, 咸關嶺, 大門嶺)[293]

영주(예종 3년에 주를 설치하여 방어사로 삼아 안령군이라고 호칭하였다. 4년에 성곽에서 철수하고 그 지역을 여진에게 반환하였다. 뒤에 길주에 병합되었다.)

英州(睿宗三年, 置州爲防禦使, 號安嶺軍, 四年, 撤城, 以其地還女眞, 後倂於吉州)[294]

웅주(예종 3년에 주를 설치하고 방어사로 삼아 영해군이라고 호칭하였다. 4년에 성곽에서 철수하였고, 그 지역을 여진에게 반환하였다. 뒤에 길주에 병합되었다.)

雄州(睿宗三年, 置州爲防禦使, 號寧海軍, 四年, 撤城, 以其地還女眞, 後倂於吉州)[295]

길주(예종 3년에 주를 설치하여 방어사로 삼았다. 6년에 중성을 축조하였고, 곧

---

293 『高麗史』 58, 지12, 지리3, 동계 안변도호부 등주 함주대도독부, "久爲女眞所據 睿宗二年 命元帥尹瓘等 率兵擊逐 三年 置州爲大都督府 號鎭東軍 築大城 徙南界丁戶一千九百四十八 以實之 四年 撤城以其地還女眞 後又沒於元 稱哈蘭府 恭愍王五年 收復舊疆 爲知咸州事 尋改萬戶府 置營聚江陵慶尙全羅等道軍馬防守 十八年 陞爲牧 別號咸平 要害處二 咸關嶺[在府北] 大門嶺[在洪獻]"
294 『高麗史』 58, 지12, 지리3, 동계 안변도호부 등주 영주
295 『高麗史』 58, 지12, 지리3, 동계 안변도호부 등주 웅주

지역을 여진에게 반환하였다. 뒤에 원나라에 몰수되어 해양이라고 호칭하였다. 공민왕 때 옛 강역을 수복하였고, 공양왕 2년에 웅·길주 등 지역 관군만호부를 설치하였다.)

吉州(睿宗三年, 置州爲防禦使, 六年, 築中城, 尋以地還女眞, 後沒於元, 稱海洋, 恭愍王時, 收復舊疆, 恭讓王二年, 置雄吉州等處 管軍民萬戶府)[296]

복주(예종 3년에 주를 설치하고 방어사로 삼았다. 4년에 성곽을 철수하고 그 지역을 여진에게 반환하였다. 뒤에 원나라에 몰수되어 독로올이라고 호칭하였다. 공민왕 때에 미쳐 옛 강역을 수복하였다. 신우 8년에 단주안무사로 개정하였다. 요해처에 이판령과 두을외령이 있다.)

福州(睿宗三年, 置州爲防禦使, 四年, 撤城, 以其地還女眞, 後沒於元, 稱禿魯兀, 及恭愍王時收復舊疆, 辛禑八年, 改端州安撫使, 要害處, 有伊板嶺, 豆乙外嶺)[297]

공험진(예종 3년에 축성하여, 진을 설치하고 방어사로 삼았다. 6년에 산성을 축조하였다. 일명 공주라고 하고 광주라고도 한다. 한편에서는 선춘령 동남쪽 백두산 동북쪽에 소재한다고 하고, 다른 한편에서는 소하강변에 소재한다고 한다.)

公嶮鎭(睿宗三年築城, 置鎭爲防禦使, 六年, 築山城, 一云孔州, 一云匡州, 一云在先春嶺東南白頭山東北, 一云在蘇下江邊)[298]

통태진(예종 3년에 축성하여 진을 설치하였다. 4년에 성곽에서 철수하고, 그 지

296 『高麗史』58, 지12, 지리3, 동계 안변도호부 등주 길주, "久爲女眞所據 號弓漢村 睿宗三年 置州爲防禦使, 六年 築中城 尋以地還女眞 後沒於元 稱海洋[一云三海陽], 恭愍王時 收復舊疆, 恭讓王二年 置雄吉州等處 管軍民萬戶府[州在北 雄州在南] 有卵島"
297 『高麗史』58, 지12, 지리3, 동계 안변도호부 등주 복주, "久爲女眞所據 號吳林金村 睿宗三年 置州爲防禦使, 撤城以其地還女眞 後沒於元 稱禿魯兀, 及恭愍王時 收復舊疆, 辛禑八年 改端州安撫使 要害處二 有伊板嶺[在州東北 卽磨天嶺]豆乙外嶺[在州南 卽磨雲嶺]"
298 『高麗史』58, 지12, 지리3, 동계 안변도호부 등주 공험진

역을 여진에게 반환하였다.)

通泰鎭(睿宗三年, 築城置鎭, 四年, 撤城以其地還女眞)[299]

평융진(예종 3년에 축성하여 설치하였다.)

平戎鎭(睿宗三年, 築城置之)[300]

숭령진(예종 4년에 성곽에서 철수하고, 그 지역을 여진에게 반환하였다.)

崇寧鎭(睿宗四年, 撤城, 以其地還女眞)[301]

진양진(예종 4년에 성곽에서 철수하고, 그 지역을 여진에게 반환하였다.)

眞陽鎭(睿宗四年, 撤城, 以其地還女眞)[302]

선화진(예종 4년에 성곽에서 철수하고, 그 지역을 여진에게 반환하였다. 뒤에 수복하여 길주에 병합되었다.)

宣化鎭(睿宗四年, 撤城, 以其地還女眞, 後收復倂于吉州)[303]

사신이 말하였다. "함·영·웅·북·길의 6주 및 공험·통태·평융 3진, 이것이 본래 신축한 9성의 숫자이다. 그런데 성곽을 철수하고 여진에게 반환할 때에는, 의주 및 공험·평융 2진이 없고, 숭령·진양·선화 3진이 이에 추가로 나타나니, 이것은 의심할 만하다. 또 의주 지역은 본래 정주 이남에 소재하므로, 꼭 여진을 공격·축출한 뒤에 설치해야 할 필요가 없으니, 어찌 마침 바로 이 때에 이르러서야 성곽과 보루를 창설·축조한 것이 아니겠는가. 그러므로 아울러 호칭하여 9성으로 삼았지만, 철거의 숫자에 포함되지 않은 것일 것이

299『高麗史』58, 지12, 지리3, 동계 안변도호부 등주 통태진
300『高麗史』58, 지12, 지리3, 동계 안변도호부 등주 평융진
301『高麗史』58, 지12, 지리3, 동계 안변도호부 등주 숭령진
302『高麗史』58, 지12, 지리3, 동계 안변도호부 등주 진양진
303『高麗史』58, 지12, 지리3, 동계 안변도호부 등주 선화진

다." ○내가 상고한다. 단지 9성의 숫자만 의심스러운 것이 아니다. 예종 4
년에 여러 성곽은 모두 벌써 철수·반환하였는데, 6년에 또 길주 중성과 공
험진 산성을 축조하였으니, 이 두 성곽이 어찌하여 독립해서 적국의 경계
안에 존재하고 있었던 것인지를 모르겠다. 아주 의심스럽다. ○또 상고한
다. 철령 관문 이동은 본래 북옥저 지역이고, 뒤에 고구려에 소속되었는데,
역시 경계 한도가 어느 곳에 소재하였는지는 알지 못한다. 신라가 삼한을
통합할 때 그 지역을 상실하였고, 고려는 정평 도련포를 경계로 삼았다. 장
성의 옛 터가 지금도 여전히 잔존하고 있다. 고려사에서 말하였다. "예종 3
년에 윤관·오연총을 파견하여 군사 17만을 거느리고서 여진을 공격·축출하
였다. 지역을 개척하여 기틀을 개창하고, 6성을 신축하였다. 함주, 복주, 웅
주, 영주, 길주라고 하고, 공험진과 아울러서 6성으로 삼았다." 그런데 공험
진은 실제로 선춘령 아래에 소재하니, 승람에서 말한, "선춘령은 종성 정북
쪽 7백 리에 소재하며, 큰 비석이 있다."고 한 것이 바로 그 지역이다. 그렇
지만, 산천의 형태와 지세 및 도로와 거리의 원근이란 만고에 뻗치도록 바
뀌지 않는 것인데, 당시의 영할 임언이 작성한 영주벽상기로써 고찰하면 다
수가 부합되지 않는다. (임)언의 기록에서 일렀다. "그 지역은 남쪽으로 우
리나라 장·정 2주에까지 이르며, 동쪽으로 큰 바다에 마주치며, 서북쪽으
로 개마산으로 격리되어 있는데, 지역이 사방 3백 리이다." 또 일렀다. "상
주한 자가 이르기를, '이위 경계 위에 병목[甁項]이 있는데, 오랑캐가 이곳
을 따라 군사를 들이니, 만약 그 목을 폐쇄하면, 오랑캐의 우환이 영원히 단
절되게 될 것입니다' 등등" 정주는 바로 지금의 정평이고, 장주는 지금의 장
곡폐현이며, 개마산은 한서의 소위 '고구려의 개마대산'이고, 또 300리 안
에 소재하니, 역시 홍원·이원 사이를 초과하지 않을 따름이다. 승람에서 일
렀다. "함주는 바로 지금 함흥이고, 복주는 지금 단천이며, 웅주·영주는 지
금 그 장소를 알지 못하지만, 모두 길주 경내에 소재한다." 함흥은 정평에
서 50리 거리이니, 바로 부근 지역이고, 단천은 함흥까지 거리가 비록 말을

빨리 몰아도 사나흘 전력으로 달리지 않으면 도달할 수 없으니, 어찌 거리가 먼 것인가. 길주는 단천에서 거리가 겨우 100여 리이다. 그런데, 지금 이르기를, "영주·웅주는 모두 그 지경에 소재한다."고 하였으니, 또 어찌 그리 가까운 것인가. 길주에서 두만강까지는 거의 500여 리이고, 강을 통과하여 700리 진행하여 비로소 선춘령에 도착하니, 그 사이 상호 거리가 실로 천수백 리이다. 두 진영 사이의 멀기가 이와 같으니, 구원함에서 어찌 서로 미칠 수 있겠는가. 또 무산 이북은 지세가 아득히 넓고 본래 병목이 없는 형세이고, 정평에서 종성까지와 종성에서 큰 비석까지 통상 합계가 실로 2천여 리이니, 300리라고 한 것은 합당하지 않다. 그 산의 형태와 지세, 그 원근이 마디마다 합치되지 않으니, 내가 의심한다. 윤관이 6성을 설치하고 몇 년 채 지나지 않아 도로 상실하였고, 또 수백 년만인 공민왕 때 이르러 비로소 회복하였지만, 고을의 거주지와 산의 명칭이 다수 그 진상을 상실하였고, 와전에 와전이 이어졌으며, 이로 인하여 기록된 역사로 고정되어 버렸다. 후대 사람들이 그 설명을 고집하고서는 그 실질을 구명하지 않고 마침내 진상으로 되었으며, 강물을 통과한 수천 리 지역이 모두 윤관의 경계라고 여겼다. 지금 300리 및 병목의 형세로써 추측하면, 선춘령은 멀어도 마천·마운 두 고개 사이를 벗어나지 않으며, 마운령 위에 돌기둥이 서 있는 옛 터가 있다. (윤)관 이후 고려가 끝날 때까지 이 지역을 경영·통치한 것을 들어본 적이 없다. 나는 아마도 이것이 (윤)관의 옛날 관방일 듯하다. 우선 기록하여 지혜 있는 자를 기다린다.

史臣曰, 咸英雄福吉宜六州及公嶮通泰平戎三鎭, 此本新築九城之數也. 其撤城還女眞之時, 則無宜州及公嶮平戎二鎭, 而崇寧眞陽宣化三鎭乃加現焉, 是可疑也, 且宜州之地. 本在定州以南, 不必擊逐女眞而後置也, 豈非適至是乃創築城堡, 故併稱爲九城, 而不在撤去之數耶.[304] ○愚按, 非特九城

---

304 『高麗史』 58, 지12, 지리3, 동계 안변도호부 등주 구성연혁, "按舊史 九城之地 久爲女眞所據 睿宗二年 命元帥尹瓘副元帥吳延寵 率兵十七萬 擊逐女眞 分兵略地 東至火串嶺 北至弓漢

之數, 爲可疑, 睿宗四年, 諸城皆已撤還, 而六年, 又築吉州中城·公嶮鎭山城, 不知此二城, 何以獨在於敵境之中乎, 殊可疑. ○又按, 鐵關以東, 本北沃沮之地,[305] 後屬於高句麗,[306] 亦不知界限在何處也, 新羅統合三韓時, 失

嶺 西至蒙羅骨嶺 以爲我疆 於蒙羅骨嶺下築城廊九百九十閒號英州 火串山下築九百九十二閒號雄州 吳林金村築七百七十四閒號福州 弓漢村築六百七十閒號吉州, 三年二月 城咸州及公嶮鎭, 三月 築宜州通泰平戎三城 於是女眞失其窟穴 誓欲報復 乃引遠地群酋 連歲來侵 我兵喪失者亦多 且拓地旣廣 九城相距遼遠 女眞數設伏叢薄 抄掠往來 國家調兵多端 中外騷擾, 四年 女眞亦遣使請和 於是 始自吉州 以次收入九城戰具資粮于內地 遂撤崇寧通泰眞陽三鎭及英福二州城 又撤咸雄二州及宣化鎭城 以還之 以此考之 咸英雄福吉宜六州及公嶮通泰平戎三鎭此九城之數也 其撤城還女眞之時 則無宜州及公嶮平戎二鎭 而崇寧眞陽宣化三鎭乃加現焉 置戶之數又各不同 是可疑也[睿宗三年二月 都鈐轄林彦作英州記云 今新置六城 一曰鎭東軍咸州大都督府 兵民一九百四十八丁戶 二曰安嶺軍英州防禦使 兵民一千二百三十八丁戶 三曰寧海軍雄州防禦使 兵民一千四百三十六丁戶 四曰吉州防禦使 兵民六百八十丁戶 五曰福州防禦使 兵民六百三十二丁戶 六曰公嶮鎭防禦使 兵民五百三十二丁戶 又閔漬所撰綱目云 尹瓘築九城 徙南界民實之 號咸州曰鎭東軍 置戶一萬三千 號英州曰安嶺軍 雄州曰寧海軍 各置戶一萬 福吉宜三鎭各置戶七千 公嶮通泰平戎三鎭各置戶五千] 且宜州之地 在定州以南 不必擊逐女眞而後置也 豈非適至是乃創築城堡 故倂稱爲九城 而不在撤去之數歟"

305 『後漢書』권30 「東夷傳」挹婁條, "挹婁, 古肅愼之國也. (【集解】沈欽韓曰, 元史地理志, 瀋陽路, 本挹婁故地. 又開元路, 古肅愼之地. 通典, 其國在不咸山北. [晋曰肅愼. 魏曰勿吉. 隋曰靺鞨.] 一統志, 長白山, 在吉林鳥喇城東南, 古名不咸山. 今奉天府鐵嶺縣承德縣及寧古塔·黑龍江, 並挹婁國地. 挹婁故城, 在今鐵嶺南六十里.) 在夫餘東北千餘里, 東濱大海, 南與北沃沮接, 不知其北所極. (【集解】沈欽韓曰, 魏書勿吉國, 自和龍北三百餘里, 有善玉山, 山北行十三日, 至祁黎山. 又北行七日, 至如洛瓌水, 水廣里餘. [案卽弱水.] 又北行十五日, 至太魯水. 又東北十八日, 到其國. 國有大水, 闊三里餘, 名速末水. [遼史, 聖宗, 太平四年, 詔改鴨子河曰混同江. 一統志, 源出長白山, 卽古栗末水. 東夷考略云, 混同江, 北過灰扒夷地, 名灰扒江, 過兀喇夷地, 名兀喇江, 又北至海西, 屈而東入於海, 通名鳥龍江.] 唐書北狄傳, 黑水靺鞨, 居肅愼地. [明統志, 黑龍江, 在開原城北二千五百里, 源出北山, 黑水靺鞨, 舊居此.] 東瀕海, 西屬突厥, 南高麗, 北室韋. 其部酋著者, 曰粟末部, 居最南, 抵太白山, [卽長白山.] 依粟末水以居. 東北曰汩咄部, 又次曰安居骨部. 益東曰拂涅部, 西北曰黑水部, 粟末之東曰白山部, 黑水居最北. 渤海, 本粟末靺鞨, 姓大氏. 高麗滅後, 率衆保挹婁之東牟山. 唐睿宗先天中, 以祚榮爲渤海郡王. 自題, 始去靺鞨, 專稱渤海. [後爲遼滅.] 土地多山險. 人形似夫餘, 而言語各異. 有五穀·麻布, 出赤玉·好貂."

306 『北史』열전 고구려, "漢武帝 元封四年(107), 滅朝鮮, 置玄菟郡, 以高句麗爲縣以屬之. 漢時賜衣幘朝服鼓吹(漢時賜衣幘朝服鼓吹, 諸本「時」作「昭」, 三國志卷三〇東夷傳·梁書卷五四諸夷傳作「時」. 按下文云「常從玄菟郡受之」, 知是指漢時, 非指漢昭帝. 此段本之梁書, 梁書又本之三國志, 今據改), 常從玄菟郡受之. 後稍驕, 不復詣郡, 但於東界築小城受之, 遂名此城爲幘溝漊.「溝漊」者, 句麗「城」名也."

其地, 高麗, 以定平都連浦, 爲界,[307] 長城舊基, 今猶存焉, 麗史曰, 睿宗三年,

遣尹瓘·吳延寵, 將兵十七萬, 擊逐女眞, 拓地開基, 新築六城, 曰咸州, 曰福

州, 曰雄州, 曰英州, 曰吉州, 並公嶮鎭, 爲六城,[308] 而公嶮鎭, 實在先春嶺

---

[307] 『高麗史』58, 지12, 지리3, 동계, "(恭愍王五年) 七月 遣樞密院副使柳仁雨攻破雙城 於是按
地圖 收復和登定長預高文宜州及宣德元興寧仁耀德靜邊等鎭諸城 前此朔方道以都連浦爲界
築長城 置定州宣德元興三關門 沒于元凡九十九年 至是始復之 以壽春君李壽山爲都巡問使
定疆域 復號東北面" / 『東文選』40, 표전, (권근), 진정표, "臣言 洪武二十一年二月十五日 陪臣
門下評理偰長壽自京師回 准戶部咨 欽奉聖旨節該 鐵嶺迤東迤北迤西 原屬開原所管軍民 仍屬
遼東 欽此臣與一國臣民 不勝殞越 仰陳卑抱者 昊天廣大 覆育無遺 帝王作興 疆理必正 玆彊卑
懇 庸瀆聰聞 粤惟弊邦 僻在遐壤 褊少實同於墨誌 崎嶇何異於石田 況從東隅 以至北鄙 介居山
海 形勢甚偏 傳自祖宗 區域有定 切照鐵嶺迤北 歷文高和定咸等諸州 至公嶮鎭 自來係是本國
之地 至遼乾統七年 有東女眞人等作亂 多據咸州迤北之地 睿宗告遼請討 遣兵克復 就築咸州
公嶮鎭等城 及至元初戊午午間 蒙古散吉大王普爪官人等 領兵收附女眞之時 有本國定州叛民
卓靑龍津縣人趙暉 以和州迤北之地迎降 聞知今朝遼東咸州路附近潘州 有雙城縣 因本國咸州
近處和州 有舊築小城二坐 矇矓奏請 遂將和州 冒稱雙城 以趙暉爲雙城摠官 卓靑爲雙城千戶
管轄人民 至至正十六年間 申達元朝 將上項摠官千戶等職革罷 以和州迤北 還屬本國 至今除
授州縣官員管轄人民 由叛賊而侵削 控大邦以復歸 今欽奉旨鐵嶺迤北迤東迤西 原屬開原路所
管人民 仍屬遼東 欽此鐵嶺之山 距王京僅三百里 公嶮之鎭 限邊界非一二年 其在先臣 幸逢昭
代 職罔愆於侯度 地旣入於版圖 逮及微軀 優蒙睿澤 特下十行之詔 俾同一視之仁 伏望度擴包
容 德敦綏撫 遂使數州之地 仍爲下國之疆 臣謹當益感再造之恩 恒祝萬年之壽 臣無任瞻天戀
聖激切屛營之至 謹遣陪臣奉翊大夫密直提學朴宜中 奉表陳乞以聞" / 『遼史』38 지8 지리지2
동경도, "雙州, 保安軍, 下, 節度. 本挹婁故地. 渤海置安定郡, 久廢. 溫裏僧王從太宗南征, 以
俘鎭, 定二州之民建城置州. 割弑逆誅, 沒入焉. 故隸延昌宮, 後屬崇德宮, 兵事隸北女直兵馬
司. 統縣一：雙城縣. 本渤海安夷縣地. / 咸州, 安東軍, 下, 節度. 本高麗銅山縣地, 渤海置銅山
郡. 地在漢候城縣北, 渤海龍泉府南. 地多山險, 寇盜以爲淵藪, 乃招平, 營等州客戶數百, 建城
居之. 初號郝裏太保村, 開泰八年置州. 兵事屬北女直兵馬司. 統縣一：咸平縣. 唐安東都護,
天寶中治營, 平二州間, 即此. 太祖滅渤海, 復置安東軍. 開泰中置縣. / 信州, 彰聖軍, 下, 節度.
本越喜故城. 渤海置懷遠府, 今廢. 聖宗以地鄰高麗, 開泰初置州, 以所俘漢民實之. 兵事屬黃
龍府都部署司. 統州三, 未詳；縣二：武昌縣. 本渤海懷福縣地, 析平川提轄司及豹山縣一千戶
隸之. 定武縣. 本渤海豹山縣地, 析平川提轄司並乳水縣人戶置. 初名定功縣. / 沈州, 昭德軍,
中, 節度. 本挹婁國地. 渤海建沈州, 故縣九, 皆廢. 太宗置興遼軍, 後更名. 初隸永興宮, 後屬
敦睦宮, 兵事隸東京都部署司. 統州一, 縣二：樂郊縣. 太祖俘薊州三河民, 建三河縣, 後更名."
[308] 『高麗史』58, 지12, 지리3, 동계 안변도호부 등주 구성연혁, "按舊史 九城之地 久爲女眞所
據 睿宗二年 命元帥尹瓘副元帥吳延寵 率兵十七萬 擊逐女眞 分兵略地 東至火串嶺 北至弓漢
嶺 西至蒙羅骨嶺 以爲我疆 於蒙羅骨嶺下築城廊九百九十間號英州 火串山下築九百九十二間
號雄州 吳林金村築七百七十四間號福州 弓漢村築六百七十間號吉州"

下, 勝覽曰, 先春嶺, 在鍾城直北七百里, 有大碑,[309] 卽其地也, 然山川形勢,
道里遠近, 亘萬古而不改, 以當時之斡轄林彦所作英州壁上記, 考之, 多不
驗, 彦記云, 其地, 南抵于我國長定二州, 東際于大海, 西北介于盖馬山, 地
方三百里,[310] 又云, 獻議者以爲, 伊位界上, 有甁項, 胡人從此納兵, 若塞其
項, 則永絶胡患云云,[311] 定州, 卽今之定平, 長州, 今之長谷廢縣, 盖馬山, 漢
書所謂高句麗之盖馬大山,[312] 又在三百里內, 則亦不過洪原·利城之間耳, 勝

---

309 『新增東國輿地勝覽』50, 회령도호부, "古跡, 先春嶺(在豆滿江北七百里, 尹瓘拓地, 至此城
公嶮鎭, 遂立碑於嶺上, 刻曰, 高麗之境, 碑之四面有書, 皆爲胡人剝去)"

310 『高麗史』96, 열전9, 윤관, "瓘又使林彦 記其事 書于英州廳壁曰 孟子曰 弱固不可以敵强
小固不可以敵大 吾諷斯言久矣 而今信之矣 女眞之於國家 强弱衆寡 其勢縣殊 而窺覦邊鄙 於
肅宗十年 乘隙構亂 多殺我士民 其繫縲爲奴隸者 亦多矣 肅宗赫然整旅 將欲仗大義以討之 惜
乎厥功未集 永遺弓劍 今上嗣位 亮陰三載 甫畢祥禫 謂左右曰 女眞本勾高麗之部落 聚居于盖
馬山東 世脩貢職 被我祖宗恩澤深矣 一日背畔無道 先考深愼焉 嘗聞古人之稱大孝者 善繼其
志耳 朕今幸終達制 肇覽國事 盍擧義旗 伐無道 一洒先君之恥 乃命守司徒中書侍郞平章事尹
瓘 爲行營大元帥 知樞密院事翰林學士承旨吳延寵 爲副元帥 率精兵三十萬 俾專征討 尹公 事
業傑然 嘗慕庾信氏之爲人曰 庾信 六月冰河 以渡三軍 此無他 至誠而已 予亦何人哉 其至誠所
感 靈異之跡 屢聞焉 吳公 時之重望 天性愼謹 臨事必三思 其良圖大策 施無不中 兩公嘗有志
於此 聞命憤激 擁兵東下 出師之日 躬擐甲冑 未及誓衆 洒淚交頤 莫不用命 暨入賊境 三軍奮
呼 一以當百 摧枯破竹 何足喩其易哉 斬首六千餘級 載其弓矢 來降於陣前者 五十千餘口 其
望塵喪魄 奔走窮北 不可勝數 嗚呼 女眞之頑愚 不量其强弱衆寡之勢 而自取於滅亡如是 其
地方三百里 東至于大海 西北介于盖馬山 南接于長定二州山川之秀麗 土地之膏腴 可以居吾
民 而本勾高麗之所有也 其古碑遺跡 尙有存焉 夫勾高麗失之於前 今上得之於後 豈非天歟 於
是 新置六城 一曰鎭東軍咸州大都督府 兵民一千九百四十八丁戶 二曰安嶺軍英州防禦使 兵
民一千二百三十八丁戶 三曰寧海軍雄州防禦使 兵民一千四百三十六丁戶 四曰吉州防禦使 兵
民六百八十丁戶 五曰福州防禦使 兵民六百三十二丁戶 六曰公嶮鎭防禦使 兵民五百三十二丁
戶 選其顯達而有賢材能堪其任者 鎭撫之 詩所謂 于蕃于宣 以蕃王室者也 有以見晏然高枕 無
東顧之憂矣 元帥告予曰 昔唐相裴晉公 出征淮西 及其平 幕客韓愈 爲之碑 以廣其事 故後之人
知憲宗英偉絶人之德 而歌頌之 子幸從事于此 詳其本末 曷不作記 使吾聖朝無前之偉績 垂于
無窮乎 彦承命 援筆誌之"

311 『高麗史』96, 열전9, 윤관, "女眞 本靺鞨遺種 隋唐間 爲勾高麗所幷 後聚落 散居山澤 未有
統一 其在定州朔州近境者 雖或內附 乍臣乍叛 及盈哥烏雅束 相繼爲酋長 頗得衆心 其勢漸橫
伊位界上 有連山 自東海岸崛起 至我北鄙 險絶荒翳 人馬不得度 聞有一徑 俗謂甁項 言其出入
一穴而已 邀功者 往往獻議 塞其徑 則狄人路絶 請出師平之"

312 『後漢書』「東夷列傳」東沃沮, "東沃沮在高句驪 盖馬大山之東(盖馬, 縣名, 屬玄菟郡. 其山
在今平壤城西. 平壤卽王險城也.【集解】沈欽韓曰, 明志, 海州偉本沃沮國地, 今奉天海城縣, 又

覽云, 咸州, 卽今咸興, 福州, 今端川, 雄州·英州, 今不知其處, 皆在吉州境內
云, 咸興, 距定平, 五十里, 猶爲附近之地, 端川, 距咸興, 雖駛馬疾驅, 非窮
三四日之力, 不能達, 何其遠也, 吉州, 距端川, 纔百有餘里, 而今云, 英州·雄
州, 皆在其境, 則又何近也, 自吉州, 至豆滿江, 幾五百餘里, 過江, 行七百里,
始至先春嶺則, 其間相去, 實千數百里, 兩鎭之間, 遼遠如此, 聲援豈能相
及, 且茂山以北, 地勢汗漫, 本無甁項形勢, 而自定平至鍾城, 自鍾城至大碑,
通計, 實二千餘里, 又不當云三百里, 其形勢, 其遠近, 節節不合, 吾疑, 尹瓘
設六城, 未數年, 旋失之, 又數百年, 至恭愍王時, 始恢復焉, 邑居山名, 多失
其眞, 訛以傳訛, 仍成信史, 後之人, 執其說, 而不究其實, 遂眞, 以爲, 過江數
千里之地, 皆爲尹瓘境界也, 今以三百里及甁項形勢, 推之, 先春嶺, 遠不過
磨天·磨雲兩嶺之間, 而磨雲嶺上, 有石樞舊基, 瓘之後, 終高麗之世, 未聞有
經理此地者, 吾恐此爲瓘之舊日關防也, 姑記之, 以俟知者.

북청부(오래 여진의 근거지였다. 9성 때 칭호는 미상이다. 뒤에 원나라에 몰수
되어 삼살이 되었다. 공민왕 5년 옛 강역을 수복하여, 안북천호방어소로 삼았
고, 21년에 지금 명칭으로 개정하여 만호부로 삼았다.)
北青府(久爲女眞所據, 九城時名號未詳, 後沒于元, 爲三散, 恭愍王五年, 收復
舊疆, 置安北千戶防禦所, 二十一年, 改今名爲萬戶府)[313]

갑산부(본래 허천부이다. 오래 여진 근거지였는데, 누차 전화를 거쳐 사람들의
거처가 없어졌다. 공양왕 3년에 처음으로 갑주라고 호칭하였고, 만호를 설치하
였다.)
甲山府(本虛川府, 久爲女眞所據, 屢經兵火, 無人居, 恭讓王三年, 始稱甲州, 置
萬戶)[314]

奉天蓋平縣, 高麗國蓋牟城, 亦其地.)"
313 『高麗史』58, 지12, 지리3, 동계 안변도호부 등주 북청주부
314 『高麗史』58, 지12, 지리3, 동계 안변도호부 등주 갑주부, "本虛川府 久爲女眞所據 屢經兵

북계北界

지금 평안도 지역이다. 북쪽으로 말갈과 연결되고, 서쪽으로 중국과 접속하였으며, 그 분리·통합의 연혁이 동계와 더불어 다르지 않으므로 상세하게 기록하며, 아울러 동계의 사례를 원용한다. (영유하는 경이 1, 대도호부가 1, 방어군이 12, 현이 10이다. 중엽 이후에 설치한 부가 2, 군이 1이다.)

北界, 今平安道之地, 北連靺鞨, 西接中國, 其離合沿革, 與東界無異, 故詳錄, 並用東界例(領京一, 大都護府一, 防禦郡十二, 縣十, 中葉以後, 所置府二, 郡一)[315]

서경 평양부(본래 3조선의 옛 지역이다. 고려 태조 원년에 평양이 황폐해지니, 염·백·황·해·봉 여러 주의 인민을 헤아려 옮겨서 채우고 서경으로 삼았다. 달리 호경이라고 호칭하였다. 원종 10년에 서북면병마사 영기관 최탄과 삼화교위 이연령 등이 반란을 일으켜, 유수를 살해하고, 서경 및 여러 성곽으로써 배반하여 몽고에 붙었다. 몽고는 서경을 동녕부로 삼고, 자비령을 구획하여 경계로 삼았다. 충렬왕 16년 우리나라에 예전처럼 반환하여 귀속시켰다. 원나라에게 몰수된 지 무릇 21년이었다. ○내가 상고한다. 고려사 본기에서 동녕부는 비록 자비령을 경계로 삼았다고 언급하였지만, 해서의 여섯 성곽이 원종 때 여전히 고려에 소속되어 있었으니, 그 마지막까지 획정된 경계는 아마도 단지 패서 1도에 소재하였던 듯하다. 수안·곡주·은율은 충렬 때 본래 고을이 투항함에 기인하여 좇아서 소속되었지만 얼마 안 있어 반환하여 귀속되었으니, 당초의 분

火 無人居 恭讓王三年 始稱甲州 置萬戶府 有奉天臺[在惠山東]"

315 『高麗史』58, 지12, 지리3, 북계, "北界 本朝鮮故地 在三國爲高勾麗所有 寶藏王二十七年 新羅文武王與唐將李勣 夾攻滅之 遂倂其地 孝恭王九年 弓裔據鐵圓 自稱後高麗王 分定浿西 十三鎭 成宗十四年 分境內爲十道 以西京所管爲浿西道 後稱北界, 肅宗七年 又稱西北面 後以 黃州安岳鐵和長命鎭來屬, 辛禑十四年 復屬西海道 領京一 大都護府一 防禦郡二十五 鎭十二 縣十 中葉以後所置府二郡一"

할된 곳이 아니다. 다시 상세하게 한다.)

西京平壤府(本三朝鮮舊地, 高麗太祖元年, 以平壤荒廢, 量徙塩白黃海鳳諸州民以實之, 爲西京, 或稱鎬京, 元宗十年, 西北面兵馬使營記官崔坦·三和校尉李延齡等作亂, 殺留守, 以西京及諸城叛附于蒙古, 蒙古以西京爲東寧府, 畫慈悲嶺爲界, 忠烈王十六年, 還屬我國如故, 沒于元, 凡二十一年,[316] ○愚按, 麗史本紀, 東寧府, 雖稱以慈悲嶺, 爲界, 而海西六城, 元宗之時, 猶屬高麗, 則其終定界, 恐只在浿西一道也, 遂安·谷州·殷栗, 乃忠烈時, 因本邑投降, 而追屬, 未幾還歸, 非當初所割也, 更詳之.)

강동현(인종 14년 경기 4현을 삭제하고 소속 마을을 분할하여 설치하였다.)
江東縣(仁宗十四年, 削京畿四道, 分屬村, 置之)[317]

강서현(인종 14년 경기 소속 마을을 분할하여 설치하였다.)

---

316 『高麗史』, 58, 지12, 지리3, 서경유수관 평양부, "西京留守官 平壤府 本三朝鮮舊都 唐堯戊辰歲 神人降于檀木之下 國人立爲君 都平壤 號檀君 是爲前朝鮮 周武王克商 封箕子于朝鮮 是爲後朝鮮 逮四十一代孫準時 有燕人衛滿亡命 聚黨千餘人來 奪準地 都于王險城[險一作儉 卽平壤] 是爲衛滿朝鮮 其孫右渠不肯奉詔 漢武帝元封二年 遣將討之 定爲四郡 以王險爲樂浪郡 高勾麗長壽王十五年 自國內城徙都之 寶藏王二十七年 新羅文武王與唐夾攻滅之 地遂入於新羅 太祖元年 以平壤荒廢 量徙塩白黃海鳳諸州民以實之 爲大都護府 尋爲西京 光宗十一年 改稱西都 成宗十四年 稱西京留守 穆宗元年 又改鎬京 文宗十六年 復稱西京留守官 置京畿四道, 肅宗七年 設文武班及五部, 仁宗十三年 西京僧妙淸及柳旵分司侍郎趙匡等叛 遣兵斷岊嶺道 於是 命元帥金富軾等 將三軍 討平之 除留守監軍分司御史外 悉汰官班 尋削京畿四道 置六縣, 元宗十年 西北面兵馬使營記官崔坦三和校尉李延齡等作亂 殺留守 以西京及諸城叛附于蒙古 蒙古以西京爲東寧府 置官吏 畫慈悲嶺爲界, 忠烈王十六年 元歸我西京及諸城 遂復爲西京留守官, 恭愍王十八年 設萬戶府 後改爲平壤府 有大同江[卽浿江 又名王城江 江之下流爲九津溺水] 有大華山[一云九龍山 一云魯陽山 文獻通考云 平壤城東北有魯陽山 卽謂此也 山頂有三池] 古城基二[一箕子時所築 城內畫區用井田制 一高麗成宗時所築]箕子墓[在府城北兎山上] 東明王墓[在府東南中和境龍山俗 號眞珠墓 又仁里坊有祠宇 高麗以時降御押行祭 朔望亦令其官行祭 邑人至今有事輒禱 世傳東明聖帝祠]乙密臺[臺在錦繡山頂 臺下層崖之旁有永明寺 卽東明王九梯宮 內有麒麟窟 窟南白銀灘 有巖出沒潮水 名曰朝天石] 屬縣四"
317 『高麗史』, 58, 지12, 지리3, 서경유수관 평양부 강동현, "仁宗十四年 分京畿爲六縣 以仍乙舍鄕班石村朴達串村馬灘村 合爲本縣 置令 仍爲屬縣 後屬於成州, 恭讓王三年 復置令."

江西縣(仁宗十四年, 分京畿屬村, 置之)[318]

중화현(본래 고구려 가화압이다. 신라 헌덕왕이 개정하여 당악현으로 삼았다. 고려에서 서경 소속 마을로 삼았고, 인종 14년 경기 소속 마을을 분할하여 설치하였다.)

中和縣(本高勾麗加火押, 新羅憲德王改爲唐岳縣, 高麗爲西京屬村, 仁宗十四年 分京畿屬村, 置之)[319]

순화현(인종 14년 경기 소속 마을을 분할하여 설치하고, 충혜왕 2년 삼화로 이속시켰다. ○지금 순안현이다.)

順和縣(仁宗十四年, 分京畿屬村, 置之, 忠惠王二年, 移屬三和,[320] ○今順安縣[321])

안변대도호부 영주(고종 43년 몽고 군대를 피하여 창린도로 들어갔고, 뒤에 출륙하였다. 공민왕 18년에 안주만호부를 설치하였고, 뒤에 승격하여 목으로 삼았다. 청천강이 있다. ○지금 안주목이다.)

安邊大都護府寧州(高宗四十三年, 避蒙兵, 入昌麟島, 後出陸, 恭愍王十八年, 置安州萬戶府, 後陞爲牧, 有淸川江,[322] ○今安州牧[324])

---

318 『高麗史』 58, 지12, 지리3, 서경유수관 평양부 강서현, "仁宗十四年 分京畿爲六縣 以梨岳大垢甲岳角墓禿村甑山等鄕 合爲本縣 置令 仍爲屬縣"

319 『高麗史』 58, 지12, 지리3, 서경유수관 평양부 중화현, "本高勾麗加火押 新羅憲德王改爲唐岳縣 至高麗爲西京屬村, 仁宗十四年 分京畿爲六縣 以荒谷唐岳松串等九村 合爲本縣 置令 仍爲屬縣, 忠肅王九年 以太祖統合功臣金樂金哲內鄕 陞爲郡置令如故, 恭愍王二十年 又陞爲知郡事"

320 『高麗史』 58, 지12, 지리3, 서경유수관 평양부 순화현, "仁宗十四年 分京畿爲六縣 以楸子島·櫻遷村·龍坤村·禾山村 合爲本縣 置令 仍爲屬縣 後屬於祥原, 忠惠王二年 移屬三和"

321 『新增東國輿地勝覽』 52, 순안현, "建置沿革, 仁宗十四年 分西京畿, 以楸子島·櫻遷村·龍坤村·禾山村, 合爲順和縣 置令 仍爲屬西京 後屬祥原"

322 『高麗史』 58, 지12, 지리3, 안북대도호부 영주, "安北大都護府 寧州 本高麗彭原郡 太祖十四年 置安北府, 成宗二年 稱寧州安北大都護府, 顯宗九年 稱安北大都護府, 高宗四十三年

귀주(본래 고구려 만년군이다. 성종 13년 평장사 서희에게 명령하여, 군사를 인솔하고 여진을 공격·축출하였으며, 귀주에 축성하였다. ○지금 구성부이다.)

龜州(本高勾麗萬年郡, 成宗十三年, 命平章事徐熙, 率兵攻逐女眞, 城龜州,[324] ○今龜城府)

선주(본래 안화군이다. 고려 초에 개정하여 통주라고 하였다. 고종 18년 몽고를 피하여 자연도로 들어갔고, 원종 2년 출륙하였다. 목미도가 있다. ○지금 선천군이다.)

宣州(本安化郡, 高麗初, 改爲通州, 高宗十八年, 避蒙兵, 入于紫燕島, 元宗二

避蒙兵 入昌麟島 後出陸, 恭愍王十八年 置安州萬戶府 後陞爲牧 別號安陵[成廟所定] 有淸川江[古稱薩水 卽高勾麗乙攴文德敗隋兵百萬之地] 領防禦郡二十五 鎭十二 縣六" / 安北府

연도	『高麗史』	『遼史』	비고
본	고려 彭原郡		
고려 태조14(931)	安北府 설치		국경
고려 성종2(983)	寧州 安北大都護府		
요 통화29(1011)		寧州관찰(東京통군사 소속) 설치	고려 정벌
고려 현종9(1018)	安北大都護府 개칭		평안도 安州 후방방어기지?

323 『新增東國輿地勝覽』52, 안주목, "建置沿革, 本高句麗息城郡, 新羅景德王, 改重盤郡, 高麗太祖, 改彭原郡, "

324 『高麗史』58, 지12, 지리3, 안북대도호부 영주 귀주, "本高麗萬年郡 成宗十三年 命平章事徐熙 率兵攻逐女眞 城龜州, 顯宗九年 爲防禦使, 高宗三年 丹兵來寇 州人拒戰 斬獲甚多, 至十八年 蒙兵來侵 兵馬使朴犀盡力禦之 力屈猶不降 以功 陞爲定遠大都護府 後爲都護府 又改定州牧" / 龜州

연도	『高麗史』	『遼史』	비고
본	고려 萬年郡		
거란 태조(907~926)		歸州관찰 설치	南女直湯河司 소속
거란 태종(926~947)		貴德州 설치	東京遼陽府 통현
고려 성종13(994)	龜州 축성		서희국경(鴨淥江 유역)
고려 목종9(1006)	龜州 축성		
거란 통화29(1011)		歸州관찰 재설치	歸德軍(東京도부서 소속) 건설, 貴德州 전투, 고려 정벌
고려 현종9(1018)	龜州방어사		후방방어기지?
고려 현종10(1019)	龜州대첩		
고려 고종18(1231)	定遠대도호부		朴犀
조선 세조1(1455)	(평안도 龜城郡)		『新增東國輿地勝覽』

年, 出陸, 有牧美島,[325] ○今宣川郡)

용주(본래 고구려 안흥군이다. ○지금 용천군이다.)

龍州(本高勾麗安興郡,[326] ○今龍川郡)

---

[325] 『高麗史』58, 지12, 지리3, 안북대도호부 영주 선주, "宣州 本安化郡 高麗初 改爲通州, 顯宗
二十一年 稱宣州防禦使, 高宗十八年 避蒙兵 入于紫燕島, 元宗二年 出陸 有牧美島" / 通州(宣州)

연도	『高麗史』	『遼史』	비고
본	安化郡	扶餘國왕성	
발해		扶餘城	
거란 태조(907~926)		龍州 개명	
고려 초	通州 개정		
거란 보령7(975)		龍州절도 승격	黃龍府 반란인 연파 잔당 이치
고려 성종15(996)	宣州 축성		
고려 목종11(1008)	通州 축성		
고려 현종3(1012)	通州등 6성 반환요청		서희국경(鴨淥江유역)?
거란 개태3(1014)		宣州 定遠軍刺史	保州 예속
거란 聖宗(982~1031)		通州 개명	
고려 현종21(1030)	宣州방어사		후방방어기지
(조선)	(평안도 宣川郡)		『新增東國輿地勝覽』

[326] 『高麗史』58, 지12, 지리3, 안북대도호부 영주 龍州, "本高麗安興郡 顯宗五年 稱龍州防禦
使 後改爲龍灣府, 忠宣王二年 復稱龍州." / 龍岡縣[龍州]

연도	『高麗史』	『遼史』	비고
본	黃龍城(혹은 軍岳) / [고려 安興郡]	발해 扶餘府	
고려 태조2(919)	龍岡縣 축성		국경
거란 태조(926)		龍州 黃龍府 개명	
975		연파 반란으로 철폐	
995	강동 6주 중 龍州?		국경
후(1010대?)	龍岡縣令官(개명)		평안도 龍岡縣 후방방어기지?
1014	[축성, 龍州방어사]		평안도 龍州 후방방어기지?
1020		동북쪽 축성, 龍州 재설치	국경
뒤	[龍灣縣]		
1310	[龍州 개칭]		

• 거란 龍州, 鐵州 지역은 원래 고구려 인근 黃龍國이었을 것이다.(동국여지승람 용강현)
• 고려 龍岡縣은 본래 黃龍城(軍岳)이었다.
• 발해 때 扶餘府, 扶餘城이었는데,
• 고려 태조 2년(919)에 龍岡縣(軍岳)으로 개명하고 축성하였다.
• 거란 태조 말(926)에 야율아보기가 발해를 치고서 이 지역에 들어와 죽으니 황룡이 나타나므
로(혹은 황룡을 쏘고) 黃龍府로 고쳤다. 바로 이 시기에 鴨淥江 유역의 이 지역을 둘러싸고 고

려와 거란이 각축하고 있었던 것으로 이해된다.

• 보령 7년(975) 7월 발해유민 연파의 반란으로 거란은 이 지역을 폐현으로 만들었다.(요사 동경 요양부 龍州)

• 거란 1차 침입 이후, 거란과 고려는 鴨淥江을 경계로 서쪽은 거란, 동쪽은 고려로 국경을 삼을 것을 협상한 소손녕·서희의 담판으로 995년 고려 강동 6주의 하나가 되었다.(고려사, 요사, 송사)(고려는 거란 龍州를 접수하면서 龍州 명칭도 그대로 받았을 것이다.) (이해 7월 연파가 철려를 공격하는 등 거란은 내란에 시달리고 있었다.)

• 거란 2차 침입이 있은 1010년 이후 어느 시점에 고려는 이 지역을 잃고(강동 마지막 보루였던 保州를 상실한 것이 1014년) 현재의 평안북도 龍岡縣으로 옮겨서(개명하고) 후방방어사를 설치한 듯하다.(동국여지승람 황룡국, 황룡산성)

• 거란은 개태 9년(1020) 옛 현의 동북쪽에 다시 龍州를 설치하였다.(요사 동경 遼陽府 龍州)

• 고려는 끊임없이 옛 지역을 회복하려고 시도하였고(1018년 강감찬 귀주대첩, 黃龍國 전설과 安市城 설치), 1029년 동경 대연림의 발해부흥운동, 1031년 거란 성종의 죽음 등의 정세 속에서 1033년 강동 6주의 시작점인 興化鎭을 기점으로 하여 連山鎭, 分水嶺, 哈達嶺으로 이어지는 북경 관방을 설치하기에 이르렀다.

• 이 이후에도 고려와 거란의 국경 분쟁은 끊이지 않았다.

• 1084년 거란의 고려변방 파수지역은 鴨淥江 동쪽 언덕의 東京, 咸州, 黃龍府로 이어지는 선이었다.

• 1117년 요가 금에 쫓겨 가며 保州城을 고려에 인계하면서 고려는 다시 국경선을 鴨淥江 유역까지 회복하였다.

• 한편 安市城은 『요사』에서는 동경 요양부 鐵州(강동 6주의 하나)에, 『동국여지승람』에서는 평안북도 龍岡縣에 기록되어 있다. 아마 2차 침입 시 鴨淥江 동쪽의 강동 6주로 이웃했던 龍州, 鐵州 사람들이 섞여 현 鴨綠江 동쪽 평안도 龍岡縣으로 이주하면서 옛 기록과 자연 지명을 가지고 왔을 것으로 보인다.

• 다른 한편, 강동 6주의 하나인 通州도 본래 부여국 왕성이고 발해가 扶餘城으로 불렀다가 거란 태조가 龍州로 고쳤다.(黃龍府인 龍州와 지명이 얽히는 부분에도 주의할 필요가 있다.) 975년 연파 반란 잔당을 이곳으로 옮기고, 거란 성종 대(982~)에 通州로 개명하였다. 거란 1차 침입 후 서희의 담판으로 995년 고려 강동 6주의 하나가 되었다.

• 또 한편 黃龍府도부서사에 소속된 信州는 거란 성종이 2차 침입 시기 이후 개태 연간(1012~1020) 고려에 인접하였다고 하여 설치한 지역이다.

• 한편 龍州 연혁은 다음과 같다. 본 고려 安興郡, 현종5(1014) 龍州 축성, 龍州防禦使, 뒤에 龍灣府, 충선왕2(1310) 龍州 개칭.(『고려사』권58 지12 지리3 안북대도호부 寧州, "龍州 本高麗安興郡 顯宗五年 稱龍州防禦使 後改爲龍灣府 忠宣王二年 復稱龍州" ; 『고려사』권82 지36 병2 성보, "顯宗 五年 城龍州 一千五百七十三閒 門十 水口一 城頭十二 遮城四" ; 『新增東國輿地勝覽』권53 평안도 龍川郡, "[建置沿革] 本高麗安興郡 顯宗五年甲寅 稱龍州防禦使 後改爲龍灣府 忠宣王二年改知郡事 本朝太宗四年 以義州伊彦屬于郡 十三年 例改今名 [郡名] 龍灣 安興 龍州 [形勝] 江連渤澥 野接遼陽 柳廷顯詩 長江連渤澥 平野接遼陽")

• 16세기 중반 『신증동국여지승람』때까지 황룡국, 안성성 등 요동과 평안도의 관련성을 암시하

정주(본래 고구려 송산현이다. ○지금 의주 경내에 소재한다.)

靜州(本高勾麗松山縣,[327] ○今在義州境內)

인주(본래 고구려 영제현이다. ○지금 의주 경내에 소재한다. 장성 터가 있다.)

는 기록을 절충적으로 남겨두었던 것이 단절되게 되는 발단은 왜란을 경과한 17세기 초 韓百謙의『東國地理志』에서 비롯되며, 호란을 경과한 17세기 후반~18세기 전반에 林象德이 편찬한 『東史會綱』에서는 그런 인식이 더욱 강화되었다. 또 이것이 국가적으로 공식화하는 것은 1770년『東國文獻備考』에서였으며, 이후 조선 후기에는 이 견해가 보편화되었고, 다산도 이를 기반으로 해서 고증을 추가하고 있다.

『東史會綱』1 범례 동방지명지변, "三國時地名 今不可攷者 甚多 而高勾麗地方尤甚 蓋東明初起之地 今皆入上國 其東北爲建州衛界 西北爲蓋州衛界 非我國圖籍所能攷據 而東人俚俗荒誕之言 如東明麟馬等事 承訛襲怪 便作古實 今平安一道之內 山川城郭之名 皆傅會於東明國史所見之名號 以實其夸誕 而輿地勝覽不加證辨 直以東明爲起於樂浪 而遂以成川爲松壤國 龍崗爲黃龍國 優渤水爲在今寧邊香山 荇人國亦附於寧邊古跡之末 此等處甚多 皆似誤也 金文烈 三國史地理志 卒本川 松壤國 優渤水 黃龍 荇人 等國 皆云未詳 此恐爲的論 今錄其大者於下"『東國文獻備考』1 여지고1 역대국계 상, "黃龍國 高句麗本紀 初 琉璃王遷都 太子解明不肯從 留古都 黃龍國王賜强弓 解明使彎折之 王以恃强力 結怨隣國 賜解明死 輿地勝覽曰 龍崗縣 古黃龍國 爲高勾麗所幷 東史會綱曰 東明初起之地 其東北爲建州衛界 西北爲盖州衛界 非我國圖籍所能攷據 而東人俚俗荒誕之言 如東明麟馬等事 承訛襲怪 便作古實 今平安一道之內 山川城郭之名 皆傅會於東明國史所見之名號 以實其夸誕 而輿地勝覽不加證辨 直以東明爲起於樂浪 而遂以成川爲松壤國 龍崗爲黃龍國 優渤水爲在今寧邊香山 荇人國亦附於寧邊古跡之末 此等處甚多 皆似誤也 金富軾 三國史地理志 卒本川 松壤國 優渤水 黃龍 荇人 等國 皆云未詳 此恐爲的論" 동사회강에 대해서는 이종범, 「노촌 임상덕의 '의리론'과 시대인식:『동사회강』찬술의 사유체계검토」,『역사학연구』21, 2003. 참조
• 이런 역사적 과정은 바로 우리 국경이 대륙과의 연관성을 끊고 한반도로 한정되어가는 과정 바로 그 자체였다. 그리고 그것은 '述而不作'하는 춘추필법을 부정하고 있을 뿐 아니라, 관련 연구자들이 '실학적 인식 체계에 의해 기술된 최초의 역사지리서'라고 한 평가와도 거리가 있다.
327『高麗史』58, 지12, 지리3, 안북대도호부 영주 靜州, "本高麗松山縣 德宗二年 築城 徙民 一千戶實之, 文宗三十二年 又以靜州等五城 城大民小 徙內地民各百戶實之" / 靜州

연도	『高麗史』	『遼史』	비고
본	고려 松山縣	遼澤 대부락	松山州(上京 170리)
고려 덕종2(1033)8.25	靜州 축성, 북경관방		국경
고려 덕종2(1033)10.25	거란 靜州 침입		
고려 덕종2(1033)10.27	靜州鎭		축성, 사민, 후방방어기지?
고려 고종3(1216)	義·靜州 관외 互市		금 浦鮮萬奴
고려 원종10(1269)	靜州관노 渡江 婆娑府 도착		
(조선)	(평안도 義州牧)		『新增東國輿地勝覽』고적

獜州(本高勾麗靈蹄縣,[328] ○今在義州境內, 有長城基)

덕종 조정에서 평장사 유소에게 명령하여, 장성을 축조하였는데, 인주의 옛 국내성 압록강이 바다로 유입되는 곳에서 기공하여, 동쪽으로 위원·흥화·정주·영해·영덕·영삭·운주·안수·청새·평로·영원·정융·맹주·삭주 등 14성곽을 타고 넘고, 동계의 요덕·정변·화주 등 3성곽을 도달하였고, 동쪽으로 바다로 전달되었다.

德宗朝, 命平章事柳韶, 築長城, 起自獜州之古國內城鴨綠江入海處, 東跨威遠興化靜州寧海寧德寧朔雲州安水淸塞平虜寧遠定戎孟州朔州等十四城, 抵東界耀德靜邊和州等三城, 東傳于海.[329]

의주(본래 고구려 용만현이다. 처음에 거란이 성곽을 압록강 동쪽 언덕에 설치하여 보주라고 호칭하였다. 문종 조정 때 거란이 또 궁구문을 설치하여 포주라고 호칭하였다. 예종 12년 요나라 자사 상효손과 도통 나율녕 등이 금나라 군대를 피하여 바다로 떠서 도망가면서 내원성 및 포주를 우리에게 귀속시켰다. 이에 다시 압록강을 경계로 삼아 관방을 설치하였다. 공민왕 15년에 승격하여 목으로 삼았다. ○지금의 의주목이다.)

---

[328] 『高麗史』58, 지12, 지리3, 안북대도호부 영주 麟州, "本高麗靈蹄縣 顯宗九年 稱麟州防禦使, 二十一年 移永平鎭民實之, 高宗八年 以叛逆 降稱含仁 後改爲知郡事 有古長城基[德宗朝 平章事柳韶所築 起自州之鴨綠江入海處 至東界和州海濱] / 麟州

연도	『高麗史』	『遼史』	비고
본	고려 靈蹄縣		
고려 현종1(1010)	麟州 거란군 주둔		通州, 銅山 부근, 국경
고려 현종9(1018)	麟州 방어사		후방방어기지
고려 현종21(1030)	麟州 축성, 포상		
고려 덕종2(1033)	麟州 등 북경관방		국경
고려 고종3(1216)	麟州 등에서 침입		丹兵
(조선)	(평안도 義州牧)		『新增東國輿地勝覽』 고적

[329] 『高麗史』82, 지36, 병2, 성보, "(德宗)二年, 命平章事柳韶 創置北境關防 起自西海濱古國內城界 鴨綠江入海處 東跨威遠興化靜州寧海寧德寧朔雲州安水淸塞平虜寧遠定戎孟州朔州等十三城 抵耀德靜邊和州等三城 東傳于海 延袤千餘里 以石爲城 高厚各二十五尺"

義州(本高勾麗龍灣縣, 初契丹置城于鴨綠江東岸, 稱保州, 文宗朝, 契丹又設
弓口門, 稱抱州], 睿宗十二年, 遼刺史常孝孫與都統耶律寧等避金兵, 泛海而
遁, 以來遠城及抱州歸我, 於是, 復以鴨綠江爲界, 置關防, 恭愍王十五年, 陞爲
牧,[330] ○今義州牧)

삭주(본래 고구려 영새현이다. ○지금 삭주부이다.)
朔州(本高勾麗寧塞縣,[331] ○今朔州府[333])

창주(본래 고구려 장정현이다. 정종 원년에 창주방어사로 삼았다. 고종 18년 몽

---

[330] 『高麗史』58, 지12, 지리3, 안북대도호부 영주 義州, "本高麗龍灣縣 又名和義 初契丹置城
于鴨綠江東岸 稱保州 文宗朝 契丹又設弓口門 稱抱州[一云把州], 睿宗十二年 遼刺史常孝孫
與都統耶律寧等避金兵 泛海而遁 移文于我寧德城 以來遠城及抱州歸我 我兵入其城 收拾兵
仗錢穀 王悅 改爲義州防禦使 推刷南界人戶以實之 於是 復以鴨綠江爲界 置關防, 仁宗四年
金亦以州歸之, 高宗八年 以叛逆 降稱咸新 尋復古, 恭愍王十五年 陞爲牧, 十八年 置萬戶府 別
號龍灣 有鴨綠江[一云馬訾水 一云靑河]" / 『遼史』권38 지8 지리2 東京遼陽府, "3[2(1)]保州 宣
義軍 節度 高麗置州 故縣一 曰來遠 聖宗以高麗王詢擅立 問罪不服 統和末(983~1012) 高麗降
開泰三年(1014)取其保定二州 於此置榷場 隸東京統軍司 統州軍二 縣一 3-(1)來遠縣 初徒遼西
諸縣民實之 又徒奚漢兵七百防戍焉 戶一千 3-1宣軍 定遠軍 刺史 開泰三年徒漢戶置 隸保州" /
윤한택, 「고려 保州 위치에 대하여」, 『고려국경에서 평화시대를 묻는다』, 2018, 더플랜
[331] 『高麗史』58, 지12, 지리3, 안북대도호부 영주 朔州, "本高麗寧塞縣 顯宗九年 稱朔州防禦
使 後陞爲府" / 朔州

연도	『高麗史』	『遼史』	비고
본	고려 寧塞縣		국경
고려 현종9(1018)	朔州방어사		후방방어기지
고려 덕종1(1032)	朔州 축성		국경
고려 덕종2(1033)	朔州 등 북경관방		국경
고려 인종6(1128)	昌·朔州 월경 개간		안북도호부-내원성
고려 고종3(1216)	朔州 침략		金山왕자
고려 고종12(1225)	朔州 침략		東眞
고려 고종18(1231)	朔州 침략		몽고
고려 고종22(1335)	朔州 침략		몽고
고려 공민왕10(1361)	朔州 침략		홍두적, 鴨綠江 도강
후?	朔州府 승격		
(조선)	(평안도 朔州도호부)		『新增東國輿地勝覽』 고적

[332] 『新增東國輿地勝覽』53, 삭주도호부, "建置沿革, 本高麗寧塞縣 … 太宗十三年, 陞都護府"

고 군대의 침입으로 성곽과 고을이 폐허가 되었다. ○지금 창성 경내에 소재한
다.)

昌州(本高勾麗長靜縣, 靖宗元年, 爲昌州防禦使, 高宗十八年, 被蒙兵, 城邑丘
墟, ○今在昌城境內)[333]

운주(본래 고구려 운중군이다. 성종 14년에 운주방어사로 호칭하였다. 고종 18
년 몽고군을 피하여 바다 섬으로 들어갔으며, 원종 2년에 출륙하고, 가산 서촌
에 우거하여, 연산부에 예속되었다. 공민왕 20년에 다시 군을 회복하였다. ○지
금 운산군이다.)

雲州(本高勾麗雲中郡, 成宗十四年, 稱雲州防禦使, 高宗十八年, 避蒙兵, 入
于海島, 元宗二年, 出陸, 寓于嘉山西村, 隸延山府, 恭愍王二十年, 復立郡,[334]
○今雲山郡[335])

연주(본래 고구려 밀운군이다. (달리 안삭군이라고도 한다.) 광종 21년에 지금

---

[333] 『高麗史』58, 지12, 지리3, 안북대도호부 영주 昌州, "本高麗長靜縣 靖宗元年 城梓田 移民
戶爲昌州防禦使, 高宗十八年 被蒙兵 / 『신증동국여지승람』53 평안도 창성도호부 건치연혁,
"昌州, 本高麗長靜縣。靖宗元年, 城梓田移民戶爲昌州防禦使, 高宗十八年, 蒙兵入寇, 城邑丘
墟, 泥城府, 恭愍十八年, 置泥城萬戶府設鎭平鎭康鎭靜鎭遠四軍, 差上副千戶管之, 本朝太宗
二年, 以泥城合于昌州改今名爲郡."

[334] 『高麗史』58, 지12, 지리3, 안북대도호부 영주 雲州, "本高麗雲中郡[一云古遠化鎭] 光宗時
爲威化鎭, 成宗十四年 稱雲州防禦使, 高宗十八年 避蒙兵 入于海島, 元宗二年 出陸 寓于嘉山
西村 隸延山府, 恭愍王二十年 復立郡 別號雲中[成廟所定] / 威化鎭(雲州)

연도	『高麗史』	『遼史』	비고
본	고려 雲中郡(옛 遠化鎭)		
고려 광종원(950)	威化鎭 축성		
고려 광종19(968)	威化鎭 축성		국경
고려 성종14(995)	雲州방어사		후방방어기지
고려 덕종2(1033)	雲州 북경관방		국경
고려 고종18(1231)	몽고 피해 해도 입보		
고려 원종2(1261)	嘉山서촌우거, 延山府 예속		
고려 공민왕20(1371)	雲山郡 복구		

[335] 『新增東國輿地勝覽』54, 운산군, "建置沿革, 本高麗雲中郡 … 本朝太宗十三年, 例改今名"

명칭으로 고치고 지주로 삼았다.)

延州(本高勾麗密雲郡[一云安朔郡], 光宗二十一年, 更今名爲知州[336])

박주(본래 고구려 박릉군이다. 성종 14년에 박주방어사라고 호칭하였다. 고종 18년 몽고병을 피하여 바다섬으로 들어갔으며, 원종 2년에 출륙하고, 가주에 소속되었다. 공민왕 20년에 군 호칭을 복구하였다. 대령강이 있는데, 속칭 박주강이라고 한다. ○지금 박천군이다.)

博州(本高勾麗博陵郡, 成宗十四年, 稱博州防禦使, 高宗十八年, 避蒙兵, 入于海島, 元宗二年, 出陸, 屬于嘉州, 恭愍王二十年, 復郡號, 有大寧江, 俗呼博州江,[337] ○今博川郡[338])

가주(본래 고구려 신도군이다. 성종 14년에 가주방어사라고 호칭하였다. 고종 18년 몽고병을 피하여 바다섬으로 들어갔다. 원종 2년에 출륙하였으며, 태·박·

---

336 『高麗史』 58, 지12, 지리3, 안북대도호부 영주 延州, "本高麗密雲郡[一云安朔郡] 光宗二十一年 更今名爲知州, 成宗十四年 爲防禦使, 恭愍王十五年 陞延山府" / 安朔鎭(延州)

연도	『高麗史』	『遼史』	비고
본	고려 密雲郡(혹은 安朔郡)		
거란 태조(907~926)		密雲縣 설치	요 遼州 통주 祺州 속현
고려 광종3(952)	安朔鎭 축성		
고려 광종21(970)	安朔鎭 축성, 知延州事		국경
고려 광종21(970)	延州방어사		후방방어기지
1010년대?		慶雲縣 개칭	
고려 공민왕15(1365)	延山府 승격		

337 『高麗史』 58, 지12, 지리3, 안북대도호부 영주 博州, "本高麗博陵郡[一云古德昌] 成宗十四年 稱博州防禦使, 高宗十八年 避蒙兵 入于海島, 元宗二年 出陸 屬于嘉州, 恭愍王二十年 復郡號 別號博陵[成廟所定] 有大寧江[俗呼博州江]" / 德昌鎭(博州)

연도	『高麗史』	『遼史』	비고
본	고려 博陵郡(혹은 古德昌)		
고려 태조13(930)	安水鎭		
고려 정종2(947)	德昌鎭, 博州 축성		
고려 성종14(995)	博州방어사		후방방어기지
고려 현종9(1018)	(博州)連州방어사	連州 德昌郡자사(東京통군사)	
고려 덕종2(1033)	安水鎭 북경관방		

338 『新增東國輿地勝覽』 54, 박천군, "本高麗博陵郡 … 本朝太宗十三年, 例改今名"

무·위 등 주를 모두 이 군에 소속시켜 5성 겸관으로 삼았다가, 다시 개정하여 쪼개서 설치하였다. ○지금 가산군이다.)

嘉州(本高勾麗信都郡, 成宗十四年, 稱嘉州防禦使, 高宗十八年, 避蒙兵, 入于海島, 元宗二年, 出陸, 以泰博撫渭等州, 皆屬本郡, 爲五城兼官, 復改析置,[339] ○今嘉山郡[340])

곽주(본래 고구려 장리현이다. 성종 13년에 평상사 서희에게 명령하여 군대를 인솔하고 여진을 공격·축출해서 성곽을 축조하여 곽주방어사로 삼았다. 고종 18년 몽고병을 피하여 바다섬으로 들어갔다가 원종 원년에 출륙하여 수주에 예속되었다. 공민왕 20년에 군 호칭을 복구하였다. ○지금 곽산군이다.)

郭州(本高勾麗長利縣, 成宗十三年, 命平章事徐熙, 率兵攻逐女眞, 城之, 爲郭州防禦使, 高宗十八年, 避蒙兵, 入于海島, 元宗二年, 出陸, 隸隋州, 恭愍王二十年 復郡號,[341] ○今郭山郡[343])

---

339 『高麗史』58, 지12, 지리3, 안북대도호부 영주 嘉州, "本高麗信都郡[一云古德縣] 光宗十一年 城濕忽 陞爲嘉州, 成宗十四年 稱防禦使, 高宗八年 以叛逆降稱撫寧, 十八年 避蒙兵 入于海島, 元宗二年 出陸 以泰博撫渭等州皆屬本郡 爲五城兼官 後析置泰撫渭三州 惟博州仍屬, 至恭愍王二十年 又析置博州" / 濕忽(嘉州)

연도		『高麗史』	『遼史』	비고
본		고려 信都郡(혹은 古德縣)		
거란 세종(947~951)			嘉州	顯州(醫巫閭山 동남)통현
고려 광종11(960)		濕忽 축성 嘉州 승격		국경
고려 광종24(973)		信都 보수		
고려 성종14(995)		嘉州방어사		후방방어기지
고려 고종8(1221)		撫寧 강등		반역
고려 고종18(1231)		몽고 피해 해도 입보		
고려 원종2(1261)		출륙		

340 『新增東國輿地勝覽』52, 嘉山郡, "建置沿革, 本高麗信都郡 … 本朝太宗十三年, 改今名, 爲郡"

341 『高麗史』58, 지12, 지리3, 안북대도호부 영주 郭州, "本高麗長利縣 成宗十三年 命平章事徐熙 率兵攻逐女眞 城郭州, 顯宗九年 爲防禦使, 高宗八年 以叛逆降 稱定襄, 十八年 避蒙兵 入于海島, 元宗二年 出陸 隸隋州, 恭愍王二十年 復郡號" / 郭州

연도	『高麗史』	『遼史』	비고
본	고려 長利縣		

철주(본래 고구려 장녕현이다. (달리 동산이라고도 한다.) 현종 9년에 철주방어 사라고 호칭하였다. ○지금 철산군이다.)

鐵州(本高勾麗長寧縣[一云銅山], 顯宗九年, 稱鐵州防禦使, ○今鐵山郡[343])

영주(현종 21년 흥화진을 승격시켜 주로 삼고, 방어사를 설치하였다. ○지금 의주 경내에 소재한다.)

靈州(顯宗二十一年, 陞興化鎮爲州, 置防禦使,[344] ○今在義州境內)

고려 성종13(994)	郭州 축성		서희국경(鴨淥江 유역)
고려 목종8(1005)	郭州 축성		
거란 통화29(1011)		銅霍貴寧州 점령	동경요양부 통현
고려 현종9(1018)	郭州방어사		후방방어기지

342 『新增東國輿地勝覽』53, 郭山郡, "建置沿革, 本高麗長利縣 … 本朝太宗十三年, 改今名"

343 『高麗史』58, 지12, 지리3, 안북대도호부 영주 鐵州, "本高麗長寧縣[一云銅山] 顯宗九年 稱鐵州防禦使" / 鐵州

연도	『高麗史』	『遼史』	비고
본	고려 長寧縣(혹은 銅山)	한 安市縣	
고려		安市城	
당 태종		공격, 실패	설인귀 白衣登城
발해		鐵州 설치	거란 建武軍자사, 東京 서남 60리
고려 현종3(1012)	鐵州 등 6성 반환요구		서희국경(鴨淥江유역)
고려 현종7(1016)	鐵州 축성		
고려 현종9(1018)	鐵州방어사		후방방어기지
(조선)	(평안두 鐵山郡)		『新增東國輿地勝覽』건치연혁

344 『高麗史』58, 지12, 지리3, 안북대도호부 영주 靈州, "靈州 顯宗二十一年 陞興化鎮爲州 置防禦使" / 興化鎮(靈州)

연도	『高麗史』	『遼史』	비고
	興化鎮(靈州) 축성		
고려 목종10(1007)	興化鎮 축성		
고려 현종1(1010)	흥화진 고수	흥화진 포위(거란주 40만)	양규, 이수화
고려 현종3(1012)	흥화진등 6성 반환요청		서희국경(鴨淥江유역)
고려 현종6(1015)	흥화진 고수	흥화진 포위	고적여, 조익
고려 현종8(1017)	흥화진 고수	흥화진 포위(소합탁)	견일, 홍광, 고의
고려 현종9(1018)	흥화진 대승	흥화진 포위(소손녕 10만)	강감찬, 강민첨
고려 현종20(1029)	威遠鎮(서북), 定戎鎮(북) 설치		(북경관방)
고려 현종21(1030)	靈州방어사 승격		후방방어기지
고려 덕종2(1033)	흥화진 북경관방		국경

맹주(본래 고구려 철옹현이다. 현종 10년에 맹주방어사라고 호칭하였다. 고종 18년에 몽고병을 피하여 바다섬으로 들어갔으며, 44년에 은주에 합병하였다. 원종 2년에 출륙하였다. ○지금 맹산현이다.)

孟州(本高勾麗鐵瓮縣, 顯宗十年, 稱猛州防禦使, 高宗十八年, 避蒙兵, 入海島, 四十四年, 併于殷州, 元宗二年, 出陸,[345] ○今孟山縣)[346]

덕주(본래 고구려 요원군이다. 목종 4년에 덕주방어사라고 호칭하였다. 원종 원년에 몽고병을 피하여 안주의 노도로 들어갔다. 뒤에 무릇 다섯 번 옮겨, 충렬왕 6년에 이르러 옛 지역을 회복하였다. ○지금 덕천군이다.)

德州(本高勾麗遼原郡, 穆宗四年, 稱德州防禦使, 元宗元年, 避蒙兵, 入于安州 之蘆島, 後凡五遷, 至忠烈王六年, 復舊地, ○今德川郡)[347]

연도	『高麗史』	『遼史』	비고
		興州(동경요양부 통주)	東京 서남300리
조선	(평안도 의주목, 부 남55리)		『新增東國輿地勝覽』 고적

[345]『高麗史』 58, 지12, 지리3, 안북대도호부 영주 孟州, "孟州[孟一作猛] 本高麗鐵瓮縣 顯宗 十年 稱猛州防禦使, 高宗十八年 避蒙兵 入海島, 四十四年 併于殷州, 元宗二年 出陸 爲安州屬 縣, 恭讓王三年 析置縣令" / 鐵瓮城(孟州)

연도	『高麗史』	『遼史』	비고
본	고려 鐵瓮縣		
성종14(995)	孟州 축성		국경
현종10(1019)	孟州방어사		평안도 孟山縣 후방방어기지?
덕종2(1033)	孟州 북경관방		鴨淥江 유역?

[346]『新增東國輿地勝覽』 55, 孟山縣, "建置沿革, 本高麗鐵甕縣 … 本朝太宗 … 十四年 … 明年 析置縣監, 改今名"

[347]『高麗史』 58, 지12, 지리3, 안북대도호부 영주 德州, "本高麗遼原郡 一名長德鎭 穆宗四年 稱德州防禦使, 元宗元年 避蒙兵 入于安州之蘆島 後凡五遷, 至忠烈王六年 復舊地 屬于成州, 恭愍王二十年 析爲知州事" / 長德鎭(德州)

연도	『高麗史』	『遼史』	비고
본	고려 遼原郡(일명 長德鎭)		
고려 목종3(1000)	德州 축성		
고려 목종4(1001)	德州방어사		후방방어기지
고려 목종6(1003)	德州城 수리		

무주(본래 고구려 운남군이다. 성종 14년에 무주방어사라고 호칭하였다. 고종 18년에 몽고병을 피하여 바다섬으로 들어갔고, 원종 2년에 출륙하여, 위주 옛 성곽에 거처하였으며, 가주에 소속되었다. ○지금 영변 경내에 소재한다.)

撫州(本高勾麗雲南郡, 成宗十四年, 稱撫州防禦使, 高宗十八年, 避蒙兵, 入于 海島, 元宗二年, 出陸, 處渭州古城, 屬嘉州, ○今在寧邊境內)[348]

순주(본래 고구려 정융군이다. 성종 2년에 순주방어사라고 호칭하였다. ○지금의 순천군이다.)

順州(本高勾麗靜戎郡, 成宗二年, 稱順州防禦使,[349] ○今順川郡)

위주(본래 고구려 낙릉군이다. 고려에서 위주방어사라고 호칭하였다. ○지금 영변 경내에 소재한다.)

연도	『高麗史』	『遼史』	비고
고려 현종1(1010)	德州 축성		거란 2차 침입
고려 문종21(1067)	德州 축성		
조선	(평안도 德川郡, 寧遠郡)		『新增東國輿地勝覽』

[348] 『高麗史』58, 지12, 지리3, 안북대도호부 영주 撫州, "本高麗雲南郡[一云古靑城] 成宗十四 年 稱撫州防禦使, 高宗十八年 避蒙兵 入于海島, 元宗二年 出陸 處渭州古城 屬嘉州, 恭愍王 十八年 移屬泰州, 恭讓王三年 別置監務" / 長靑鎭(撫州)

연도	『高麗史』	『遼史』	비고
본	고려 雲南郡(古靑城)		
고려 광종2(951)	撫州 축성		국경
고려 성종14(995)	撫州방어사		후방방어기지
고려 고종18(1231)	몽고 피해 해도 입보		
고려 원종2(1261)	渭州古城 거처(嘉州 소속)		평안도 寧邊대도호부, (『新增東國輿地勝覽』)

[349] 『高麗史』58, 지12, 지리3, 안북대도호부 영주 順州, "本高麗靜戎郡 成宗二年 稱順州防禦 使, 高宗四十四年 倂于德州 後改爲知郡事" / 順州

연도	『高麗史』	『遼史』	비고
본	고려 靜戎郡	遼隊縣地	
고려 태조20(937)	順州 축성		국경
고려 성종2(983)	順州방어사		후방방어기지
995?		橫帳南王府 축성처, 順州	顯州 동북 120리, 上京 동남 900리

渭州(本高勾麗樂陵郡, 高麗稱渭州防禦使, ○今在寧邊境內)[350]

태주(본래 고구려 광화현이다. 광종 21년에 태주방어사라고 호칭하였다. 고종 18년에 몽고병을 피하여 바다섬으로 들어갔고, 원종 2년에 출륙하여 가주에 소속되었다. ○지금 태천군이다.)

泰州(本高勾麗光化縣, 光宗二十一年, 稱泰州防禦使, 高宗十八年, 避蒙兵, 入于海島, 元宗二年, 出陸, 屬于嘉州, ○今泰川郡[351])

성주(본래 비류왕 송양의 옛 도읍이다. 온천이 있다. 현종 9년에 성주방어사라고 호칭하였다. ○지금 성천부이다.)

成州(本沸流王松讓之故都, 有溫泉, 顯宗九年, 稱成州防禦使, ○今成川府[352])

---

[350] 『高麗史』 58, 지12, 지리3, 안북대도호부 영주 渭州, "本樂陵郡[一云古德城] 高麗改今名 爲防禦使, 文宗四年 築城" / 樂陵郡(渭州)

연도	『高麗史』	『遼史』	비고
본	樂陵郡(혹은 古德城)		
고려 광종18(967)	樂陵郡 축성		국경
거란 ?		渭州 高陽軍절도	부마도위 소창예
고려 ?	渭州방어사 개명		顯州 동북 250리
고려 문종4(1050)	渭州 축성		
뒤	주 철폐		『新增東國輿地勝覽』
고려 원종2(1261)	撫州 치소		평안도 寧邊대도호부 (『新增東國輿地勝覽』)

[351] 『高麗史』 58, 지12, 지리3, 안북대도호부 영주 泰州, "本高麗光化縣[一云寧朔 一云連朔] 光宗二十一年 稱泰州防禦使, 高宗十八年 避蒙兵 入于海島, 元宗二年 出陸 屬于嘉州, 恭愍王十五年 以撫渭二州屬于郡 稱泰州事, 辛禑七年 析置撫渭二州" / 寧朔鎭(泰州)

연도	『高麗史』	『遼史』	비고
	榛田[고려 光化縣(혹은 寧朔, 連朔)]		
옛(본)			국경
고려 광종20(969)	寧朔鎭 축성		후방방어기지
고려 광종21(970)	泰州방어사		
고려 덕종2(1033)	寧朔鎭 북경관방		
고려 문종4(1050)	安義鎭榛子農塲 축성, 寧朔鎭		
조선	(평안도 泰川縣)		『新增東國輿地勝覽』 고적

[352] 『高麗史』 58, 지12, 지리3, 안북대도호부 영주 成州, "本沸流王松讓之故都 太祖十四年 置剛德鎭, 顯宗九年 改今名爲防禦使 後爲知郡事 別號松讓[成廟所定] 有溫泉" / 剛德鎭(成州)

은주(본래 고구려 흥덕군이다. 성종 2년에 은주방어사라고 호칭하였다. 고종 18년에 몽고병을 피하여 바다섬으로 들어갔다가 뒤에 출륙하여 성주의 속현이 되었다. ○지금 은산군이다.)

殷州(本高勾麗興德郡, 成宗二年, 稱殷州防禦使, 高宗十八年, 避蒙兵, 入于海島, 後出陸, 爲成州屬縣, ○今殷山郡[353])

숙주(본래 고구려 평원군이다. 성종 2년이 숙주방어사라고 호칭하였다. 뒤에 개정하여 지군사로 삼았다. ○지금 숙주부이다.)

肅州(本高勾麗平原郡, 成宗二年, 稱肅州防禦使, 後改爲知郡事, ○今肅川府[354])

연도	『高麗史』	『遼史』	비고
본	비류왕 松讓 고도		
고려 태조8(925)	成州 축성		국경
고려 태조14(931)	剛德鎭 축성		
거란 聖宗(982~1031)		成州 설치(995?)	성종 녀 진국장공주. 宜州 북 160리, 上京 남 740리
고려 현종9(1018)	成州防禦使 개칭		평안도 成川 후방방어기지

[353] 『高麗史』58, 지12, 지리3, 안북대도호부 영주 殷州, "本高麗興德郡 一名同昌郡 成宗二年 稱殷州防禦使, 高宗十八年 避蒙兵 入于海島 後出陸 爲成州屬縣, 恭讓王三年 置監務" / 興德鎭(殷州)

연도	『高麗史』	『遼史』	비고
본	고려 興德郡 (일명 同昌郡)		
고려 태조12(929)	興德鎭 축성		국경
고려 성종2(983)	殷州방어사		후방방어기지
요 聖宗(982~1031)		成州 興府軍절도 통현 同昌縣 설치	宜州 북 160리, 上京 남 740리

[354] 『高麗史』58, 지12, 지리3, 안북대도호부 영주 肅州, "本高麗平原郡 太祖十一年 移築鎭國城 改名通德鎭, 成宗二年 稱今名爲防禦使 後更爲知郡事" / 通德鎭(肅州)

연도	『高麗史』	『遼史』	비고
본	고려 平原郡		
고려 태조11(928)	鎭國城 이전축성, 通德鎭 개명		국경
고려 태조18(935)	肅州 축성		
고려 성종2(983)	肅州防禦使		후방방어기지
1010년대?		肅州 信陵軍자사 편입?	

자주(본래 고구려 문성군이다. 성종 2년에 자주방어사라고 호칭하였다. 뒤에 개정하여 지군사로 삼았다. ○지금 자산군이다.)

慈州(本高勾麗文城郡, 成宗二年, 稱慈州防禦使, 後改爲知郡事, ○今慈山郡[355])

영덕진(문종 10년에 거란 흥종의 이름을 피하여 진을 고쳐 성으로 삼았다. 진(鎭)이란 글자가 진(眞)이란 글자를 따르기 때문이다. 진사가 있는데, 아래도 동일하다. ○지금 의주 경내에 소재한다.)

寧德鎭(文宗十年, 避契丹興宗諱, 改鎭爲城, 以鎭字從眞字也, 有鎭使下仝, ○今在義州境內[356])

연도	『高麗史』	『遼史』	비고
고려 정종5(1039)	肅州 축성		
중희 10(1041)		주민이 여진으로 도망, 肅州 信陵軍자사 재설치(北女直兵馬司 예속)	
			咸州와 黃龍府 사이(『金國行程錄』)

[355] 『高麗史』 58, 지12, 지리3, 안북대도호부 영주 慈州, "本高麗文城郡 太祖二十二年 改爲大安州, 成宗二年今名爲防禦使 後改爲知郡事" / 大安州(慈州)

연도	『高麗史』	『遼史』	비고
본	고려 文城郡	한 文成縣地	
고려 태조22(939)	大安州 개칭		국경
고려 성종2(983)	慈州방어사 개칭		후방방어기지
거란 개태2(1013)		松山縣 설치	

[356] 『高麗史』 58, 지12, 지리3, 안북대도호부 영주 寧德鎭, "文宗十年 避契丹興宗諱 改鎭爲城 以鎭字從眞字也 有鎭使下同" / 寧德鎭

연도	『高麗史』	『遼史』	비고
고려 현종21(1030)	寧德 축성		국경
고려 덕종2(1033)	寧德城 등 북경관방		
고려 정종1(1035)	寧德鎭 회첩		거란 來遠城
고려 정종3(1037)	寧德鎭에 통첩		거란 來遠城
고려 문종10(1056)	寧德城 개칭		거란 興宗 피휘
고려 예종11(1117)	寧德城에 공문발송		遼, 來遠城, 抱州 반환
고려 명종5(1175)	寧德城에 통첩		금 東京路도총관부
고려 고종3(1216)8.20	寧德城에 이첩		金 來遠城
고려 고종3(1216)9.8	寧德城 도륙		丹兵(浦鮮萬奴)

위원진(현종 20년에 유소를 파견하여 석벽을 수리해서 설치하였다. 진영은 흥
화진 서북쪽에 있다. ○지금 의주 경내에 소재한다.)

威遠鎭(顯宗二十年, 遣柳韶, 修石壁置之, 鎭在興化鎭西北, ○今在義州境內[357])

정융진(현종 20년에 유소를 파견하여 석성을 수리해서 설치하였다. 흥화진 북
쪽에 소재한다. ○지금 의주 경내에 소재한다.)

定戎鎭(顯宗二十年, 遣柳韶, 修石城置之, 在興化鎭北, ○今在義州境內[358])

영삭진(문종 4년에 축성하였다. ○지금 의주 경내에 소재한다.)

寧朔鎭(文宗四年, 築城, ○今在義州境內[359])

연도	『高麗史』	『遼史』	비고
고려 고종4(1217)	寧德城에 이첩		金 來遠城
후	(평안도 義州 동남40리)		후방방어기지 설치?
(조선)	(평안도 義州牧)		『新增東國輿地勝覽』 고적

357 『高麗史』 58, 지12, 지리3, 안북대도호부 영주 威遠鎭, "顯宗二十年 遣柳韶 修古石城置之
鎭在興化鎭西北" / 威遠鎭

연도	『高麗史』	『遼史』	비고
고려 현종20(1029)	古石城 수축 威遠鎭 설치		유소, 興化鎭 서북, 국경
고려 덕종2(1033)	威遠鎭 등 북경관방		
(조선)	(평안도 義州牧, 주남 25리)		『新增東國輿地勝覽』 고적, 후방방어기지

358 『高麗史』 58, 지12, 지리3, 안북대도호부 영주 定戎鎭, "顯宗二十年 遣柳韶 修古石壁置鎭
徙永平城民實之 鎭在興化鎭北" / 定戎鎭

연도	『高麗史』	『遼史』	비고
고려 현종20(1029)	古石壁 수축 定戎鎭 설치		유소, 興化鎭 북, 국경
고려 현종21(1030)	定戎鎭 등 축성유공자 표창		
고려 덕종2(1033)	定戎鎭 등 북경관방		
고려 문종30(1076)	定戎鎭 관외 설치 암자 훼철		
고려 고종3(1216)	定戎鎭 등 난입		鵝兒乞奴
(조선)	(평안도 義州牧)		『新增東國輿地勝覽』 고적, 후방방어기지

359 『高麗史』 58, 지12, 지리3, 안북대도호부 영주 寧朔鎭, "古榛田 高麗改今名, 文宗四年 築
城" / 泰州와 얽힘

안의진(현종 9년에 축성하였다. ○지금 구성 경내에 소재한다.)

安義鎭(顯宗九年, 築城, ○今在龜城境內[360])

청새진(고종 4년에 거란병 방어에 공로가 있었으므로 위주방어사로 승격하였다. 뒤에 오랑캐에 투항하여 국가를 배반하니, 희주라고 개칭하고 개주 겸관으로 삼았다. 묘향산이 있다. ○지금의 희천군이다.)

淸塞鎭(高宗四年, 以禦丹兵有功, 陞威州防禦使, 後投狄背國, 改稱熙州, 价州兼官, 有妙香山○今熙川郡[361])

평로진(정종 7년에 최충에게 명령하여 축성하였다. 뒤에 유원이라고 개정하였다. 승람에서 영유현에 소재한다고 하였다. ○내가 상고한다. 북경 장성은 인주에서 기공하여 평로 여러 진영을 거쳐서 동쪽으로 바다로 전달되었으니, 평로는 영유에 소재하지 않았던 듯하다. 또 승람에서 말하기를, "영원·유원을 통합하여 영녕형으로 삼고, 뒤에 영유로 개정하였다."고 하였다. 영원과 영유는 하나는 동쪽에 있고 다른 하나는 서쪽에 있어 서로 부착·접촉되지 않는데, 통합해서 하나의 고을이 되니 그 형세가 순조롭지 않다. 아마도 기록에 오류가 있었던

---

360 『高麗史』58, 지12, 지리3, 안북대도호부 영주 安義鎭, "顯宗九年 築城" / 安義鎭

연도	『高麗史』	『遼史』	비고
고려 성종14(995)	安義鎭, 興化鎭 축성		서희국경(鴨淥江 유역)
		興州, 興化縣	동경요양부, 중경대정부
(조선)	(평안도 龜城도호부)		『新增東國輿地勝覽』 후방방어기지

361 『高麗史』58, 지12, 지리3, 안북대도호부 영주 淸塞鎭, "高宗四年 以禦丹兵有功 陞威州防禦使 後投狄背國 改稱熙州 爲价州兼官 有妙香山[卽太伯山]" / 淸塞鎭

연도	『高麗史』	『遼史』	비고
고려 경종4(979)	淸塞鎭 축성		국경
고려 현종18(1027)	淸塞鎭 축성		
고려 덕종2(1033)	淸塞鎭 북경관방		
고려 정종4(1042)	관할 立石村 호적 조사		
고려 고종4(1217)	威州防禦使 승격		거란병 방어 공로, 후방방어기지
후	熙州 개칭, 价州 겸관		
조선 태조5(1396)	(熙州郡 분리)		『新增東國輿地勝覽』

듯하니, 다시 상세하게 한다.)

平虜鎮(靖宗七年, 命崔冲築城, 後改柔遠, 勝覽云, 在永柔縣,[362] ○愚按, 北境長城, 起猻州, 歷平虜諸鎮, 東傳于海, 則平虜, 似不在永柔, 且勝覽云, 以寧遠·柔遠, 合爲永寧縣, 後改永柔, 寧遠與永柔, 一東一西, 不相付接, 合爲一邑, 其勢無便, 恐記錄有誤. 更詳之)

영원진(정종 7년에 최충에게 명령하여 축성하였다. ○지금의 영원군이다.)

寧遠鎮(靖宗七年, 命崔冲築城, ○今寧遠郡[363])

---

[362]『高麗史』58, 지12, 지리3, 안북대도호부 영주 平虜鎮, "靖宗七年 命崔冲築城 後改柔遠" / 平虜鎮

연도	『高麗史』	『遼史』	비고
고려 목종4(1001)	平虜鎮 축성		국경
고려 덕종2(1033)	平虜鎮 등 북경관방		
고려 정종7(1041)	平虜鎮 축성		최충(寧遠 축성)
고려 문종33(1079)	북번적 平虜關 침범		
고려 고종3(1216)	平虜鎮도령 전투		金山침략(淸塞鎮 부근)
후	柔遠鎮 개명		후방방어기지?
(조선)	(평안도 永柔縣)		『新增東國輿地勝覽』고적

/ 永淸鎮[平虜鎮]

연도	『高麗史』	『遼史』	비고
고	定水縣		永淸縣
발해		晴州	
고려 정종7(1041)	[平虜鎮 축성]		국경
후	[柔遠 개칭]		
?		海州 통주 嬪州 柔遠軍 刺史	海州 서북 120리
후	龍岡속현		후방방어기지
후	永淸縣令		
조선	永柔縣		柔遠鎮(『新增東國輿地勝覽』고적)

[363]『高麗史』58, 지12, 지리3, 안북대도호부 영주 寧遠鎮, "靖宗七年 命崔冲築城" / 寧遠鎮

연도	『高麗史』	『遼史』	비고
고려 덕종2(1033)	寧遠鎮 등 북경관방		국경
고려 정종7(1041)	寧遠鎮 축성		최충
고려 정종8(1042)	寧遠鎮 축성 공로 포상		서여진추장 고지지등
고려 정종11(1045)	寧遠鎮 침략		번적
(조선)	(평안도 寧遠郡)		『新增東國輿地勝覽』, 후방방어기지

조양진(현종 9년에 연주방금사라고 개정하였고, 뒤에 개주라고 개정하였다.

○지금의 개천군이다.)

朝陽鎭(顯宗九年, 改連州防禁使, 後改价州, ○今价川郡³⁶⁴)

양암진(태조 21년에 축성하였다.)

陽巖鎭(太祖二十一年, 築城³⁶⁵)

수덕진(성종 2년에 축성하였다. ○양암과 통합하여 양덕현이 되었다.)

樹德鎭(成宗二年, 築城, ○與陽巖, 合爲陽德縣³⁶⁶)

안융진(광종 25년에 축성하였다. ○지금 안주 경내에 소재한다.)

安戎鎭(光宗二十五年, 築城, ○今在安州境內³⁶⁷)

---

364 『高麗史』58, 지12, 지리3, 안북대도호부 영주 朝陽鎭, "[有鎭將 下同] 太祖十三年 城馬山 號安水鎭, 顯宗九年 改連州防禁使[連一作漣] 後更今名爲鎭, 高宗二年 以禦丹兵有功 復稱連 州防禦使, 四年 改爲翼州防禦使 後又改价州" / 安水鎭(价州)

연도	『高麗史』	『遼史』	비고
고려 태조13(930)	安水鎭	連州자사 德昌郡 (東京통군사 소속)	국경
1010대?			
고려 현종9(1018)	連州防禁使		평안도 价川郡 후방방어기지?
고려 덕종2(1033)	安水鎭 북경관방		국경
후	朝陽鎭 개명		
고려 고종2(1215)	連州防禦使		거란방어 공로

365 『高麗史』58, 지12, 지리3, 안북대도호부 영주 陽岩鎭, "太祖二十一年 築城"
366 『高麗史』58, 지12, 지리3, 안북대도호부 영주 樹德鎭, "成宗二年 築城" / 樹德鎭

연도	『高麗史』	『遼史』	비고
고려 성종2(983)	樹德鎭 축성		국경
고려 정종9(1043)	樹德鎭 축성		
조선	(陽德縣)		『新增東國輿地勝覽』고적, 후방방어기지

367 『高麗史』58, 지12, 지리3, 안북대도호부 영주 安戎鎭, "光宗二十五年 築城" / 安戎鎭

연도	『高麗史』	『遼史』	비고
고려 광종24(25)(973, 974)	安戎鎭 축성		安北大都護府 寧州, 국경
고려 인종15(1137)	安戎鎭 재축성		
조선	(평안도 安州牧)		『新增東國輿地勝覽』고적, 후방방어기지

통해현(태조 17년에 축성하였다. ○뒤에 통합하여 영유현이 되었다.)

通海縣(太祖十七年 築城, ○後合爲永柔縣[368])

영청현(옛 정수현이다. 뒤에 용강 속현이 되었다. 공민왕 7년에 다시 쪼개어 현령을 설치하였다. ○지금의 영유현이다.)

永淸縣(古定水縣, 後爲龍岡屬縣, 恭愍王七年, 復析置縣令, ○今永柔縣[369])

함종현(본래 고구려 아선현이다.)

咸從縣(本高勾麗牙善縣[371])

용강현(본래 고구려 황룡성이다.)

---

368 『高麗史』58, 지12, 지리3, 안북대도호부 영주 通海縣, "太祖十七年 築城, 高宗四十三年 罷縣令 以安仁鎭將兼之" / 通海縣

연도	『高麗史』	『遼史』	비고
고려 태조17(934)	축성		龍岡縣 부근?
고려 고종43(1256)	혁파		
조선			永柔縣(龍岡縣 속현) 고적(『新增東國輿地勝覽』)

369 『高麗史』58, 지12, 지리3, 안북대도호부 영주 永淸縣, "古定水縣 後爲龍岡屬縣 後置縣令 高宗四十三年 罷縣令 以安仁鎭將兼之, 恭愍王七年 復析置縣令" / 永淸鎭[平虜鎭]

연도	『高麗史』	『遼史』	비고
고	定水縣		永淸縣
발해		晴州	
고려 정종7(1041)	[平虜鎭 축성]		국경
후	[柔遠 개칭]		
?		海州 통주 嬪州 柔遠軍 刺史	海州 서북 120리
후	龍岡속현		후방방어기지
후	永淸縣令		
조선	永柔縣		柔遠鎭(『新增東國輿地勝覽』 고적)

370 『高麗史』58, 지12, 지리3, 안북대도호부 영주 咸從縣, "本高麗牙善城 後改今名 爲縣令官" / 咸從縣

연도	『高麗史』	『遼史』	비고
본	고려 牙善城		
고려 태조3(920)	咸從縣 축성		국경
뒤	咸從縣令官(개명)		후방방어기지

龍岡縣(本高勾麗黃龍城[371])

삼화현(인종 14년에 서경기를 혁파하고 소속 마을을 분할하여 현으로 삼았다.)

三和縣(仁宗十四年, 罷西京畿分屬村, 置縣[372])

삼등현(인종 14년에 서경을 혁파하고 소속 마을 및 성천 소속 신성부곡을 통합하여 현으로 삼았다.)

三登縣(仁宗十四年, 罷西京畿分屬村, 及成川屬新城部曲, 合爲縣[373])

강계부(공민왕 10년에 독로강만호라고 호칭하였다. 18년에 지금 명칭으로 개정하여 만호부로 삼았다.)

江界府(恭愍王十年, 稱禿魯江萬戶, 十八年, 改今名爲萬戶府[374])

연도	『高麗史』	『遼史』	비고
조선			함종현성창고가 황룡산성에 소재(『大東地志』)

371 『高麗史』 58, 지12, 지리3, 안북대도호부 영주 龍岡縣, "本高麗黃龍城[一云軍岳] 後改今名爲縣令官" / 龍岡縣[龍州]

연도	『高麗史』	『遼史』	비고
본	黃龍城(혹은 軍岳) / [고려 安興郡]	발해 扶餘府	
고려 태조2(919)	[고려 安興郡]		국경
거란 태조926		龍州 黃龍府 개명	
975		연파 반란으로 철폐	
995	강동 6주 중 龍州?		
후(1010대?)	龍岡縣令官(개명)		평안도 龍岡縣 후방방어기지?
1014	[축성, 龍州방어사]		평안도 龍州 후방방어기지?
1020		동북쪽 축성, 龍州 재설치	
뒤	[龍灣縣]		
1310	[龍州 개칭]		

372 『高麗史』 58, 지12, 지리3, 안북대도호부 영주 三和縣, "仁宗十四年 分西京畿爲六縣 以金堂呼山漆井三部曲 合爲本縣置令"

373 『高麗史』 58, 지12, 지리3, 안북대도호부 영주 三登縣, "仁宗十四年 分西京畿爲六縣 以成州所屬新城蘿坪狗牙等三部曲 合爲本縣 置令"

374 『高麗史』 58, 지12, 지리3, 안북대도호부 영주 江界府, "恭愍王十年 稱禿魯江萬戶, 十八年 改今名爲萬戶府"

니성부(공민왕 18년에 니성만호부를 설치하였다. 지금 창성부이다. ○임토·벽
단은 본래 모두 여진 거주지였다. 공민왕 6년에 니성만호 김진 등을 파견하여,
공격·축출하고, 임토를 개정하여 음동이라 하였으며 벽단을 예속시켰다. 지금
벽동군이다.)

泥城府(恭愍王十八年, 置泥城萬戶府, 今昌城府, ○林土·碧團, 本皆女眞所居,
恭愍王六年遣泥城萬戶金進等, 擊走之, 改林土爲陰潼, 以碧團隷焉, 今爲碧潼
郡[375])

수주(고종 18년에 몽고병이 창주를 함락하니, 주 사람들이 자연도로 들어갔다
가, 원종 2년에 출륙하여 곽주 해변에 우거하였다. 주의 사람들이 토지를 상실
하였으므로, 곽주 동쪽 16촌 및 곽주 소속 안의진을 분할하여 부여하고, 지수주
사라고 호칭하였으며, 이로 인하여 곽주와 겸임하였다. 공민왕 20년에 다시 쪼
개어 곽주를 설치하였다. ○지금의 정주목이다.)

隨州(高宗十八年, 蒙兵陷昌州, 州人入于紫燕島, 元宗二年, 出陸, 寓于郭州海
邊, 以州人失土, 割郭州東十六村及郭州所屬安義鎭, 以與之, 稱知隨州事, 仍
兼郭州, 恭愍王二十年, 復析置郭州,[376] ○今定州牧[377])

375 『高麗史』 58, 지12, 지리3, 안북대도호부 영주 泥城府, "恭愍王十八年 置泥城萬戶府[林土
碧團本皆女眞所居 恭愍王六年遣泥城萬戶金進等擊走之 改林土爲陰潼 以碧團隷焉 抄南界人
戶以實之]"

376 『高麗史』 58, 지12, 지리3, 안북대도호부 영주 隨州, "高宗十八年 蒙兵陷昌州 州人入于紫
燕島, 元宗二年 出陸 寓于郭州海濱 以州人失土 割郭州東十六村及郭州所屬安義鎭以與之 稱
知隨州事 仍兼郭州, 恭愍王二十年 復析置郭州"

377 『新增東國輿地勝覽』 52, 정주목, "建置沿革 … (世祖) 十二年, 又移州治于隨川, 遂省隨川
郡"

한국 국경사에서
韓百謙『東國地理誌』의 위치

- 韓百謙『東國地理誌』의 국경 인식

인하대학교 고조선연구소 | **윤한택**

I. 연구사

우주는 각자의 특이성을 가진 삼라만상이 경계를 이루며 서로 관계하고 있다. 그 구성인자의 하나인 인간은 각 국가 단위로 경계를 이루며 우주와 관계를 맺는다. 그리고 국가의 경계인 국경은 일차적으로 그 지리로부터 출발하며, 그 변화 과정에서 역사성을 갖는다.

필자는 조선총독부 『조선사』의 고려사 부분을 검토하면서 고려 북계인 '鴨綠江'과 '鴨渌江'에 주목하고, 그 국경을 재검토하여, 그 실체가 '遼河'임을 밝혔다.[1] 그리고 이어서 현재의 국정교과서처럼 '압록강과 원산만'으로 인식하는 근거가 된 다산의『我邦疆域考』고려 서북계 부분을 역주하였다.[2] 이후 이런 인식의 출발점을 추적하면서, 韓百謙『東國地理誌』에 주목하게 되었고, 이 저작이 고려 국경뿐 아니라 현 대한민국 헌법상의 국경 인식에도 영향을 주었음을 확인하였다.

한국 국경사에서 이 저작이 갖는 의미는 적지 않은데, 이에 비해 그 연구 성과는 그리 많지 않다. 직접적으로『東國地理誌』를 대상으로 한 연구자는 정구복, 윤희면, 원유한, 김경추에 불과하고,[3] 韓百謙 관련하여 간접적으로

1 윤한택,『고려국경에서 평화시대를 묻는다 - 고려 국경 연구』, (서울: 더 플랜, 2018)
2 윤한택,『다산의 고려서북계 인식』, (서울: 경인문화사, 2018)
3 윤희면, 한백겸의 학문과《동국지리지》저술동기, 진단학보 제 63호, 진단학회, (1987), pp153~169. ; 윤희면,「한백겸의 동국지리지」,『역사학보』93, 역사학회, (1982.3), pp.21~42.
원유한, 한백겸의 동국지리지 성립 배경과 성격, 국사관논총 93, 국사편찬위원회, (2000), pp.185~216 ; 원유한, 한백겸의 동국지지리 성립 배경과 성격, 운곡학회연구논총 1, 운곡학회, (2005), pp.133~178.
정구복,「한백겸의 동국지리지에 대한 일고 - 역사지리학파의 성립을 중심으로-」,『전북사학』2, 전북대학교 사학회, (1978), pp39~84 ; 정구복, 한백겸의 사학과 그 영향, 진단학보 63호, (1987), pp.153~169.
김경추, 한백겸의 동국지리지에 관한 연구, 국토지리학회지 37권 4호, (2003), pp399~407.

언급한 연구자로 정종구, 조성을, 고영진, 이애희, 방동인, 지금완, 이인철 등이 있다.[4] 여기서는 직접적인 연구 성과를 중심으로 그 연구사를 개관하기로 한다. 이들 제반 논문은 대개 인물, 내용, 동기, 성격을 중심으로 구성되어 있고, 그 논지도 큰 틀에서 대개 일치하며 부분적인 이견과 나름의 부수적인 의견이 덧붙은 정도의 차이가 있다.[5] 국경이란 논제와 관련하여 이 저작이 갖는 역사적 의미를 뭉뚱그려 그 역사지리학의 관점, 실학의 관점, 민족적 정체성의 관점으로 분류하여 정리하기로 한다.

1. '역사지리학'의 관점

정구복은 이 저서에 역사서와 지리서의 양면성이 다 있는 것이 사실이지만, 당시의 지리적인 관심 문제를 다루는 지리학과는 구분되어야 하므로 그 성격을 역사지리학으로 규정할 수 있으며, 기존의 편년체 역사와 크게 다른 새로운 역사서술 체제라고 하였다. 그 근거로 먼저 시간을 축으로 하여 역사의 변화를 추적하던 이전의 사서와 달리 지역을 바탕으로 하여 시

---

4 정종구, 구암 한백겸, 실학논총, 전남대학교 호남문화연구소, (1975), pp.311~317.
조성을, 「『我邦疆域考』에 나타난 丁若鏞의 歷史認識」, 『奎章閣』 15, (1992), pp.63~92.
고영진, 한백겸, 『한국의 역사가와 역사학 상』, (서울: 창작과 비평사), (1994), pp.175~188.
이애희, 구암 한백겸의 실학사상, 강원문화연구 제 17집, 강원대학교 강원문화연구소, (1998), pp.71~87.
방동인, 구암 한백겸의 실학사상, 운곡학회연구논총1, 운곡학회, (2005), pp.51~74.
지금완, 한백겸의 『久菴遺稿』 역주, 성균관대학교 박사학위논문, (2014.12)
이인철, 「고려 윤관이 개척한 동북9성의 위치 연구」, 『압록과 고려의 북계』, 2017, pp.83~121.
5 김경추의 논문은 그 서론에서 언급하였듯이, 정구복, 윤희면, 원유한 논문을 단순히 비교·검토한 것이므로, 따로 연구사의 세목에 포함하지 않았다. 또 韓百謙 『東國地理誌』의 한 부분만을 다룬 글로 최연주, 「실학자 한백겸의 고구려령역에 대한 견해분석」, 『김일성종합대학학보(력사, 법률)』, 주체106(2017)년 제63권 제4호 76~80쪽과, 「《동국지리지》에 반영된 실학자 한백겸의 삼한에 대한 견해분석」, 『김일성종합대학학보(력사, 법률)』, 주체(2016)년 제32권 제1호 58~61쪽이 있다. 이 글은 이전 연구 성과 중 실학자란 전제 위에서 그 고구려 강토에 대한 인식을 강조·확대해석하여 정권 정통성과 관련시킨 논평 성격의 글이다. 전면적 실증 분석 논문이 아니므로 전모가 드러날 때까지 일단 견해에 대한 판단을 유보하기로 한다.

대적인 변화를 추적하고 있는 점을 들었다. 또 왕위의 계승을 포함한 정치적 사건, 관제, 인물의 성쇠 등이 중요한 중심개념으로 파악된 기존의 사서와 달리 국가의 성쇠, 국가 강역의 변천, 국도의 이전 등이 큰 관심이 되고 있는 점을 들었다.[6]

윤희면도 이 저서는 지리서일 것이라는 인상을 주지만 조선 초에 편찬된 『世宗實錄地理志』, 『東國輿地勝覽』 등과는 다른 성격을 지니고 있다고 하였다. 그 내용을 시대별로 정리하여 표로 보이면서, 역사적인 것에 관심을 두고 서술된 것이라고 해도, 특히 국가 강역의 변동, 강역 내 지역의 변화를 주된 문제로 삼고, 현재의 위치를 알아보려는 노력을 기울이고 있다는 점에서 종래의 역사 서술과 다른 것이라고 지적하였다. 즉 지리지의 성격과 역사서의 성격을 함께 지닌 역사지리서라고 할 수 있다고 하였다.[7]

2. '실학'의 관점

정구복은 또한 이전의 사서가 정치적 교훈을 얻으려는 목적의식을 갖고 서술된 결과 그 사론이 당위성을 논하는 윤리적인 주관적 가치평가를 주로 한 것과 달리, 이 저서는 역사적 사실의 진부를 가리려는 학문적인 목적의식을 갖고 서술하고 있다고 하였다. 이에 따라서 그 사론도 거의 모두가 객관적인 진부의 논증을 하는 데 쓰여지고 있고 이로 인하여 서술보다 고증이 더욱 중요시되었으며, 이런 태도는 이후 후계자들에게 계승되어 실학자에까지 이르렀다고 하였다. 또한 이리하여 전통사학을 근대사학에 연결시킬 수 있는 단계를 마련한 것으로서 한국 사학사에서 최초의 과학적인 역사연구 업적이라고 해석할 수 있다고 하였다.[8]

---

6 정구복, 전게논문 pp.60~61. 이하 인용 논문의 쪽수는 저자의 첫 논문을 준거로 함.
7 윤희면, 전게논문 pp.22~23, p.30.
8 정구복, 전게논문 p.61.

윤희면은 이 저서에서 다양한 고증을 통하여 위치를 비정하고 있지만 결론을 내리는 데는 상당히 신중한 태도를 보이고 있음을 주목하고 있다. 종래의 설을 그대로 따르는 것이 아니라 자기 나름대로의 객관적인 고증을 통해 비판적인 안목에서 서술하고 있다고 하였다.[9]

원유한은 이 저서의 역사적 성격으로 첫째,[10] 투철한 비판 의식을 들 수 있는데, 그 내용으로 보면, 3한 4군의 위치와 3국의 서술 순서를 수정 제시한 것 등을 들 수 있다고 하였다. 셋째로 실용성 내지 공리성이 중시되었다는 사실을 들었다. 그것은 국력 내지 국세를 인적·물적 자원을 포용하는 강역의 크기와 비례하지 않는다고 생각하는 왕도주의적 지리관을 비판하고 강역의 크기는 국세와 비례한다는 지리관과 대응하는 것이라고 하였다. 넷째로 문제를 분석 고찰함에 있어 실증적 방법을 중시하는 실증의식을 지적할 수 있다고 하였다. 다섯째, 역사적 평가 인식 태도에서 엿보이는 객관·합리성을 들 수 있다고 하였다.[11]

3. '정체성'의 관점

정구복은 이 저서의 서술 동기를 17세기 초의 문화적, 정치적 분위기에서 찾았다. 먼저 16세기에는 지방 출신의 사림이 중앙에 진출하여 정권을 다투었고 사화로 인하여 정쟁에서 패배하여 고향에 돌아와서는 성리학 연구나 제자 육성에 몰두하고 지방에 서원을 건립하는 문화의 주체가 되었다고 하였다. 그들은 자기 지방의 읍지를 자신들이 편찬하기도 하였고, 이들을 의식한 지방 수령이 그 지방 읍지를 편찬하였는데, 이 때의 의식은 자기 지방의 역사와 문화적 수준을 돋보이려는 뜻이 있었음에 유의해야 한다고 하

9 윤희면, 전게논문 p.33, p.37.
10 역사적 성격에 대한 원유한의 서술 순서이다. 이하 같다.
11 원유한, 전게논문 p.209~

였다. 또 왜란의 충격으로 초래된 변방 문제는 중앙 정치인들의 지방 사정에 대한 관심을 고조시켰으며, 경상도·전라도·함경도·평안도의 변방은 물론 내륙 지방 전국이 왜와 싸우는 전선이 되자 지방의 요새지가 어디라는 것은 지식인이 알아야 할 지식이었고, 전쟁을 통한 인적·물적인 많은 이동은 지리에 대한 많은 관심을 갖게 하였다고 하였다.[12]

윤희면은 이 저서의 저술 동기를 먼저 임진란을 겪고 난 뒤에 왜 부단히 외적의 침입을 받게 되었는가 하는 역사적 성찰에서 찾았다. 그러면서도 현실적인 대상이 된 것은 당시 상황으로 보아 왜가 아니고 만주 지역에서 새롭게 흥기하여 위협으로 등장하게 된 후금(호)이었을 것이라고 하였다. 곧 현실을 이해하려는, 또한 외적을 방비하기 위한 역사적, 민족적 성찰이 그 동기라고 하였다.[13]

원유한은 이 저서의 역사적 성격과 관련하여 둘째로[14] 인식 대상을 선택하는데 있어 역사적 현실성을 중요하게 생각했다는 점을 들었다. 특히 왜란으로 국가 정치는 문란해지고 경제는 파탄에 직면했으며 전체 국민의 사기는 떨어졌고, 더구나 전란 후 만주 지방에서 급성장한 여진 세력으로부터 침략의 위협까지 받게 되는 위기 상황을 맞게 된 것이라고 하였다. 여섯째, 추구한 목표가 변화수용적 진보성과 민족주의 지향적 주체성이었다는 점을 들었다.[15]

이렇게 『東國地理誌』를 직접 분석한 논문에서 이상의 세 가지 관점에 대한 긍정적 공감대가 이루어져 있는 듯하지만, 한편에서는 그런 인식을 보장하지 못하는 사료 취급에 대한 불안한 언급도 곳곳에서 보인다.

---

12 정구복, 전게논문 pp.51~52.
13 윤희면, 전게논문 p.39, p.41.
14 역사적 성격에 대한 원유한의 서술 순서이다. 이하 같다.
15 원유한, 전게논문 p.209.

정구복이 성격을 논하는 항목에서 "그 서술 내용이 지리적인 문제가 많은 것은 사실이나"라고도 하고,[16] "비록 엄정한 사료 비판을 못하고 있으며 사료 수집의 범위가 넓지 못한 점에서 문제점이 있기는 하나"라고도 하였다.[17] 또 결언에서, "연구 방법에 있어서 객관성이 추구되고 논증적인 연구 방법이 행하여졌으나 아직 엄정한 사료 비판이 이루어지지 못함으로써 아직 많은 한계성을 가지고 있었다. 그 구체적인 예로서는 부족국가를 다루는데 있어서 삼국지보다 후한서에 크게 의존하였으며 사료의 수집에 있어서도 아무 검토 없이 마구 인용한 점, 인용에서 빠진 사료가 많은 점은 역사 지리학의 한계점이었다. 그 뿐만 아니라 역사지리학의 한계점은 역사에서의 지명 고증의 영역을 넘지 못한 점이다."[18]라고 하였다.

윤희면도 결론의 서술 항목에서, "이러한 태도는 한백겸 자신이 광범위한 사료 수집이 안 되어 있는 한계를 인식하였기 때문이라 생각된다."고 하였다. 또 한백겸의 학문적 태도 항목의, "이처럼 한백겸은 비판적이고도 객관적인 학문적 태도를 나타내고 있는 것이다."라는 서술의 주 14에서 "사서의 철저한 비판을 바탕으로 이루어진 것이 아님은 물론, 잘못된 것을 그대로 믿는 한계가 없다는 것이 아니다."[19]라고 언급하고 있다.

이상의 연구사를 통해서 살필 때, 이들 연구가 구암의 이 저서에 대한 이해를 높이는 데 불가결한 성과를 내고 있지만, 대부분 사학사적, 사상사적 연구에 치우친 감이 있다. 현 시점에서 그 이해 수준을 한 단계 더 높이려면, 원 저작의 원문에 대한 정밀한 고증을 통한 교차 분석에서 다시 출발하는 것이 첩경일 것이다. 근년에 『동국지리지』 역주본이 원주시 원주사료총

---

16 정구복, 전게논문 p.60.
17 정구복, 전게논문 p.61.
18 정구복, 상게논문 p.76.
19 윤희면, 전게논문 p.37.

서 제 40권으로 춘천학 학예연구사인 김근태에 의하여 번역·발간되었다. 필자는 이 성과를 높이 존중하는 한편 재검토하면서, 한백겸의 이 저작이 '실증적이고 고증적인 관점'의 열풍을 일으킨 촉매제가 되었다는 대체적인 평가에 대해 이견을 가지고 있는 필자의 문제의식이 제대로 반영되어 있지 않은 점을 드러내기 위하여, 필자 나름으로 진행해왔던 역주를 바탕으로 이 논문의 뼈대를 구성하였다.

II. 사료 선택의 향방

韓百謙 『東國地理誌』를 관통하는 기본 전제는 동국의 '남쪽은 남쪽대로, 북쪽은 북쪽대로(南自南, 北自北)', '4군과 2부는 4군과 2부대로, 삼한은 삼한 대로(四郡二府自四郡二府, 三韓自三韓)', 나아가 '동국은 동국대로, 중국은 중국 대로(東國自東國, 中國自中國)'로 요약되는 통칭 '東國獨自史論'[20]으로 명명할 수 있다. 그리고 그 지리적 경계는 대체로 대륙과 한반도로 설정되고 있다.

그런데, 이 사론은 동국의 역사를 중국의 간섭을 받지 않는 한반도 독자 의 것으로 인식하면서도, 대륙과 한반도를 분리시키는 바로 이 전제 때문 에 혼재되어 있던 이전 기록에 대한 정당한 사료 비판을 결여한 채, 대륙 관 련 사료를 한반도에 일방적으로 무리하게 대입하는 문을 열어 놓았다. 그 리고 이런 한계는 독자성의 확립이란 올바른 문제 설정에도 불구하고 당대 현실에 자신을 국한시킬 수밖에 없는 역사적 한계 속에서, 구암이 소속되 어 있던 당시 양반 집권층의 계급적 입장이 반영된 결과일 것으로 보인다.

아래에서 각 항목별로 사료 선택의 관점에서 이 점을 확인해 보기로 하자.

---

20 아래의 7. '남쪽은 남쪽대로, 북쪽은 북쪽대로(南自南, 北自北)' 사론의 향방에서 보다 자세하 게 언급한다.

1. 조선의 강역

조선의 강역은『漢書』조선전 기록 중 '도읍인 왕험'과 '경계인 패수'라는 두 지표에 대한 후대의 해석에서 크게 ①대륙설, ②한반도설로 나뉜다. ①대륙설은『大明一統志』의 "大蟲江이 鴨淥江으로 유입되며, 鴨淥江은 요동 도사 동쪽 560리에 소재하고 서남쪽으로 흘러 安市에 도달하여 바다로 유입된다."는 기록이 대표적이고, ②한반도설은 청대 고증학자 沈欽韓,『漢書疏證』에서 인용된『朝鮮國志』의 "평안도 치소 평양부는 동남쪽으로 왕경까지 500여 리이다."라는 기록이 대표적이다. 한백겸은『漢書』조선전에 대한 주석 중 전자를 버리고, 후자만을 선택하고 있다.

이것이야말로 바로 직전까지의 대표적인 지리서인『新增東國輿地勝覽』평양부에서 "三朝鮮…蓋馬大山(…高勾麗盛時, 跨有遼河, 此山在其境內…姑存之, 以傳疑)" 등으로 혼재된 기록들을 의문으로 남겨서 후대로 전달한 것과 뚜렷이 구별되는 지점이다. 이른바 '기존 문헌의 내용을 믿고 따르는 풍조를 비판하면서 객관적이고 실증적인 논리로 기존의 설을 분석하여 시비를 가리고자 했다'고 후대 연구자들이 평가하는 구암 의도의 실체이다. 그것은 오히려 사실에 대한 훼손인데, 이것은 학문이 정치적 이념으로부터 자유로울 수 없는 한계가 반영된 필연적 귀결이었을 것이다.

2. 고구려의 위치

고구려의 강역과 위치에 대해서는 대륙과 관련된 기록은 '객관적'으로 중국 자료를 전재하고, 한반도 관련 기록은 '실증적'이면서 '주관적'으로 서술하는 상반된 입장을 보이고 있다.

즉 강역과 관련하여서는『後漢書』의 "요동의 동쪽 천 리에 소재한다. 남쪽은 조선·예맥과, 동쪽은 옥저와, 북쪽은 부여와 연접하였다."를 전재하여 객관성을 유지하는 듯이 보인다. 그러나 국가적 행사인 동맹이 치러지는 곳은 평안도 영원군 석룡굴로 실증하여, 주요 강역이 한반도 내인 듯한 인상을 주려는 의도가 보인다.

이런 상반된 입장의 주관적 의도는 다름 아닌 대륙과 한반도의 분리였다. 이를 객관적으로 증명하기 위하여 『後漢書』에서 인용한 『魏氏春秋』의 "요동군은 서안평현 북쪽이다. 소수가 남쪽으로 흘러 바다로 유입되는데, 구려 별종 거주지이며, 기인하여 명명하기를 소수맥이라고 하였다."를 전재하여, 고구려와 소수맥을 동일하게 고구려라고 호칭하지만 그 실제는 두 종류라는 기록을 강조하고 있다. 그러면서 결론적으로 고구려는 지금 관서 변방 일대이고, 소수맥의 경우 의주 압강 서쪽 언덕, 요동 외부 변방 경계라고 하여 자신의 의견을 관철시키고 있다. 즉 소수맥은 대륙 귀퉁이 고구려는 한반도가 그 주 무대였다는 인상을 주려고 한 것으로 보인다.

췌언이지만, '소수'에 대해서도 청대의 고증학자 심흠한은 '옛 소요수이고, 지금의 혼하이며, 지금의 태자하인 대요수와 요수에서 만난다'고 하여 그 위치를 명시하고 있다.

3. 동옥저의 위치

동옥저의 위치 비정은 개마대산의 위치가 관건이 된다. 구암은 『後漢書』에서 "고구려 개마대산의 동쪽에 소재한다. 동쪽은 큰 바닷가에 있고, 북쪽은 읍루·부여와, 남쪽은 예맥과 인접해 있다."를 인용하면서, 개마대산에 대한 "개마는 현의 명칭인데, 현토군에 소속된다. 그 산은 지금 평양성 서쪽에 소재하는데, 평양은 바로 왕험성이다."라는 주석을 생략하였다. 이 주석과 관련하여 청대 고증학자 심흠한은 "명일통지의 해주위는 본래 옥저국 지역인데, 지금 봉천 해성현이며, 또 봉천 개평현은 고려국 개모성이고, 역시 그 지역이다."라고 하여 대륙에 소재한다는 견해를 피력하고 있다.

구암이 생략한 주석과 심흠한이 보충한 고증은『新增東國輿地勝覽』평양부 고적 조항 개마대산의 "대명일통지에서 평양성 서쪽에 소재하고, 그 동쪽은 바로 옛 동옥저국 지역이다."에서 확인되지만, 동옥저 위치와 관련해서는『新增東國輿地勝覽』에서는 한반도, 심흠한의 고증에서는 대륙이라는 상반된 주장의 근거로 제시되고 있는 셈이다.

한편『新增東國輿地勝覽』에서는, 이어서『資治通鑑』의 '수 양제가 고려를 정벌함에 개마대산이 있는 현토군 소속 개마도를 나와 압록수 서쪽에 있다'는 기록,『漢書』의 '현토군 서쪽이 개마현이고 마자수가 있다'는 기록,『唐書』의 '마자수를 압록강이라고 한다'는 기록을 종합하여 '개마대산이 아마도 압록강 바깥 서북쪽 경계에 소재하는 듯하다'고 하고, '고구려 전성시기에 요하를 타넘어 이 산이 그 경내에 있었으며, 이 때문에 명일통지가 평양을 고려 옛 도읍이라고 하고, 기인하여 등재하였을 따름'이라고 추론하며, 정확하게 어느 지역인지 상세하지 않으므로 '그대로 기록하여 의문을 전한다'는 그야말로 '춘추필법'에 충실한 입장을 견지하고 있다.

또 다른 한편『新增東國輿地勝覽』에서는, 다시 이어서 '고려 임언의 구성기에서 9성이 서북쪽으로 개마산으로 격리되어 있다'는 기록을 인용하며, '9성이 지금 함경도에 소속되어 있고 그 서북쪽은 여진의 지면으로 평양의 지경이 아니다'라고 하여, 개마대산의 소재지가 한반도라는 기록과 어긋남을 충실히 사료비판하고 있다.

그런데, 구암은 임언 9성기에 대한 '불충분한 추론'(뒤에서 보임)을 바탕으로 한 듯, 옥저는 지금의 함경도라고 비정하고, 계절에 따른 교통의 전환을 '자의적으로 해석'하여 함경도 전체를 북쪽과 남쪽으로 나누어, 읍루가 본래 옥저의 북쪽에 소재하였지만 지금은 남쪽에 인접해 있다고 단언하며,

두만강까지는 미치지 못하였을 것이라고 주장하고 있다.

자신의 주장을 뒷받침할 만한 사료만 채택하고, 그렇지 않은 사료는 마구 잘라버리는 이런 관점이, 이른바 이전의 무비판적인 역사 서술 풍조와 다른 '객관적이고 실증적인' 역사 서술의 실체이며, 그 사이를 관통하는 것은 대륙과 한반도를 단절시키고 한반도를 '작지만 온전한 국가'로 재정립하려는 정치적 이념이었다고 할 수밖에 없다.

4. 예·맥의 위치와 한사군의 향방

예의 사방 경계를 『後漢書』를 인용하여, "북쪽으로 고구려·옥저와, 남쪽으로 진한과 연접하였고, 동쪽으로 큰 바다에서 끝나며, 서쪽으로 낙랑에 도달한다. 예 및 옥저·구려는 본래 모두 조선의 지역이다."라고 하면서, 위 조선의 강역에서 언급했던 것처럼 대륙설을 버리고 한반도설만을 채택하는 시도를 반복하고 있다.

즉, 예와 맥은 비록 예라고 통칭하지만, 그 실제는 서로 다른 종족이며, 춘천으로부터 북쪽으로는 해서와 관서의 산골 지역은 맥이 되고, 그 동쪽은 예가 되어 간혹 동예라고 부른다고 했다는 것이다. 이 결론은 『新增東國輿地勝覽』 강릉대도호부의 "본래 예국(濊國)[철국(鐵國) 또는 예국(蕊國)이라고도 한다.]인데, 한(漢) 나라 무제(武帝)가 원봉(元封) 2년에 장수를 보내, 우거(右渠)를 토벌하고 4군(四郡)을 정할 때에, 이 지역을 임둔(臨屯)이라 하였다."라는 기록과 아래 2군 소속 昭明에 대한 『漢書』 지리지 낙랑군 주석 중 '남부도위 치소'에 대한 자신의 견해를 "도위 치소는 당연히 유명한 도시에 소재한다. 춘천부는 예전 맥국이고, 또 소양강이 있으니, 아마도 이곳이 예전 소명이 될 듯하다. 여기로부터 한수 상류까지가 임둔 옛 강역이며, 모두 관할 내부에 소재한다."라는 추론을 종합하여 내린 것으로 보인다.

더욱 심각한 것은, 구암 바로 직전 지리지에서 '섞여 나열되어 있던' 한편의 '예국' 관련 '강릉대도호부'와 다른 편의 '한사군, 임둔' 관련 '본래 조선지역'에 대한 '진정 객관적이고 실증적으로' 수행해야 할 사료비판을 생략한 채, 후자는 버리고 전자만을 채택하여 '한사군을 한반도 지역으로 기정사실화하는' 문을 열어놓았다는 점이다.

5. 부여국의 위치

부여의 종족을 말갈이라고 통칭한다고 하고, 남북조 때 고구려에 편입되었으며, 당나라에서 발해국이 되었고, 요나라의 동단국이 되었다가, 송나라 때 숙여진이 되었으며, 원나라 때 동진국이 되었고, 구암 당시 누르하치 지역이 되었다는 견해를 표명하면서도, 『後漢書』의 '본래 예의 지역이었다'는 기록을 전제로 하여 한반도 내 강릉과의 연관을 암시할 뿐, 대륙과 한반도의 단절과 연속에 대한 독자의 이해를 혼란스럽게 하고 있다.

이에 반해 오히려 후대인 청나라 고증학자 심흠한은 그 위치를 『通典』을 근거로 한 '營州 柳城縣', 『大淸一統志』를 근거로 한 '奉天府 開原縣' 등으로 제시하면서 후속 연구의 길을 열어 두고 있다.

6. 읍루의 위치

부여와 마찬가지로 통칭해서 말갈이라고 하며, 송나라 때 여진이 되었고, 구암 당시 번방 오랑캐 여러 부락이 되었다는 견해를 표명하면서 대륙과 한반도의 연관을 모호하게 처리하고 있다.

이에 반해 청나라 고증학자 심흠한은 『元史』 지리지를 근거로 '심양로가 본래 읍루의 옛 지역이라는 것', 또 '개원로는 옛 숙신 지역이라는 것', 『通典』을 근거로 '읍루가 불함산 북쪽에 소재한다는 것(晉나라에서는 숙신, 魏나라에서 물길, 수나라에서는 말갈이라고 함)', 『大淸一統志』를 근거로 '장백산은 길림 오라성 동남쪽에 소재하며, 옛 명칭이 불함산이고, 지금 봉천부·철령현·승덕현 및 영고탑·흑룡강이 모두 읍루국 지역이며, 읍루 옛 성곽이 지금 철령 남쪽 60리에 소재한다는 것', 그 외에도 『魏書』·『遼史』·『大明一統志』·『唐書』를 근거로 다양한 자료를 제시하여, 후속 연구를 안내하고 있다.

7. '남쪽은 남쪽대로, 북쪽은 북쪽대로(南自南, 北自北)' 사론의 향방

이 항목에서 마침내 구암 동국역사지리관의 전모가 드러나고 있다.

우선, 한강 일대를 경계로 크게 북쪽 삼조선과 남쪽 삼한으로 나뉘며, 이 둘은 상호 간섭하지 않았다. 북쪽 중 구암 당시의 평양은 조선현, 강릉은 동이현, 함경도는 옥저성, 평안도 강변 일대는 고구려이며, 기원전 108년에는 조선현이 낙랑, 동이현이 임둔, 삼현군이 진번, 옥저성이 현토였다.

그 근거는 두 『漢書』 열전과 연대의 상하 및 토지 경계의 원근이란 기준이며, 특히 남쪽 삼한은 중국에서 거리가 멀어 별도의 천지 사이에서 오랜 강역의 하나가 되었다고 하였다. 이른바 동국의 한강 일대를 경계로 한 '북쪽은 북쪽대로, 남쪽은 남쪽대로' 사론이다. 나아가, 이것을 근거로 『三國史記』와 『三國遺事』에서의 최치원 주장에 대한 소개 및 옹호와 『東國史略』의 권근 설명에 대한 비판이 이루어지고 있는바, 말하자면, 동국남북독자 사론을 재천명한 것으로 볼 수 있다. 아울러 권근이 『後漢書』에서 변한이 남쪽에 소재한다고 한 것은 한나라 경계인 요동 지역으로부터 언급한 것' 이라고 기술한 것을 구암이 인용함으로써 『東國史略』 저술 시점까지도 대륙과 한반도의 상호 연관 아래 지명이 고찰되고 있었음을 드러내고 있다. 이렇게 함으로써, 김부식·일연·권근에 대한 단순한 비판을 넘어 그들의 사론을 부정하기에 이르렀으며, 따라서 『東國地理誌』부터는 단지 동국 내부의 남북만이 아니라 대륙과 동국 남북을 뭉뚱그린 한반도가 분리되어 독자성을 갖는 새로운 동국독자사론이 형성되고 있음을 알 수 있고, 또한 이 지점에서 동국남북독자사론과 동국독자사론의 연결 고리가 지어지고 있는 것도 확인할 수 있다.

어쨌건, 지금까지 1~6에서 진행한 교차 분석과 사료 비판에 근거하면, 이 사론에서는 대륙과 한반도를 분리시키는 전제 때문에 자의적인 사료 선택이 이루어졌고, 혼재되어 있던 이전 기록에 대한 정당한 사료 비판이 결여되어 있었다. 결과적으로 동국의 역사를 중국의 간섭을 받지 않는 한반도 독자의 것으로 인식하면서도(이런 의미에서 통칭하여 '동국독자사론'이라고 부를 수 있겠다), 대륙 관련 사료를 한반도에 일방적으로 무리하게 대입함으로써 역설적으로 '한사군을 한반도 안으로 끌어들이는' 문을 열고 말았다. 이것이 구암의 애초 의도와는 관계없이 이후 동국 역사의 독자성과 관련한 소모적 논쟁을 낳게 한 제 1의 한계가 되어, 오늘에까지 이르고 있는 것은 주지의 사실이다.

이야말로 구암 바로 직전까지 '의심나는 것은 그대로 전달하던' 述而不作'의 역사 서술 태도와 결별하는 것이었고, 이것이 '객관적이고 실증적이라'고 주장한 이전 연구자들의 평가의 실체였다.

8. 구암이 상고시대 대륙에 남겨둔 지역의 향배

구암은 '동국독자사론'에 근거하여, 4군 항목에서는 낙랑군을 평양부, 현토군을 함흥부, 임둔을 강릉부로 고증하고, 2부 항목에서도 평주도독부를 평산부, 동부도독부를 영동 7현 부근으로 비정하였으며, 2군 항목에서도 서개마를 묘향산, 상은태를 은산 일대, 패수를 청천강, 점제를 황해도 연안·배천 바닷가, 수성을 수안군 부근, 증지를 증산, 대방을 평안도 용강현,

소명을 춘천부, 탄열을 한강 유역으로 고증하고 있다. 그 중요한 판단 근거는 한반도에 한정된 후대의 기록, '세상 전승'과 '형세'와 '읍호'이다.

다만 2군 중 현토의 속현 고구려에 대해서는 『漢書』에서 "요산은 요수가 출현하는 곳이고, 서남쪽으로 흘러 요대에 도착하며 대요수로 유입된다. 또 남소수가 있는데, 서북쪽으로 변방 바깥을 경과한다."는 본문 기록을 한반도 내부로 끌어들이는 것에 무리함을 느꼈던 듯하다. 그러므로 본문 외에 應劭의 주석인 "옛 구려 오랑캐라고 한다."는 기록을 덧붙여 인용하고, 원래 고구려와 구별되는 소수맥으로 지금의 요동외부 변방 경계에 소재한다고 하며, 예외적으로 '별종'을 '대륙의 한 귀퉁이'에 남겨 두었다.

그리고 2군 중 고현, 후성, 요양 3현의 경우, 『後漢書』에서 "예전 요동에 소속되었다."라고 기록한 것을, 대륙 요동에서 한반도 내부로 이동한 것으로 보아, 고구려 태조대왕이 현토를 침구하여 위태로워지자 한나라가 이 3현을 대륙 요동에서 분할하여 한반도 개마·은태 사이로 분할하여 소속시켰을 것으로 해석하였다.

9. 삼국 고구려의 疆土

고구려 지리를 역사적으로 검토하면서 구암은 초기 種落과 후기 疆土를 구분하고 있다. 전자는 종족의 부락 내지 촌락인 거점을 말하고, 후자는 강역 토지인 영역을 지칭하는 듯하다.

고구려 발상지인 졸본부여를 서안평으로 보아, 요동외부 변방 경계에 소속되어 있고, 마자수가 바다로 유입되는 곳이라고 하며, 당시의 적강인 비류수도 역시 그 지역에 소재한다고 파악한다. 또 이를 근거로 『新增東國輿地勝覽』에서 '졸본부여를 성천'이라고 한 기록도 부정한다. 요컨대 동국의 독자적 역사를 강조하고자 한 동국독자사론의 입장에 서서 한반도 내부는 아니지만 최대한 가까운 현재의 압록강변으로 바짝 붙여서 이해하고자 하는 의도가 은연중에 드러나고 있다.

이 점은 두 번째 검토 대상인 국내성 소재지에 대한 언급에서 보다 분명히 드러난다. 고구려 지역의 다수가 압강의 내부에 소재한다고 주장하며, 국내성을 인주에 비정하고 있는 것이다. 그 근거로는 예의 '산의 형태와 지세', 고구려의 개척이 동쪽을 향해 진행되고 있었다는 점, 고려 장성 터의 시발지로 추정되는 압록강변 인주에 터와 풍속이 남아 있다는 것, 중천왕이 장발부인을 가죽 주머니에 넣어 던져버린 곳을 서해라고 기록한 점을 들고 있다. 이에 근거하여 김부식 『三國史記』의 '이미 항복한 성곽 중의 하나인 국내성이 鴨淥 以北이고, 당시 북쪽 왕조 지경 안'이란 기록을 부정하고 있다.

그렇지만, 서안평의 위치와 관련하여서는, 청대 고증학자 심흠한의 『後漢書疏證』에 의하면, '서안평현 북쪽에 있는 소수는 옛 소요수이고 지금의 혼하'라고 하여, 요동외부 변방 경계에서 상당히 떨어진 요녕성 심양시를 흐르는 요하 지류라는 주석도 있다. 또 성천의 다른 명칭인 성주에 대하여 『遼史』는 '거란 성종 때 성종 딸 진국장공주를 위해 설치하였는데, 宜州 북쪽 160리이고, 上京 남쪽 740리'라고 기록하고 있다. 어느 기록에 의하든 압록강변에 바짝 붙어 있는 곳은 아니다.

또 『高麗史』에서 이른바 장성이라는 북경관방의 시작점인 '서해 바닷가 옛 국내성 경계이며 인주의 압록강이 바다로 유입되는 곳'을 현종1년(1010) 거란군 2차 침입 시의 주둔지로 기록하고 있는데, 이즈음 동일 지명을 『遼史』에서는 현재 대륙 요하 주변 도시인 通州, 銅山과 함께 기록하고 있어, 현재 한반도 압록강변 평안도 인주와의 교차분석을 통하여 합리적인 해석을 필요로 하고 있다.

그리고 환도성은 국내성 근처, 또 당연히 평양을 낙랑현 치소이자 당시 한반도 평안도 치소로 이해하고 있다. 동황성은 당시 한반도 평양 목멱산, 장안성도 기자 정전 구획이 여전히 완연하고 당시 향촌 사람들이 밭두둑을 갈 때 주춧돌을 다수 발견하는 옛 궁궐터로, 남평양은 당시 한양도읍으로 파악하고 있다.

다음으로 封疆 항목을 따로 설정하여 앞에서 살핀 상고시대 지명을 거론하면서 여전히 대륙설은 버리고 한반도설만을 채택하여 서개마와 상은태를 평안도 서쪽 변경 및 산악군 지역, 낙랑을 평안도 연해 및 황해도·경기 지역, 소명도위를 강원도 영서 지역, 불내도위를 강원도 영동 지역, 동옥저를 함경남도, 북옥저를 함경북도로 기록하고 있다.

또 따로 설정한 형세와 관방 항목에서, 압록강을 중원으로 왕래하는 나루라고 하고, 책구루를 함경북도에 소재한다고 하였다. 또 패강을 위에서 설명하였다고 주석하면서, 이어 『世宗實錄』과 『大明一統志』에서 '청천강을 살수라고' 한 기록의 변천 과정에 대한 흥미로운 분석을 진행하고 있다. 먼저, 대무신왕 27년(44)에 한나라 광무제가 낙랑을 정벌하고 자신에게 소속시킨 곳을 『三國史記』가 '살수 이남'이라고 하고 『東國通鑑』에서는 '살수 이북'이라고 하였는데, 구암은 『東國通鑑』의 기록을 선택하여, 동왕 20년(37) 고구려에 의해 멸망당했던 낙랑을 이때 다시 탈취하여 소속시킨 곳이 '살수 이북'이라고 읽어서, 평양이 살수 이북이니 평양 이북인 청천강이 살수가 될 수 없으며,[21] 신라 소지왕 16년(494)에 장군 실죽 등이 고구려와 살수

---

21 이 논의와 관련해서는 『대동수경』 3 薩水에서 순암 안정복이 『東國通鑑』의 주장을 비판하고, 『三國史記』의 기록을 지지하였음을 소개하며, 필자인 다산 제자 이청도 다시 이것에 동의하면서 자세한 설명을 덧붙이고 있다. 그런데, 『隋書』 60 열전 25 우중문전에 의하면, 살수는 요동 전투 지역으로 보는 것이 자연스럽다. 따라서 그 실체를 밝히기 위해서는 대륙과 한반도에 걸친 교차 분석을 통한 종합적 검토가 수행되어야 한다. 그럼에도 불구하고 이 논의를 한반도 내부

의 평원에서 전투하였고 백제왕이 구원하였다는 기록으로 볼 때도 이 살수
가 청천강일 수 없다고 하였다.

그러고는 살수가 본래 평양인 낙랑의 남쪽에 소재하였던 것인데 수나라
와 당나라를 지나면서 비로소 북쪽으로 변해간 듯하며, 무릇 지역 명칭과
고을 칭호는 이렇게 된 사례가 많다고 하였다. 이 경우, 수나라와 당나라가
처음 동국인이 잘못 전승한 것에서 착오를 일으켰고 후대인이 또 수나라와
당나라의 역사 기록이 정확하다고 착오를 범한 결과라며 이를 바로 잡지
못함을 통탄할 따름이라고 하였다. 또한 그렇기는 하지만, 삼국 이후로 역
사를 편찬한 학파가 하나의 학설을 성립시켰으니 지금 개정하려고 하면 도
리어 혼란을 일으킬 것이라고 우려하고, 단지 그 취지를 상실하지 않도록
하여야 한다고 하였다. 다시 말하면, 어느 기록도 단번에 부정하지 말고 그
변천 과정을 추적하여 전체의 취지를 살려서 전모를 밝혀야 한다는 것이
다.

이야말로 객관적이고 실증적인 '춘추사관'이고 '실증사학'이다. 구암은
나아가 단지 경계할 것은 이것을 견인하여 저것을 증명하고 상호 은폐·호
위하여 조작된 설명이 되도록 해서는 안 되는 것이라고 하였다. 지극히 당
연한 금언이다. 그런데 지금까지 진행해 온 사료 선택의 향방을 가늠해 볼
때, 구암의 기본 방향이 '대륙설'을 버리고 '한반도설'만을 채택하는 것이었
음이 어느 정도 드러난 것으로 보인다. 이에 비해 구암이 언급한바 '삼국 이
후 역사를 편찬한 학파가 성립시킨 학설'은 다름 아니라 '혼재된 기록을 의
문으로 남겨서 후세에 전달하는' 그야말로 '述而不作'한 것이어서 개정하고
말 것도 없다. 오히려 구암이 동국독자사론을 전제하여, 한편으로는 독자

로 한정시키게 된 것이 『東國通鑑』, 『東國地理誌』에서부터 비롯되었음을 지적해 둘 필요가 있
다.

성을 강조하면서 다른 한편에서 혼재된 사료의 교차 분석을 결여한 채, 이 것을 견인하여 저것을 증명하고, 후대에 상호 은폐·호위하며 조작된 설명 이 만연하도록 하는 문을 열었다고 보는 것이 옳을 것 같다.

나아가 또 하나 주목되는 점이 있다. 구암이 보기에, 동국 지리의 북단에 있던 고구려의 본래 경계가 당시 왕왕 장성의 옛 터가 있던 평안도 강변 및 함경도 삼수·갑산, 부령 경계까지였던 듯한데, 이것을 북쪽 경계 장성 소재 산의 형태 및 지세와 비교할 때 어긋난다고 하였다. 그리고 그것은 문자왕 이후 부여국을 고구려에 편입시키고 동쪽 변경 읍루를 대비하여 축조했기 때문이라고 하였다. 또 예·맥·옥저를 올가미로 해서 동진 이후로 마침내 낙 랑·현토를 병합하니, 중국 땅이 비로소 전부 고구려의 소유로 되었다고 하 였다.

이렇게 하여 확보된 지역이 遼河까지를 경계로 하는 요동이었는데, 그 안 에 고구려 별종인 옛 소수맥 근거지인 동팔참, 요동 개주 서남쪽인 요동성· 안시성·백암성·연안성, 요동 개주위인 개모성, 아마도 여순보일 듯한 오골 성, 요수 서쪽에 소재하는 무려라가 포함되어 있다. 그 중요한 판단 근거는 역시 산의 형태와 지세이다.

이런 고구려는 668년 멸망되고 평양에 안동도호부가 설치되었다. 그런 데 구암은 『唐書』 발해말갈 기사와 『三國史記』 고구려 말기 지리 기사를 나 름대로 유추·해석하여, 699년에 당나라 군대가 철수하고 이 지역을 반환 하니 전부 신라의 소유가 되었으며, 오직 서북쪽 한 귀퉁이만이 발해국으 로 들어갔다고 하였다. 한반도를 독자적 영역으로 하는 동국이 한때 한4군 으로 중국에 내주었던 강토를 다시 회복하고, 나아가 대륙의 요하까지 진 출한 것에 대한 은근한 자부심을 드러내려고 했던 것일지도 모르겠다. 그 렇지만 한4군을 한반도에 설치하여 중국에 내주었다는 것도 혼재된 사료를 선택적으로 취급하여 내린 사론의 한 사례이므로 여전히 교차분석을 통한 재검토가 요청되고 있다. 동국독자사론이 내포하고 있는 '독자성'의 모호한 이중성이 드러나는 지점이며, 그것이 후대에 끼친 제1의 한계로 되었음은 앞에서 지적한 바와 같다. 이 점과 관련하여서는 다음의 신라 통합 항목에서도 다시 추가로 언급하기로 한다.

10. 신라 통합 후 패강 이서와 도련포 이북 봉강의 향방

구암은 신라 통합 이후 국토 북쪽 봉강을 다음과 같이 추론한다.

먼저 『三國史記』에 근거하여, 당나라 군대가 철수·귀환한 뒤, 경덕왕이 국내를 분할하여 설치한 9주인 상주(지금 상주), 양주(지금 양산), 강주(지금 진주), 무주(지금 광주), 전주(지금 전주), 웅주(지금 공주), 명주(지금 강릉), 삭주(지금 춘천), 한주(지금 경도)에서 한반도 북쪽 지역 지명이 등장하지 않는 점에 주목한다. 그리고 그 서북쪽 지역에 대한 당시 경영의 현황을 파악하기 위해 『東國輿地勝覽』해서 지역의 신라 개정 호칭을 확인한 뒤, 유독 패강 이서 지역에서 그런 기록이 없음을 근거로, 이 지역이 발해의 근거지가 되었을 것으로 추론하였다.

또 구암 자신의 상고 시대 옥저에 대한 추론과 『高麗史』 동계 '삭방도가 도련포를 경계로 했다'는 기록을 근거로 한 듯, 동북쪽도 정평군 도련포를 경계로 하였고, 그 북쪽은 오랑캐에게 몰수되었을 것이라고 하였다.

그리고는 신라 통합 사업을 완수한 것에 만족하고 한 귀퉁이에 치우친 도읍에 안주하여 서북쪽 절반 지역을 인근 적국에 가져다주기를 헌신짝처럼 하였다고 통탄하고 있다. 만약 국토 중앙으로 천도하여 사방 경계를 제압하였더라면, 고구려 옛 강역을 수습할 수 있었고, 요·심·부여 지역이 우리 판도가 되었을 것이니, 저들 거란과 여진이 국경 바깥에 웅대한 강역을 제멋대로 할 수 없었을 것이라고 아쉬워하였다. 앞에서 고구려 강토를 거론하면서 한4군의 축출과 요하까지의 진출에 대한 은근한 자부심을 비친 것과 궤를 같이 하는 것으로 보인다. 이른바 동국독자사론이 가진 독자성이란 이중성의 단면이라고 볼 수 있다.

그런데 우선 앞의 안동도호부와 관련하여, 요하까지를 경계로 했던 고구려 강토를 699년 이후 신라가 전부 소유하였다고 한 구암 자신의 언급이 이 대동강 경계 추론과 서로 배치되고 있어 이에 대한 교차 분석을 통한 정합적인 추론이 아직까지도 과제로 남아 있다.

다음으로 신라 개정 호칭으로 언급한 해서 지역 중 海州의 경우, 구암이 직접 인용한 직전 지리서인 『東國輿地勝覽』에서 그 군의 명칭과 관련하여 孤竹에 대한 기록을 의문을 달아 존치시키고 있는 차이에 주목할 필요가 있다. 즉 『隋書』에서 고려가 본래 고죽국이었으며, 『東國輿地勝覽』에서 당시 해주라고 했다는 것이다. 이에 대해 신증에서는, 『大明一統志』를 인용하여 '永平府 서쪽 15리에 고죽국이 있다'고 하였는데, 이전 서적에서 해주를 고죽이라고 한 것의 근거를 알 수 없다고 충실하게 고증하고 있다. 또한 『世宗實錄』 지리지에서도, 해주 동북쪽에 속칭 수양산이 있고, 동남쪽 바다 가운데 속칭 형제도가 있어, 세속에서 백이·숙제가 여기서 죽었으므로 고죽국이라고 한다는 기록을 '무비판적'으로 남겨두고 있다.

옥저가 경계로 했다는 정평군 도련포도 쌍성총관부와 관련된 雙城, 和州 등 지역과 연관지어 생각할 때, 삭주의 경계라는 기록의 의미에 대해 재음미할 필요가 제기된다.

요컨대, 구암의 동국독자사론이 가진 독자성의 이면에서 드러나는 '대륙과 한반도의 분리'라는 단정적 전제로 인해 도리어 통합 신라 봉강의 진면목이 흐리게 된 것이 이 사론의 제2의 한계이다.

11. 고려 동계의 궤적

구암은 『高麗史』 9성 연혁 중 축성 시와 철거 시의 숫자 차이에 대한 의문과 추론을 소개하고, 이에 덧붙여 예종 4년에 다른 성곽들은 벌써 철수·반환하였는데 6년에 길주 중성과 공험진 산성을 축조하여 적국 경계 안에 남겨둔 이유에 대하여 의문을 표시하였다. 또 예종 3년에 신축한 6성 중 '공험진 소재 선춘령이 종성 정북쪽 7백 리에 소재하고 큰 비석이 있다'고 한 『東國輿地勝覽』의 기록과 '그 지역은 남쪽으로 우리나라 장·정 2주에까지 이르고 동쪽으로 바다에 마주치며 서북쪽으로 개마산과 격리되어 있는데 사방 3백 리'라는 임언의 「영주벽상기」의 기록과 '동해에서 일어난 이위 경계 상의 甁項'에 대한 『高麗史』 기록과 고구려 개마대산에 대한 『漢書』의 기록과 함주를 비롯한 『新增東國輿地勝覽』의 각 지경 기록을 비교하여, 산천 형태와 지세 및 도로와 거리의 원근이 서로 어긋남을 지적하였다. 또 철령 관문 이동은 본래 북옥저 지역이고, 뒤에 고구려에 소속되었는데, 신라 통합 때 그 지역을 상실하였고, 고려는 정평 도련포를 경계로 삼았는데 지금도 옛 터가 잔존하고 있는 등의 정황도 제반 기록과 부딪힌다고 지적하였다. 그렇게 된 이유를 후대 사람들이 그 설명을 고집하고서는 그 실질을 구명하지 않고 진상인 것처럼 만들어 윤관 경계를 두만강 너머 수천 리 지역까지 연장하는 오류를 범했기 때문이라고 하였다. 바로 후대 연구자들이 '객관적이고 실증적'이라고 한 그 기준이다.

결론적으로 지금 300리 거리인 개마대산과 甁項의 형세로 추측하면, 선춘령은 멀어도 마천·마운 두 고개 사이를 벗어나지 않으며, 마운령 위에 돌기둥이 서 있는 옛 터가 있고, 윤관 이후 고려가 끝날 때까지 이 지역을 경영·통치한 기록이 없으므로, 이것이 윤관의 옛날 관방일 것이라고 추론하였다.

물론 이런 추론의 암묵적 전제에서도 한반도의 독자성을 추구하면서도 이면에서 대륙과 한반도를 분리하려는 이중성을 가진 동국독자사론이 관철되고 있음을 확인할 수 있다.

우선 주요 근거인 개마대산에 대하여 『後漢書』 동옥저 기록 중 '개마는 현의 명칭이고, 현토군에 소속되며 그 산은 지금 평양성 서쪽에 소재하고, 평양은 지금 왕험성'이라는 부분을 구암은 한반도 내로 읽었지만, 청대 고증학자 심흠한은 이 기사의 주석에서 『大明一統志』를 근거로 '해주위는 본래 옥저국인데, 지금 봉천 해성현이며, 또 봉천 개평현인 고려국 개모성도 역시 그 지역'이라고 대륙 요동임을 고증하고 있다.

다음으로, 도련포가 소재하는 한반도 철령 인근 함주, 쌍성 등 지명으로 '요동의 동일 지명을 사칭하였다'는 『東文選』의 권근 진정표 기록은 이 지역이 대륙 요동과 연관되어 있다는 것을 직접적으로 보여주고 있다. 그리고 실제 이들 지명이 『遼史』 동경도에서 '고려와 인근 지역'이라는 信州와 함께 등장하고 있어, 99년 동안 원나라에 몰수되어 있었던 쌍성총관부의 관할 영역이 대륙 요동에까지 미쳤고, 그것이 본래 동계의 영역이었음을 증언하고 있다.

또 구암이 윤관 관방의 근거라고 추정한 마운령 돌기둥은 1929년 최남선에 의해 진흥왕 순수비임이 밝혀져, 이에 근거하여 동계가 한반도 이내일 것이라고 주장한 추론은 힘을 잃었다.

고려의 동계가 한반도 이내인가 아니면 대륙에까지 걸쳐 있었는가에 대한 이후의 논의가 소모적이고 퇴행적으로 된 입구에, 비록 단정을 피하는 여지를 조심스럽게 열어두고 있다고는 하지만 한반도와 대륙을 분리시키고 있는 고려 동계에 대한 이 주장이 자리하고 있다는 것이 '동국독자사론'이 가진 세 번째 한계라고 지적해야 할 것이다. 자신의 전제에 갇히는 것을 경계하면서도 도리어 고집하게 된 결과를 낳은 것이다. 조선왕조 전체를 통하여 지속적으로 발생하고 있던 유민과 조선후기 월경지 분쟁을 고려할 때, 백성들을 한반도 내부로 한정시키고 경계 바깥으로 진출한 백성들을 방기하는 당시 양반 집권 세력의 이해관계와 무관하지 않을 것이다.

12. 고려 북계의 경과

구암은 북계가 지금의 평양도 지역이며, 북쪽으로 말갈과 연결되고 서쪽으로 중국과 접속하였다고 파악한다. 그 근거로 『高麗史』 지리지 기록을 전재하고 있는데, 당시 위치에 대한 고증은 『東國輿地勝覽』에 의거한 것으로 생각된다.

그런데 이 당시 위치 고증도 이른바 후대 연구자들이 평가하였듯이 '기존 문헌의 내용을 믿고 따르는 풍조를 비판'하고 있는데, 여기서 그 대상이 된 문헌이 일차적으로는 다름 아닌 『東國輿地勝覽』, 『高麗史』 지리지 등 선초의 기록들이었을 것이고, 그 비판의 기준도 '동국독자사론에 근거하여 재단해서 동국의 지리 영역을 한반도도 한정하며 그 내부와 관련된 역사 기록은 존치하고 대륙 요동과 연결되는 역사 기록은 버리는 것'이었다. 이것이 '객관적이고 실증적인 논리로 기존의 설을 분석하여 시비를 가리고자 했다'는 이어진 평가의 진면목이었다.

먼저 서경 평양부와 관련한 사료 비판 과정을 검토해 보자. 『高麗史』에 존재하다가 이후 지리 기록에서 사라진 것으로 『文獻通考』를 인용한 '평양성 동북쪽에 魯陽山이 있다'는 기록이 있는데, 이 기록의 원전은 두우의 『通典』이다. 箕子와 東明王 관련 기사는 『高麗史』, 『世宗實錄』, 『新增東國輿地勝覽』에서 모두 기록하였고, 단군 관련 기사는 특이하게 『世宗實錄』에서만 사당과 『檀君古記』를 인용한 신령스럽고 이상한 일로 자세하게 기록하였다.

구암은 이들 사서를 전부 검토했을 텐데, 이 부분과 관련하여 아무런 언급을 하고 있지 않아 암묵적으로 이들을 평양과 관련된 역사적 사실로 승인한 듯이 보인다. 이 점은 고조선의 위치와 고구려의 중심 지역이 한반도 내부이며, 고구려 말기에 대륙 요동으로 진출한 것에 대해 은근한 자부심을 비친 구암 동국독자사론의 인식과 궤를 같이 하는 것으로 볼 수 있다.

그런데 동명왕을 비롯한 고구려 지방 지명과 관련하여 구암과 1세기 사이에 이 문제를 가지고 저술 활동을 한 노촌 임상덕의 『東史會綱』은 이 기록을 대륙 요동과 관련되어 있다고 주장하며, 그 방증으로 김부식 『三國史記』의 미상이라고 한 것이 적확한 소론이라고 부연하고 있다. 다소 길지만 이 부분의 전문을 인용하면 다음과 같다.

"삼국 시기 지명으로 지금 고증할 수 없는 것이 매우 많으며, 고구려 지방이 더욱 심하다. 생각건대, 동명이 처음 흥기한 지역은 지금 모두가 상부 국가에 편입되었는데, 그 동북쪽은 건주위의 경계가 되고, 서북쪽은 개주위의 경계가 되었으니, 우리나라가 도서와 전적으로 고증하여 근거로 삼을 수 있는 것이 아니다. 그런데도 동국인 민간 풍속의 황당하고 허탄한 말로서 동명의 기린마 등 사안이 와전을 계승하고 괴이함을 답습해서 바로 고전의 진실로 되어버렸다. 지금 평안도 전체 내부의 산천과 성곽의 명칭이 모두 동명국 역사에서 보이는 명칭과 별호에 견강부회되어 실제로 과장되고 허탄한 것인데, 여지승람은 변증을 수행하지 않고 곧바로 동명이 낙랑에서 흥기하였다고 하며, 마침내 성천을 송양국이라고 하고, 용강을 황룡국이라고 하며, 우발수가 지금 영변 향산에 존재한다고 하고, 행인국도 역시 영변 고적의 끝에 부기하였다. 이런 곳이 매우 많은데, 모두 오류인 듯하다. 김문열 삼국사 지리지에서 '졸본천, 송양국, 우발수, 황룡, 행인 등 국은 모두 미상'이라고 하였다. 이것이 아마도 적확한 소론인 듯하다."

그리고 노촌의 이 주장은 1770년에 편찬된 『東國文獻備考』에서 그대로 채택되어, 조선 후기 국가의 공식적인 견해가 되었다. 한반도와 대륙과의 연관과 단절에 대한 근본적 천착에 대한 언급이 이루어지지 않은 점에서 한계가 있지만, '견강부회'를 비판한 점에서 구암보다 역사적 사실에 보다 더 가깝게 다가가고 있다고 말할 수 있겠다.

요컨대 '객관적이고 실증적인' 구암 비판의 기준은 문자 그대로 '述而不作'의 춘추사관과도 '실학'과도 거리가 먼 '동국 지리를 한반도로 한정하는 기록만을 취사선택하고 대륙 요동 관련 기록은 무시하거나 한반도의 것으로 둔갑시키거나 예외적인 것으로 취급한' 것이다. 그리고 이것이 '동국독자사론'이 가진 독자성의 실체이며, 이 북계에 관한 이 사론이 후대의 소모적인 논쟁에 문을 연 네 번째 한계가 되었다고 할 수 있다.

이런 관점으로 계속해서 安北大都護府 寧州 관련 기사를 검토해 보기로 하자.

우선 구암은 이 安北大都護府의 연혁을 『高麗史』에서 전재하면서 몽고 침략 이후를 강조하여 인용하고 그 명칭을 安邊大都護府로 고쳐 썼으며 청천강에 대한 살수와 을지문덕 관련 기록을 생략하였고, 당시 지명을 『東國輿地勝覽』을 전거로 했을 법한 평안도 安州牧으로 비정하고 있다. 몽고 침략을 강조한 것은 동국 독자성에 입각한 그의 관점의 일단이 투영된 것일 것이다. 그런데 이 명칭 기록의 잘못은 지금까지 동국 지리를 한반도로 한정하고자 한 전제가 조목조목 드러나는 상황에서 단순한 오기라기보다 국경 변방임을 강조한 의도가 반영된 개변이나 실수로 보는 것이 크게 무리가 아닌 듯하다.

그 생략된 연혁 부분도 현재의 국경 논쟁에서 아주 중요한 의미를 가진다. 고려사에 의하면, 본래 고려의 彭原郡이었는데, 고려 태조 14년(931)에

安北府를 설치하였고, 성종 2년(983)에 영주 안북대도호부가 되었으며, 현종 9년(1018)에 안북대도호부로 개칭하였다고 하였다. 여기서 주목되는 점은 성종 2년(983)과 현종 9년(1018) 사이에 영주라는 자연 명칭이 사라지고 단순한 행정 명칭인 안북대호부로 되었다는 것이다. 이 변화가 나타난 사이의 기록을 『遼史』에서 찾아보면, 그 시작 시점인 성종 2년은 거란의 고려 1차 침략 시기이며, 요 통화 29년(1011)에 요가 東京統軍使 소속 寧州觀察을 설치하고 고려를 정벌한 2차 침략 사실이 나타난다. 이 변화를 합리적으로 이해하면, 거란이 고려를 침략하던 1011년 이전까지 고려가 소유하고 있던 대륙 요동 소재 영주 안북대도호부를 2차 침략이 준비되던 이 시점의 국경 분쟁 과정에서 거란이 탈취하여 영주관찰을 설치해서 침략 전쟁을 수행하였고, 급기야 3차 침략이 이루어진 1018년에는 고려가 한반도 安州에 후방 방어기지를 설치하고 안북대도호부로 개칭한 것으로 읽힌다. 살수와 관련된 사료 선택의 문제에 대해서는 위에서 논의하였다.

강동 6주의 하나인 龜州에 대해서 구암은 서희의 여진 축출을 강조하고 있고, 당시 지명을 평안도 구성부로 비정하고 있다. 우선 지리 인식과 관련하여 귀주가 북계 안북대도호부 영주의 관할 하에 있음을 주목해 두어야 한다.

그 연혁과 관련하여 당시 국경 분쟁의 당사자였던 거란의 기록인 『遼史』와 교차하여 분석하면 당시 실상에 보다 더 접근하는데 도움이 된다. 여러 정황을 고려할 때 고려의 龜州와 연관되는 거란 지명으로 음사한 歸州와 貴德州가 있다. 우선 歸州는 거란 태조(907~926) 때 歸州觀察을 설치하여 南女直 湯河司에 소속시켰고, 또 거란 태종(926~947) 때는 동경 요양부의 통현으로 귀덕주를 설치하였다. 거란의 1차 침입이 준비되던 시기이다. 1차 침입 시기 서희의 담판으로 강동 6주를 획득한 결과 성종 13년(994) 귀주에 성곽을 축조하였고, 목종 9년(1006)에 추가 축성이 이루어졌다. 거란은 2차 침입을 준비하며 통화 29년(1011)에 歸州觀察을 재설치하고, 동경도부서 소속 귀덕군을 건설하여, 드디어 고려 정벌에 돌입하고 귀덕주에서 전투를 벌였다. 이 시기까지 고려의 전방 귀주 국경 초소는 대륙 요동 동경 관할 하에 있었을 개연성이 크다. 고려는 이어진 제3차 거란 침략 시기인 현종 9년(1018)에 龜州防禦使를 설치하는데, 이것은 잦은 거란 침입에 대비하여 평안도 구성군에 후방 방어 기지를 마련한 것으로 읽히며, 이를 바탕으로 이듬해 1019년에 귀주대첩이 이루어졌던 것으로 보인다. 그러다가 원나라 침입시기인 고종 18년(1231)에 朴犀의 활약으로 定遠대도호부로 승격되고, 조선 세조 1년(1455)에 구성군으로 되었다.

다음 宣州에 대하여서도 구암의 언급에서는 몽고 침략 관련 기록이 주를 이루고 있으며, 당시 지명을 평안도 선천군으로 비정하고 있다. 그런데, 선주도 북계 안북대도호부 영주의 관할 아래에 있다.

또 고려사와 요사를 교차분석하면 다음과 같다. 먼저 관련 지명은 宣州, 通州, 龍州가 서로 얽혀 있음을 확인할 필요가 있다. 이 지역은 고려사에서는 본래 안화군이며 고려 초에 통주로 개정하였다고 하였다. 요사에서는 본래 扶餘國 왕성이었고 발해에서 扶餘城이라고 하였으며, 거란 태조 대에 용주로 개명하고, 보령 7년(975)에 황룡부 반란인 연파 잔당을 이전시키고 용주 절도로 승격시켰다.

서희 강동 6주 확보 후 고려 성종 15년(996)에 선주에 축성하고, 목종 11년(1008)에 통주에 축성하자, 거란이 1012년에 6성의 반환을 요청하면서 개태 3년(1014) 선주 定遠軍刺史로 삼고 保州를 예속시켰으며, 성종이 통주로 개명하였다. 이 시점까지가 대략 요동 소재 시기로 볼 수 있다. 이런 국경 분쟁 와중에서 고려는 현종 21년(1033)에 후방방어기지인 선주방어사를 평안도 선천군에 설치하였을 것으로 보인다.

다음 龍州에 대해서 구암은 당시 지명을 용천군으로 비정하고 있다. 물론 용주도 북계 안북대도호부 영주 관할이다.

용주와 관련된 지명은 조선왕조 평안도 용천군과 용강현으로 얽혀 있어 함께 살펴 볼 필요가 있다. 고려사와 요사와 송사와 동국여지승람에 대한 교차분석을 통해 그 변천 과정을 다음과 같이 정리할 수 있다.

거란 龍州, 鐵州 지역은 원래 고구려 인근 黃龍國이었을 것이다. 고려 龍岡縣은 본래 黃龍城(軍岳)이었다. 발해 때 부여부, 부여성이었는데, 고려 태조 2년(919)에 용강현(군악)으로 개명하고 축성하였다. 거란 태조 말년(926)에 야율아보기가 발해를 치고서 이 지역에 들어와 죽으니 황룡이 나타나므로(혹은 황룡을 쏘고) 황룡부로 고쳤다. 바로 이 시기에 鴨淥江(현 요하) 유역의 이 지역을 둘러싸고 고려와 거란이 각축하고 있던 상황을 보여주고 있는 것으로 이해된다.

보령 7년(975) 7월 발해유민 연파의 반란으로 거란은 이 지역을 폐현으로 만들었다.

거란 1차 침입 이후, 거란과 고려는 鴨淥江을 경계로 서쪽은 거란, 동쪽은 고려로 국경을 삼을 것을 협상한 소손녕·서희의 담판으로 995년 고려 강동 6주의 하나가 되었다. 고려는 거란 용주를 접수하면서 용주 명칭도 그대로 받았던 것으로 보이며, 이해 7월 연파가 철려를 공격하는 등 거란은 내란에 시달리고 있었다.

거란 2차 침입이 있은 1010년 이후 어느 시점에 고려는 이 지역을 잃고 (강동 마지막 보루였던 保州를 상실한 것이 1014년이다), 현재의 평안북도 용강현으로 옮겨서 개명하고 후방방어사를 설치한 듯하다.

거란은 개태 9년(1020) 옛 현의 동북쪽에 다시 용주를 설치하였다.

고려는 끊임없이 옛 지역을 회복하려고 시도하였고(1018년 강감찬 귀주대첩, 황룡국 전설과 안시성 설치), 1029년 동경 대연림의 발해부흥운동, 1031년 거란 성종의 죽음 등의 정세 속에서 1033년 강동 6주의 시작점인 興化鎭을 기점으로 하여 連山鎭, 分水嶺, 哈達嶺으로 이어지는 북경관방을 설치하기에 이르렀다.

이 이후에도 고려와 거란의 국경 분쟁은 끊이지 않았고, 1084년 거란의 고려 변방 파수 지역은 鴨淥江 동쪽 언덕의 東京, 咸州, 黃龍府로 이어지는 선이었으며, 1117년 요가 금에 쫓겨 가며 보주성을 고려에 인계하면서 고려는 다시 국경선 鴨淥江 유역까지 회복하였다.

한편 안시성은 요사에서는 동경 요양부 철주에, 동국여지승람에서는 평안북도 용강현에 기록하고 있다. 아마 2차 침입 시 鴨淥江 동쪽의 강동 6주로 이웃했던 용주, 철주 사람들이 섞여 현 鴨綠江 동쪽 평안도 용강현으로 이주하면서 자연 지명을 가지고 왔을 것으로 보인다. 또 황룡부도부서사에 소속된 信州는 거란 성종이 2차 고려 침입 시기 이후 개태 연간 고려에 인접하였다고 하여 설치한 지역으로 이 주변 관련 지명이 대륙 요동에 소재하고 있음을 알려주는 주요한 지표가 된다.

다른 한편 본래 고려 안흥군이었던 용주에 대하여『新增東國輿地勝覽』평안도 용천군 형승 조항에 "강물은 渤澥에 연결되고 평야는 遼陽에 연접하였다"고 하여 대륙 요동과 관련된 기록을 남겨두고 있어 주목된다.

다음 靜州에 대하여 구암은 본래 고구려 송산현이라는 기록만 인용하고, 지금은 의주 경내에 소재한다고 비정하고 있다.

물론 정주도 안북대도호부 영주의 관할 지역이다.『遼史』에서 松山州는 상경에서 170리 거리이며, 遼澤의 대부락이라고 하였다. 고려에서는 덕종 2년(1033) 8월 25일에 전방 국경 초소인 북경관방 설치 지역에 포함되었고,

2개월 후인 10월 25일에 거란이 이 지역으로 침입해 들어오자 10월 27일 靜州(방어)鎭을 설치하는데, 이것이 그것을 대비한 평안도 후방방어기지가 되었을 가능성이 있다.

다음 고려사의 麟州를 구암은 獜州로 표기하고, 지금 의주 경내에 소재한다고 하였다. 그리고 이어 덕종 조정에서의 북경관방 설치와 장성 축조 사실을 자세하게 부연하였다.

인주는 1010년 거란 2차 침략 시기 대륙 요동인 통주, 동산과 함께 거란군이 주둔하던 전방 국경 초소 지역이었다. 거란 3차 침략 시기인 1018년에 인주방어사를 설치하게 되는데, 이것이 평안도 의주 관내 소재 후방 방어기지로 되었을 것이다. 이후 전방 국경, 후방 방어기지 체제들 유지하면서 1033년에 전방 국경 초소가 북경관방의 하나로 참여한 것으로 보인다.

다음 義州에 대하여 구암은 처음 거란이 압록강 동쪽 언덕에 보주를 설치하고 문종 때 거란이 궁구문을 설치하여 포주라고 하였으며, 예종 12년(1117)에 우리에게 귀속되어 압록강을 경계로 하여 관방을 설치하였다고 기록하고, 지금의 의주목이라고 비정하였다. 한편 고려사에서는 1117년에 개정하여 의주방어사로 삼고 관방을 복구하였다고 명시하여, 대륙 요동 소재인 이 지역이 이전에 고려의 전방 국경이었으며, 이 시점에서 평안도 의주에 후방방어기지를 설치하여 소속시킨 것으로 추론하게 한다. 말할 필요도 없이 의주도 고려 당시 안북대도호부 영주 관할이었음도 동시에 고려해야 할 것이다.

이 점을 방증하듯 『遼史』에서는 보주 선의군 절도를 고려가 설치하였다고 하였고, 2차 침략 때 고려가 항복하자 개태 3년(1014)에 동경 통군사에 예속시켰다고 기록하였다.

이하 아래에서는 구암이 놓친 안북대도호부 영주 관할 대륙 요동 관련

『遼史』 기록과 연관되는 지명만을 살펴보기로 하자.

본래 고려 密雲郡이었던 延州와 관련하여서는 거란 태조(907~926) 시기 密雲縣이 설치되는데, 이 지역은 遼州의 통주인 祺州의 속현이다. 또 본래 고려 박릉군인 박주에는 1018년 고려-거란 3차전 때 거란이 동경통군사 소속 연주 덕창군 자사를 설치하자, 고려는 후방인 평안도에 연주방어사를 설치한 것으로 보인다.

또 본래 고려 신도군에는 거란 세종(947~951) 때 의무려산 동남쪽 소재 顯州의 통현으로 嘉州가 설치되었고, 고려 광종 11년(960)에 광종이 송성과 함께 빼앗아 濕忽에 축성하여 가주로 승격시켰다. 강동 6주의 하나인 郭州 와 관련하여서는, 거란 2차 침입 시기인 1011년 거란에 의해 동경요양부 통현인 銅·霍·貴·寧州가 점령되는데, 여기서의 霍州는 郭州로 보인다. 또한 鐵州도 한나라의 安市縣이었고, 고구려의 安市城이었으며, 발해가 철주를 설치하였는데, 이는 거란의 建武軍자사였으며, 동경 서남 60리에 소재하였 다. 또한 고려 강동 6주의 하나인 興化鎭은 거란 동경 요양부의 통주인 興 州로, 동경 서남 300리에 소재하였다.

또 고려 順州는 거란 遼隊縣 지역이며, 橫帳南王府의 축성처로 顯州 동북 120리, 上京 동남 900리에 소재하고 있었다. 또 고려 渭州는 거란 高陽軍절 도이며, 부마도위 소창예 책봉지였다.

또한 비류왕 松讓의 고도이고 고려 태조 때 剛德鎭에 축성한 成州에는 거 란 1차 침입 시기 즈음 성종의 딸 진국장공주의 책봉지로 동일 명칭의 성주 가 설치되는데, 宜州 북쪽 160리, 상경 남쪽 740리 지점에 소재한다고 하 였다. 또 본래 고려 同昌郡인 殷州에는 거란 1, 2차 침입 시기인 요 성종 연 간에 成州 흥부군 절도의 통현으로 동창현이 설치되었다.

또 고려 肅州는 거란 1차 침압 이후 거란 肅州 信陵軍자사로 편입되었고,

1041년 이 지역 주민이 여진으로 도망가자 이를 재설치하여 北女直兵馬司에 예속시켰다. 이 지역은『金國行程錄』에 의하면, 咸州와 黃龍府 사이이다.

요컨대 구암이 고려 북계를 한반도 평안도로 한정시킨 근거로 제시한『高麗史』,『東國輿地勝覽』기록을『遼史』를 비롯한 관련 기록과 교차분석해 보면, 대륙 요동과 연관된 지역이 무수하게 등장한다. 이렇게 볼 때,『東國地理誌』직전의 지리서인『東國輿地勝覽』에서조차 대륙 요동 관련 기록에 대하여 의문을 표시하면서 존치시킨 것과 대비되어, 동국 역사의 독자성을 지향한 현실적 문제 설정에도 불구하고 동국의 지리를 한반도로 국한하는 이중성을 가진 '동국독자사론'이란 문을 열고 말았음을 다시 한 번 확인시켜 주고 있다.

Ⅲ. 한국 국경사에서의 위치

이상에서 필자의 한백겸『東國地理誌』역주를 바탕으로 그의 국경 인식을 검토하였다. 그것을 관통하는 기본 전제는 동국의 '남쪽은 남쪽대로, 북쪽은 북쪽대로(南自南, 北自北)', 나아가 '동국은 동국대로(東國自東國)'로 요약되는 통칭 '東國獨自史論'으로 명명할 수 있었다. 그리고 그 지리적 경계는 대체로 대륙과 한반도로 설정되고 있었다. 그것은 이전 연구자들이 대부분 공감하듯이, 왜란이라는 국난을 경험하고 호란을 앞두고 있던 당시 국가 위기 상황에 대한 성찰의 결과인 동국의 독자적인 정체성 확립이란 바람직한 문제 설정에서 비롯된 것으로 보인다. 그런데 이런 지리적 한정은 도리어 그에 부합하는 기록만을 취사선택하고 대륙 요동 관련 기록은 무시하거나 한반도의 것으로 둔갑시키거나 예외적인 것으로 취급하는 이중적인 결과를 초래하였다. 그리고 그런 결과는 당시 그가 소속되어 있던 양반 집권

층의 계급적 입장이 반영되었기 때문일 것이라고 추론하였다.

따라서 이전 연구자들의 '기존 문헌의 내용을 믿고 따르는 풍조를 비판하면서 객관적이고 실증적인 논리로 기존의 설을 분석하여 시비를 가리고자 했다'는 평가와는 상당한 거리가 있음이 확인되었다. 그것은 '述而不作'의 춘추사관과도 '실학'과도 무관한 것이었다.

그리고 그것은 후대 연구자들의 소모적인 논쟁의 문을 연 한계를 보였는데, 대표적인 것으로 한사군의 한반도설, 신라 통합 이후의 봉강의 향방, 고려 동계의 궤적, 고려 북계의 경과에 관한 것을 지적할 수 있었다.

신냉전으로 얼어붙어 있는 현재 한반도의 남북 국경은 구암의 사론과 소름끼치게 닮아 있고, 그것은 정치적 이념에 기반을 둔 계급적 이해관계와 밀접하게 연관되어 있다. 평화 시대를 지향하는 현대에서는 모순적 영역을 넘어 상보적 경계를 새롭게 모색하는 과제가 학자들에게 부여되고 있다. 그 책무를 방기하고 '유구한 역사와 광활한 만주 벌판'이란 터무니없는 이념적 매도로 '과학'을 표방하면서 실제로 경제적 이해관계와 정치권력에 연계되어 과거로 퇴행하고 있는 현실에 대한 성찰이 필요한 시점이다. 구암의 이 저술을 지금 다시 검토하는 역사적, 실천적 의미가 여기에 있다고 생각된다.